ACCESO GRATIS *a la Lectura en la Nube*

Para visualizar el libro electrónico en la nube de lectura envíe junto a su nombre y apellidos una fotografía del código de barras situado en la contraportada del libro y otra del ticket de compra a la dirección:

ebooktirant@tirant.com

En un máximo de 72 horas laborables le enviaremos el código de acceso con sus instrucciones.

DESAFÍOS DEL ACTUAL (DES)ORDEN GLOBAL

Procedimiento de selección de originales, ver página web:
www.tirant.net/index.php/editorial/procedimiento-de-seleccion-de-originales

DESAFÍOS DEL ACTUAL (DES)ORDEN GLOBAL

Dirección
José Díaz Lafuente
Gilvan Luiz Hansen

Coordinación Académica
Mercedes Guinea Llorente
Eder Fernandes Monica

tirant lo blanch
Valencia, 2024

En caso de erratas y actualizaciones, la Editorial Tirant lo Blanch publicará la pertinente corrección en la página web www.tirant.com.

Directores de la Colección:

ISMAEL CRESPO MARTÍNEZ
Catedrático de Ciencia Política y de la Administración en la Universidad de Murcia

PABLO OÑATE RUBALCABA
Catedrático de Ciencia Política y de la Administración en la Universidad de Valencia

© TIRANT LO BLANCH
EDITA: TIRANT LO BLANCH
C/ Artes Gráficas, 14 - 46010 - Valencia
TELFS.: 96/361 00 48 - 50
FAX: 96/369 41 51
Email:tlb@tirant.com
www.tirant.com
Librería virtual: www.tirant.es
DEPÓSITO LEGAL: V-3290-2023
ISBN: 978-84-1169-911-2
MAQUETA: Tink Factoría de Color

Autores

FRANCISCO ALDECOA LUZÁRRAGA
RAPHAEL CARVALHO DE VASCONCELOS
THULA RAFAELA DE OLIVEIRA PIRES
JOSÉ DÍAZ LAFUENTE
EDER FERNANDES MONICA
MERCEDES GUINEA LLORENTE
PALOMA GONZÁLEZ GÓMEZ DEL MIÑO
GILVAN LUIZ HANSEN
RAMÓN JÁUREGUI ATONDO
FLÁVIA PIOVESAN

Índice

Primera Parte
CUESTIONES GEOPOLÍTICAS ACTUALES: HACIA UNA GOBERNANZA GLOBAL EFECTIVA

Segunda Parte
ÉTICA Y MORAL ANTE LOS DESAFÍOS INTERNACIONALES ACTUALES

Tercera Parte
DESAFÍOS DEL (DES)ORDEN INTERNACIONAL PARA LA DIGNIDAD Y LOS DERECHOS HUMANOS

Presentación

La presente obra colectiva es fruto del diálogo académico en torno a los principales desafíos geopolíticos comunes del actual (des) orden global que más afectan a la gobernanza mundial, al multilateralismo y a la efectiva protección internacional de los derechos humanos. El objetivo cardinal de este libro radica en el análisis conjunto e interdisciplinar del actual escenario internacional, agitado por múltiples crisis (sanitaria, ecológica, económica, de seguridad, demográfica), y condicionado por el estallido de la guerra en Ucrania y por el pulso entre potencias por el liderazgo mundial.

Ante una nueva cartografía geopolítica global, la presente obra, escrita en español y en portugués, presenta un estudio interdisciplinar elaborado por académicos y operadores jurídicos y representantes públicos de reconocido prestigio, tanto de España como de Brasil, centrado en el análisis crítico de los desafíos más acuciantes del actual tablero internacional y de las distintas vías de avance hacia un nuevo modelo de gobernanza mundial y un multilateralismo renovado.

De este modo, la primera parte introductoria se inicia con un primer capítulo escrito por Ramón Jáuregui Atondo, Presidente de la Fundación Euroamérica, Ex Vicepresidente del Gobierno Vasco y Ex Ministro de la Presidencia del Gobierno de España, que presenta los principales retos globales de esta *era de la incertidumbre*, introduciendo los actuales paradigmas de un mundo en constante cambio y profundizando en la necesaria gobernabilidad democrática mundial y en la adopción de nuevos acuerdos capaces de hacer frente a los actuales desafíos globales: desde el cambio climático, el comercio internacional, la ordenación de los marcos financieros, la justicia fiscal, las migraciones, la paz, la seguridad y la resolución de conflictos, los desafíos de las nuevas tecnologías hasta el marco internacional de los derechos humanos.

En el siguiente capítulo, atendiendo al espíritu de la presente obra de diálogo y reflexión conjunta sobre los desafíos comunes del actual (des)orden global tanto en América Latina como en Europa, Francisco Aldecoa Luzárraga, Presidente del Consejo Federal Español del

Movimiento Europeo y Catedrático de Relaciones Internacionales de la Universidad Complutense de Madrid, aborda la necesaria profundización de la relación estratégica de la Unión Europea con América Latina en el actual escenario internacional postpandémico, analizando no sólo los motivos por los que resulta necesario el fortalecimiento de la asociación estratégica entre ambas regiones, sino también los objetivos y resultados a alcanzar de la misma, presentando aquellos factores que, por un lado, han alejado este relanzamiento y, por otro, aquellos que pueden servir de catalizador. Además, partiendo de su experiencia como representante de la sociedad civil y los eventos nacionales en la Conferencia sobre el Futuro de Europa, el profesor Aldecoa Luzárraga hace referencia al proceso que se ha iniciado como consecuencia de la convocatoria de la Conferencia sobre el Futuro de Europa y sus posibles implicaciones para América Latina.

A continuación, la segunda parte de la presente obra se centra en la forma en la que el actual (des)orden global, así como los múltiples y variados desafíos de un mundo en constante evolución, nos interpela a los internacionalistas a la reflexión sobre diversas consideraciones de naturaleza iusfilosófica. Abordamos, en esta segunda parte, el análisis del reconocimiento de la ética en las relaciones internacionales actuales, de la coherencia y la responsabilidad de la respuesta colectiva ante los retos globales y de la forma en que como internacionalistas debemos operar ante el presente escenario internacional.

Para ello, en un tercer capítulo, Gilvan Luiz Hansen, profesor de Derecho de la Universidad Federal Fluminense, nos presenta un estudio crítico de la ética y de la moralidad en las relaciones internacionales, de la cosmovisión kantiana de la sociedad internacional y de sus principales retos globales. Con tal objetivo, parte de un estudio de las nociones kantianas sobre la moral, las relaciones internacionales y las cuestiones jurídico-políticas que articulan el Estado de Derecho, para, posteriormente, profundizar en aquellos aspectos más relevantes de la obra de Kant que continúan cuestionando de forma crítica las relaciones internacionales.

Seguidamente, cierra esta segunda parte, un cuarto capítulo elaborado por Raphael Carvalho de Vasconcelos, profesor de Derecho Internacional Público de la Universidad del Estado de Rio de Janeiro, que nos adentra en el planteamiento crítico de la responsabilidad del internacionalista ante los desafíos contemporáneos del Derecho Internacional, con el objetivo principal de analizar la relación entre la política y el Derecho y de reflexionar sobre las dificultades enfrentadas por las teorías jurídicas positivistas en la comprensión de sus intersecciones y en sus intentos de sistematizar teóricamente el Derecho Internacional.

En la tercera parte del libro, profundizamos en los retos que plantea el actual (des)orden global para la dignidad humana y para la protección y promoción efectivas de los derechos humanos. Para ello, hacemos un análisis crítico de los principales desafíos que el actual (des)orden plantea: desde la regulación de las fronteras físicas y digitales y de los desplazamientos humanos en un mundo globalizado y tecnológico, la precariedad socioeconómica que ha causado la pandemia producida por la COVID19, hasta el auge del populismo y de la extrema derecha y los estragos del odio y la discriminación aún imperantes en el escenario internacional.

Esta tercera parte se inicia con un capítulo de José Díaz Lafuente, profesor de Relaciones Internacionales de la Universidad Complutense de Madrid, en el que analiza los principales desafíos actuales para la protección y defensa de los derechos humanos en la Unión Europea. Para ello, el autor parte del análisis crítico del progresivo reconocimiento por parte de la UE de los derechos humanos, impulsado tanto por factores vinculados con la legitimidad interna de la Unión (protección de los derechos de la ciudanía europea, búsqueda de la cohesión social en una Unión cada vez más diversa, avance en el reconocimiento de un sistema constitucional implícito de "frenos y contrapesos"), como por aquellos factores vinculados a la legitimidad exterior de la UE, en cuanto actor global que persigue fomentar la paz, la estabilidad y la prosperidad más allá de sus fronteras. Ante el auge de la xenofobia, el racismo y el sexismo que asolan el escenario postpandémico actual en Europa, el autor analiza distintas propuestas de acción comunitaria para la defensa de una genuina comunidad de valores supranacional, democrática y diversa.

A continuación, Flávia Piovesan, Vice-Presidenta de la Comisión Interamericana de Derechos Humanos y profesora de Derecho en la Pontifícia Universidade Católica de São Paulo (PUC/SP), analiza los efectos de la pandemia sobre la protección de los derechos humanos en las Américas, preguntándose el rol que ha jugado la Comisión Interamericana en la defensa efectiva de los derechos humanos en un escenario marcado por la pandemia y cuestionando el impacto transformador de la misma en los estándares interamericanos de derechos humanos. De este modo, la autora analiza principalmente tres desafíos estructurales que caracterizan la singularidad y especificidad de la región latinoamericana: la profunda desigualdad económica y social, los patrones históricos de discriminación contra determinados grupos vulnerables y los dilemas relativos a la institucionalidad democrática.

Por su parte, siguiendo el estudio de los efectos de la pandemia sobre el escenario internacional, Mercedes Guinea Llorente, profesora de Relaciones Internacionales de la Universidad Complutense de Madrid, analiza el impacto de la mayor crisis que ha asolado Europa desde la II Guerra Mundial, tras el estudio de los debates, las negociaciones y la respuesta común de la UE para la recuperación, el desarrollo y la transformación económica común tras la pandemia producida por la COVID19. La autora analiza la respuesta de la UE ante la emergencia sociosanitaria que se presenta inédita, tanto en su alcance económico como en sus objetivos y finalidad, dado que, no sólo apuesta por la recuperación, sino que completa aspectos de la Unión Económica Monetaria, financia las transformaciones del modelo productivo necesarias para asegurar la competitividad futura y la sostenibilidad, y prioriza la cohesión social, la solidaridad y la integración entre sus Estados miembros.

En un cuarto capítulo, Paloma González Gómez del Miño, profesora de Relaciones Internacionales de la Universidad Complutense de Madrid, se centra en el análisis de la agenda migratoria de la Unión Europea, estudiando los principales factores de las distintas crisis migratorias e incidiendo en la evolución del proyecto europeo y de las políticas comunitarias en el tratamiento de los flujos migratorios y la gestión de las fronteras. La autora analiza el enfoque securitario que ha ido adquiriendo la política migratoria de la UE mediante una triple dimensión analítica: el marco institucional, las diferentes crisis migratorias acontecidas en la última década (crisis en el Mediterráneo, en Ceuta y en Polonia) y, por último, las medidas implementadas en este período, tanto para las citadas crisis como para la construcción de una política común migratoria.

A continuación, en un quinto capítulo, Eder Fernandes Monica, profesor de Derecho de la Universidad Federal Fluminense, cuestiona la nueva configuración de los derechos humanos en una sociedad internacional marcada por el auge de las nuevas tecnologías digitales. Para ello, el autor presenta algunas las principales posturas doctrinales iusinternacionalistas relativas a la aplicación de los derechos humanos en entornos digitales, analizando los principales debates teóricos sobre las formas de repensar la relación entre la clásica categorización por generaciones de los derechos humanos y los denominados derechos digitales. Finalmente, el autor analiza los elementos negativos y positivos de las principales posturas doctrinales con el objetivo de identificar la propuesta teórica más sostenible, efectiva e inclusiva para dar respuesta a las necesidades y desafíos de la protección digital de los derechos humanos.

La presente obra colectiva finaliza con la contribución de Thula Rafaela de Oliveira Pires, Profesora de Derecho Constitucional de la Pontifícia Universidad Católica do Rio de Janeiro (PUC-Rio), en la que analiza las luchas transaccionales negras, en distintos contextos históricos, y cuestiona diversas temáticas que afectan directamente a la población negra, como la seguridad y la defensa, la protección de los derechos humanos, los desafíos del actual constitucionalismo, la protección de la naturaleza, la limitación de los desplazamientos y las posibilidades de territorialización. Además de denunciar el racismo patriarcal, la autora analiza la forma en la que estas luchas negras ofrecen propuestas políticas para la libertad y el respeto de la vida integral con la naturaleza.

Agradecemos muy sinceramente el apoyo recibido desde el Vicerrectorado de Investigación y Transferencia de la Universidad Complutense de Madrid, entidad cofinanciadora del presente libro, y a todos los autores participantes por su confianza, colaboración y compromiso con una sociedad internacional más solidaria, justa e igualitaria.

JOSÉ DÍAZ LAFUENTE
GILVAN LUIZ HANSEN
MERCEDES GUINEA LLORENTE
EDER FERNANDES MONICA

Apresentação

Este trabalho coletivo é resultado do diálogo acadêmico e da reflexão coletiva sobre os principais desafios geopolíticos comuns da atual (des)ordem global que mais afetam a governança mundial, o multilateralismo efetivo e a proteção internacional dos direitos humanos. O objetivo cardinal deste trabalho reside na análise conjunta e interdisciplinar do atual cenário internacional, abalado por múltiplas crises (saúde, ecológica, económica, de segurança, demográfica), e condicionado pela eclosão da guerra na Ucrânia e pelo Pulse entre as potências para a liderança mundial.

Diante de uma nova cartografia geopolítica do cenário internacional, este livro é resultado de um diálogo interdisciplinar entre acadêmicos e renomados operadores jurídicos e políticos, tanto da Espanha quanto do Brasil, para avançar no estudo e debate crítico sobre os desafios mais prementes do turbulento cenário internacional atual e lançar luz sobre os caminhos a seguir em direção a um novo modelo de governança global e de um multilateralismo renovado.

Desta forma, a primeira parte introdutória começa com um primeiro capítulo de Ramón Jáuregui Atondo, Presidente da Fundação Euroamerica, Ex-Vice-Presidente do Governo Vasco e Ex-Ministro da Presidência do Governo da Espanha. Nos apresenta os principais desafios globais desta era de incerteza, introduzindo os paradigmas atuais de um mundo em mudança e aprofundando a necessidade de uma governança democrática global e a adoção de novos acordos capazes de fazer face aos desafios atuais: mudanças climáticas, comércio internacional, gestão dos quadros financeiros, justiça fiscal, migração, paz, segurança e resolução de conflitos e os desafios das novas tecnologias para o quadro internacional dos direitos humanos.

No capítulo seguinte, em linha com o presente diálogo e reflexão conjunta sobre os desafios comuns da atual (des)ordem global tanto na América Latina como na Europa, Francisco Aldecoa Luzárraga, Presidente do Conselho Federal Espanhol da União Europeia Movimento e Professor de Relações Internacionais da Universidade Complutense de Madrid, aborda o necessário aprofundamento da relação estratégica da União Europeia com a América Latina no atual cenário internacional pós-pandemia, analisando não só as razões pelas quais é necessário reforçar a estratégica associação entre ambas as regiões, mas também os objetivos e resultados a atingir. Nesse sentido, apresenta os fatores que, por um lado, têm afastado este relançamento e, por outro, os que podem servir de catalisador. Além disso, com base na sua experiência como representante da sociedade civil e de eventos nacionais na Conferência sobre o Futuro da Europa, o Professor Aldecoa Luzárraga refere-se ao processo de aprofundamento iniciado como resultado da Conferência sobre o Futuro da Europa e suas possíveis implicações para a América Latina.

A segunda parte deste trabalho centra-se na forma como a atual (des)ordem global, bem como os múltiplos e variados desafios de um mundo em constante evolução, nos desafiam a nível internacional em termos de considerações axiológicas e iusfilosóficas). Nesta segunda parte, abordamos a análise do reconhecimento da ética nas relações internacionais atuais, a coerência e responsabilidade da resposta coletiva aos desafios globais e a forma como enquanto internacionalistas analisamos o atual cenário internacional.

Para tanto, no terceiro capítulo, Gilvan Luiz Hansen, professor de Direito da Universidade Federal Fluminense, nos apresenta um estudo crítico da ética e da moralidade nas relações internacionais, da cosmovisão kantiana da sociedade internacional e seus principais desafios globais. Para isso, parte de um estudo das principais noções kantianas sobre moralidade, relações internacionais e questões jurídico-políticas que articulam o Estado de Direito, para, posteriormente, se aprofundar naqueles aspectos mais relevantes da obra kantiana que continuam sendo questionados criticamente.

Encerra-se então esta segunda parte, com um quarto capítulo elaborado por Raphael Carvalho de Vasconcelos, professor de Direito Internacional Público da Universidade do Estado do Rio de Janeiro, que nos leva à abordagem crítica da responsabilidade do internacionalista frente aos desafios contemporâneos do Direito Internacional, com o objetivo principal de analisar a relação entre política e direito e refletir sobre as dificuldades enfrentadas pelas teorias jurídicas positivistas em compreender suas interseções e em suas tentativas de sistematização de teorias.

Na terceira parte do livro, aprofundamos os desafios colocados pela atual (des)ordem global para a dignidade humana e para a efetiva proteção e promoção dos direitos humanos. Para tal, fazemos uma análise crítica dos principais desafios que a (des)ordem atual coloca: a regulação das fronteiras físicas e digitais e dos movimentos humanos num mundo globalizado e tecnológico; a precariedade socioeconómica provocada pela pandemia de COVID19; e o aumento do populismo e da extrema direita e os estragos do ódio e da discriminação: sexismo, xenofobia e racismo, ainda prevalecentes no cenário internacional.

Esta terceira parte começa com um capítulo da autoria de José Díaz Lafuente, professor de Relações Internacionais da Universidade Complutense de Madrid, no qual analisa os principais desafios atuais na proteção e defesa dos direitos humanos na União Europeia. Para tal, o autor parte da análise do gradual reconhecimento pela UE dos direitos humanos, impulsionado tanto por fatores relacionados com a legitimidade interna da União (proteção dos direitos de cidadania europeia, busca de coesão social numa União cada vez mais diversificada, avanço no reconhecimento de um sistema constitucional implícito de "freios e contrapesos"), bem como daqueles fatores ligados à legitimidade externa da UE, como ator global que busca promover a paz, a estabilidade e a prosperidade além de suas fronteiras. Diante do aumento da xenofobia, do racismo e do sexismo que assolam o atual cenário pós-pandêmico na Europa, o autor analisa diferentes propostas de ação coletiva para defender uma verdadeira comunidade de valores supranacional, democrática e diversa.

A seguir, Flávia Piovesan, vice-presidente da Comissão Interamericana de Direitos Humanos e professora de Direito da Pontifícia Universidade Católica de São Paulo (PUC/SP), analisa os efeitos da pandemia na proteção dos direitos humanos nas Américas, questionando o papel que a Comissão Interamericana tem desempenhado na defesa efetiva dos direitos humanos em um cenário marcado pela pandemia e seu impacto transformador nas normas interamericanas de direitos humanos. Desta forma, o autor analisa principalmente três desafios estruturais que caracterizam a singularidade e especificidade da região latino-americana: profunda desigualdade econômica e social; os padrões históricos de discriminação contra grupos vulneráveis; e os dilemas relacionados às instituições democráticas.

Na sequência do estudo dos efeitos da pandemia no cenário internacional, Mercedes Guinea Llorente, professora de Relações Internacionais da Universidade Complutense de Madrid, analisa o impacto da maior crise que assola a Europa desde a Segunda Guerra Mundial, analisando os debates, negociações e resposta comum da UE para a recuperação, desenvolvimento e transformação económica comum. Perante um panorama internacional em que não prevalece a cooperação internacional, a autora analisa a resposta da UE à emergência socio-sanitária sem precedentes, quer no seu âmbito económico, quer nos seus objetivos e finalidades, dado que não está apenas fundamentada na recuperação, mas sim completa aspectos da União Económica Monetária, financia as transformações do modelo produtivo necessárias para garantir a competitividade e sustentabilidade e priorizar a coesão social, a solidariedade e a integração entre os seus Estados-Membros.

Num quarto capítulo, Paloma González Gómez del Miño, professora de Direito Internacional Público e Relações Internacionais da Universidade Complutense de Madrid, centra-se na análise da agenda migratória da União Europeia, estudando os principais fatores das diferentes crises migratórias e influenciando a evolução do projeto europeu e das políticas comunitárias no tratamento dos fluxos migratórios e na gestão das fronteiras. A partir de uma abordagem crítica, autora analisa a atual abordagem securitária que a política migratória da UE tem vindo a adquirir através de uma tripla dimensão analítica: o quadro institucional, as diferentes crises migratórias ocorridas na última década (crise no Mediterrâneo, em Ceuta e na Polónia) e, por fim, as medidas implementadas neste período, tanto para estes casos como para a construção de uma política migratória comum.

Em seguida, em um quinto capítulo, Eder Fernandes Monica, professor de Direito da Universidade Federal Fluminense, questiona a nova configuração dos direitos humanos em uma sociedade internacional marcada pela ascensão das novas tecnologias digitais. Para isso, o autor apresenta alguns dos principais posicionamentos doutrinários do direito internacional relacionados à aplicação dos direitos humanos em ambientes digitais, analisando os principais debates teóricos sobre as formas de repensar a relação entre a clássica categorização por gerações dos direitos humanos e o chamado direito digital. Finalmente, o autor analisa os elementos negativos e positivos das principais posições doutrinárias com o objetivo de identificar a proposta teórica mais sustentável, eficaz e inclusiva para responder às necessidades e desafios da proteção digital dos direitos humanos.

Este trabalho coletivo se encerra com a contribuição de Thula Rafaela de Oliveira Pires, professora de Direito Constitucional da Pontifícia Universidade Católica do Rio de Janeiro (PUC-Rio), na qual analisa as lutas transnacionais negras, em diferentes contextos históricos, e analisa temas que afetam diretamente a população negra, como segurança e defesa, a proteção dos direitos humanos, os desafios do constitucionalismo atual, a proteção da natureza, a limitação de deslocamentos e as possibilidades de territorialização. Além de denunciar o racismo patriarcal a autora analisa a forma como essas lutas negras oferecem propostas políticas de liberdade e respeito à vida integral com a natureza.

Agradecemos sinceramente o apoio recebido do Gabinete do Vice-Reitor de Investigação e Transferência da Universidade Complutense de Madrid, entidade co-financiadora, e de todos os autores que participam neste trabalho pela confiança, colaboração e compromisso com uma sociedade internacional mais solidária, justa e igualitária.

JOSÉ DÍAZ LAFUENTE
GILVAN LUIZ HANSEN
MERCEDES GUINEA LLORENTE
EDER FERNANDES MONICA

Primera Parte

CUESTIONES GEOPOLÍTICAS ACTUALES: HACIA UNA GOBERNANZA GLOBAL EFECTIVA

La era de la incertidumbre: hacia un nuevo modelo de gobernanza mundial

RAMÓN JÁUREGUI ATONDO
Presidente de la Fundación Euroamérica.
Ex Vicepresidente del Gobierno Vasco.
Ex Ministro de la Presidencia del Gobierno de España.

1. SEÑALES DE ALARMA

A Mohsen Fakhrizadeh, padre del programa nuclear iraní, lo mató un vehículo autómata, provisto de ametralladoras y dirigido por satélites, el pasado mes de noviembre de 2020. El gobierno iraní acusó directamente a Israel y nunca sabremos exactamente ni cómo ni quienes idearon y produjeron un atentado tan sofisticado. Drones armados se utilizan ya en muchas acciones contra terroristas para destruir instalaciones o asesinar enemigos (terroristas mayoritariamente, aunque no sólo) en muchos lugares del mundo, principalmente en zonas en conflicto ¿Qué Derecho ampara acciones criminales extraterritoriales?

Desde los atentados del 11-S en 2001 y el combate al terrorismo yihadista y de Al Qaeda, muchos Estados democráticos se saltan las reglas del Derecho Internacional y establecen las reglas de la guerra, aplicadas al lugar en el que se encuentran los enemigos-terroristas. Ya sea en Afganistán, en Yemen, en Mali o en Siria. El orden internacional ha sufrido constantes agresiones en las dos décadas que han dado comienzo al siglo XXI. La tecnología favorece la utilización de nuevos instrumentos en las disputas geopolíticas que influyen en nuestros sistemas democráticos o que afectan a nuestros intereses económicos. La maquinaria encargada de favorecer o impulsar las fake-news en el debate democrático United States of America (USA) o en el referéndum británico o en las tensiones territoriales de España, existe y opera y está por ver hasta qué punto influye en el edificio deliberativo de nuestras democracias. Las guerras comerciales con sanciones recíprocas y nuevos obstáculos al comercio regulado, se han hecho demasiado presentes en muchos lugares del mundo, ocultando muchas veces, otros conflictos e intereses. Pulsiones migratorias, batallas por el liderazgo tecnológico, presiones políticas diversas, están dando lugar a un mapa de sanciones y aranceles recíprocos, que distorsionan la globalización productiva y el comercio internacional.

Los últimos años, los cuatro que acaban con la administración Trump, han sido un desastre para el gobierno del mundo. Basta recordar el abandono del Acuerdo climático de París, la devaluación de los organismos internacionales: Organización Mundial del Comercio (OMC), Organización Mundial de la Salud (OMS), Consejo de Seguridad de Naciones Unidas, la ruptura del acuerdo de No nuclearización de Irán, la suspensión del Acuerdo de No proliferación de armas nucleares, y la paralización de la gobernanza económica de la globalización, para comprender el daño inmenso que ha hecho el ya expresidente norteamericano al orden mundial.

En definitiva, hay muchas señales de alarma en ese camino, solo iniciado, hacia la gobernanza de una globalización imparable e irreversible. Pero la condición primera de cualquier aportación a ese complejo debate, debe comenzar reconociendo el terreno, observando los enormes cambios que diariamente producen los acontecimientos, el último de ellos, la pandemia del Covid-19 cuyos efectos en múltiples planos de nuestra vida, estamos lejos de conocer.

Un informe del Servicio de Investigación del Parlamento Europeo de noviembre de 2020 señalaba cinco grandes tendencias globales:

- El calentamiento global no se detendrá por la pandemia.
- Tanto la COVID como el cambio climático son marginales respecto al crecimiento de la población del mundo. Seremos 8.600 millones en 2030, frente a los 7.600 de hoy.
- Si las mega ciudades son "incubadora ideal" para la expansión del virus, quizás se detenga la concentración de la vida en las grandes conurbaciones Es incierto todavía si habrá cambios de tendencia hacia ciudades pequeñas.
- Crecerá la demandad de servicios públicos en sanidad y política medioambiental.
- No está garantizado un crecimiento continuo de la economía entre hoy y el 2030.

Por ello, como decía Rocard, el que fue el primer ministro de Francia hace ya muchos años, para transformar el mundo, primero hay que conocerlo.

2. ¿QUÉ ESTÁ PASANDO? NUEVOS PARADIGMAS DE UN MUNDO EN CAMBIO

La pandemia ha extendido un manto de incertidumbre a lo largo y ancho del mundo. A finales del año 2020 las noticias sobre las vacunas nos han devuelto esperanzas, pero no sabemos bien todavía ni cómo ni cuándo saldremos, cuáles serán los daños producidos, cuándo recuperaremos los niveles de renta de 2019 y cómo será el mundo después de esta pandemia. Peor aún, el miedo a otras zoonosis en un planeta enfermo, en un ecosistema seriamente dañado por nuestra influencia, será, me temo, una especie de espada de Damocles pendiente sobre nuestras vidas en el futuro. Por eso, a la incertidumbre se añade un fuerte sentimiento de vulnerabilidad.

Pero antes de esta catástrofe, los signos del cambio eran ya muy evidentes. La velocidad en la sucesión de los acontecimientos, por ejemplo, ha creado una especie de angustia por la gestión de la realidad, por el manejo del presente, casi siempre imprevisto, casi siempre sorprendente por hechos producidos aisladamente y sin embargo concatenados en la geopolítica universal.

Joseph Nye, uno de los geopolíticos más importantes de finales del siglo pasado, dice que la velocidad es uno de los cambios que caracterizan la globalización. La viruela tardó tres siglos en extenderse por todo el planeta. El SIDA tres décadas. Hoy podemos añadir al presagio de Nye, que la Covid-19 ha tardado tres meses y un virus informático, quizás tres horas para invadir el mundo. Todo nos afecta. Los piratas somalíes que asaltan barcos pesqueros en el cuerno de África, nos obligan a enviar a nuestra armada a aquellos confines a protegerlos o enviar guardias privados fuertemente armados junto a los pescadores de atún de nuestros barcos. Francia combate con tropas en el Sahel porque algunos de los actos terroristas que ha sufrido, vienen de allí. La Primavera Árabe comenzó cuando un joven tunecino se quemó a lo bonzo en diciembre de 2010 y las protestas sociales consecuentes en el norte de África dieron lugar a unas revueltas democráticas que nos llenaron de esperanzas democráticas. Hoy, sin embargo, todo el Mediterráneo llora las desgracias producidas en una escalada de violencia desordenada y destructiva cabalgando sobre aquellas esperanzas.

La velocidad genera imprevisión. A pesar de los innumerables centros de investigación, análisis y prospectivas de las Cancillerías y de los Centros de documentación de todo el mundo, casi nadie previó la crisis económica financiera de 2008-2012 o la caída del muro de Berlín una noche de noviembre de 1989 y, sobre todo, el zapatazo consecuente de aquel derribo, en un tablero internacional que permanecía bastante estable desde cuarenta años antes.

Todo nos afecta. La previsible Alemania había establecido una fiscalidad especial para la prolongación de la vida de sus centrales nucleares. La razón, al final de la primera década de este siglo, era clara. Técnicamente era posible y seguro mantener en funcionamiento las centrales más allá de los 30 años previstos inicialmente. Por eso, la señora Merkel consideró que la autorización de la prórroga debía llevar aparejada una alta fiscalidad. Así se acordó en 2010. Pero, solo unos meses después, en marzo de 2011 se produjo la catástrofe de Fukushima y Alemania decidió a finales de ese año, vistos los efectos del tsunami en la central japonesa, cambiar radicalmente su política energética nuclear. Acordaron un plan de cierre escalonado de todas las centrales nucleares.

Vivimos pues un mundo en el que la velocidad, la relación entre los acontecimientos, la falta de previsión y la dimensión supranacional de todo ello, generan objetivas dificultades de gestión, dado el iniciático estado de su gobernanza.

La pandemia ha abierto el debate sobre el futuro de la globalización. Muchos piensan que la globalización se ralentizará como consecuencia de una nueva "autonomía estratégica" en muchos países o continentes. La necesidad de asegurar la provisión de materiales o recursos de primera necesidad (desde el paracetamol a las mascarillas) ha sido puesta de manifiesto en la pandemia. De ahí han surgido fuertes voces reclamando liderazgos estratégicos aeronáuticos, industria militar, medicamentos, coche eléctrico, etcétera para Europa. Lo que llevaría a revisar la cadena de aprovisionamiento o de subcontratación en los países de menor coste de producción. Algo que ya se había empezado a revisar antes de la Covid-19 porque los costes y las dificultades logísticas habían empezado a aconsejar la subcontratación más próxima a las empresas matrices. Las teorías antiglobalizadoras tienen algún fundamento también en la tentación nacionalista que se ha despertado con la pandemia. El Estado-Nación ha gestionado la sanidad, las medidas anti contagio, ha controlado, protegido y defendido a la ciudadanía ante el virus y eso ha revaluado el papel de la Nación. Además, durante más de un año nos hemos refugiado físicamente en nuestras casas, en nuestra ciudad, en nuestro país. No hemos viajado y hemos comprobado que el trabajo, las reuniones, los negocios podían hacerse mediante la tecnología de la que ya disponíamos. El Estado, la Nación, ha reforzado su papel cultural y administrativo.

Un análisis más realista nos indica, sin embargo, que una economía ya globalizada, acostumbrada a mover Bienes, Capitales, Servicios y Personas con bastante facilidad, no puede volver atrás sin pagar por ello altísimos costes de renta y generación de riquezas y, en consecuencia, en términos de recesión económica y paro. El comercio internacional seguirá creciendo en la recuperación post-Covid y la regulación de grandes Acuerdos entre grandes países lo favorecerán

(Mercosur-UE o la reciente Asociación Económica Integral Regional (RCEP) de China-Japón-Australia y el Sudeste Asiático, son buenos ejemplos). De manera que debemos huir de esa tentación simplificadora que presagia el fin o la reducción drástica de la globalización. Más bien debemos pensar en una cuarta fase de la globalización, como pronostica Hariri, empujada por la tecnología y por la cooperación, que impone un sentimiento también muy evidente durante estos meses de pandemia: la interdependencia, la convicción de que las vacunas, el ecosistema, la ciencia, no tienen fronteras y que solo una globalización mejor gobernada permitirá afrontar y resolver los problemas de la humanidad. Es decir, la respuesta no es frenar la globalización sino regularla, gobernarla, al servicio de los ciudadanos.

Esa gobernanza reclama una sería reflexión sobre algunos efectos que se venían produciendo en nuestras sociedades como consecuencia de dos disrupciones acumuladas: la tecnológica y la globalizadora. El mundo occidental ha sufrido, casi sin darse cuenta, una devaluación sociolaboral del trabajo no cualificado, una destrucción de espacios industriales obsoletos no competitivos y el crecimiento de la desigualdad en el seno de sociedades que habían conquistado, en los cincuenta años anteriores, importantes espacios de equidad. Como consecuencia de todo ello, han nacido los populismos políticos, se han devaluado las instituciones políticas democráticas y el contrato social de nuestras democracias se ha debilitado peligrosamente.

Nuestra vieja aspiración a democratizar el mundo, a extender el modelo del Estado de Derecho y la Economía social de mercado a la mayoría de los países de nuestro entorno, ha fracasado. Nuevas autocracias nos rodean en Rusia, Turquía, India, etcétera y tentaciones autoritarias surgen por doquier en nuestros propios países. Nuestra expectativa en que la superioridad moral de nuestras democracias convenciera al mundo, se enfrenta hoy a un debate enormemente peligroso. La tecnología ofrece ya a regímenes dictatoriales la posibilidad de contraponer eficiencia frente a democracia (es el caso de China en la gestión de la pandemia), incluso a mostrarnos su falsa superioridad en la interpretación de los deseos del pueblo, en función de la acumulación de datos que obtienen de los instrumentos tecnológicos que rodean la vida de la gente.

Todo esto ocurre en un mundo económico, comercial y productivamente desplazado a Asia. Hace ya años que el centro de gravedad de la economía mundial se desplazó del Atlántico al Pacífico. La nueva guerra fría es entre Estados Unidos (EEUU) y China y no es solo económica. Es tecnológica y militar y regirá la geopolítica del mundo en los próximos años.

El multilateralismo ha sido herido gravemente estos últimos años. Todas las instituciones y acuerdos internacionales han sido tocados por la mano grosera del *America First* y por la irresponsabilidad del populismo nacionalista. Restaurar un orden internacional multilateral con nuevas bases, y recuperar el diálogo internacional para fortalecer las instituciones de gobernanza global, es una de las grandes urgencias de este mundo en cambio, después de la pandemia.

Esta desordenada y breve descripción de las transformaciones que acontecen en este cambio de era, no puede olvidar la importancia de otras disrupciones que se vienen produciendo en nuestro entorno social. Realmente no deberíamos llamarlas así, porque la disrupción, en puridad, es un término más económico o tecnológico que alude a la aparición de productos o servicios que surgen de la innovación cuando lo demanden mercados o negocios antes desconocidos (como las plataformas digitales, por ejemplo). Las transformaciones sociales son más pausadas, más evolutivas, consecuencia de cambios de valores o de la moral pública o de la forma de vida, o de los comportamientos sociales, que van influyendo poco a poco en la organización social.

Así está ocurriendo por ejemplo con la revolución feminista que, desde hace ya algunas décadas, transforma el papel de la mujer en la vida pública, en la empresa, en la familia y en la sociedad en general. Es una revolución porque supone un cambio de paradigma respecto a muchos años de historia de postración y sometimiento. Es, una revolución que triunfa (recordando otras que no lo fueron o fracasaron estrepitosamente) y ha venido para quedarse. No podemos contemplar el futuro, mucho menos una Globalización fundada en la Ética y en el Derecho, sin recordarlo.

Son corrientes de fondo que mueven la sociedad que viene. La sostenibilidad es otra de estas pulsiones sociales que crece, alarmada por las constantes e inequívocas llamadas de la ciencia y por la constatación de que los efectos del cambio climático nos amenazan gravemente. La pandemia ha hecho todavía más fuerte esa exigencia de lucha de todos contra la insalubridad de nuestro ecosistema y por la defensa de los ciclos naturales que eviten pandemias futuras y desconocidas hoy, por zoonosis u otras razones.

Otras son transformaciones naturales. El envejecimiento demográfico de occidente, hoy es ya un fenómeno universal, salvo en África, y el impacto de esta evidencia en múltiples planos de nuestra organización social, es enorme. Los sistemas de seguridad social, la sanidad, el cuidado de los mayores, la fiscalidad, el urbanismo múltiples disciplinas deben adaptarse a la pirámide demográfica invertida. Semejante reflexión nos reclama la concentración urbana en las ciudades y especialmente la problemática generada en las grandes urbanizaciones con muchos millones de personas concentradas en espacios reducidos y una concatenación exponencial de problemas de gestión de los servicios necesarios.

Por último, todo el siglo XXI será un periodo de grandes movilizaciones humanas. Las migraciones son consecuencia, por supuesto, de muchas circunstancias, pero se intensifican con la interconectividad de las telecomunicaciones (nos ven en televisión y se comunican por Internet o por teléfono con todo el mundo, desde todo el mundo). Las fronteras nacionales son líneas artificiosas frente a las necesidades humanas y los acuerdos internacionales sobre Derechos de los Migrantes, construidos en el contexto posterior a la Segunda Guerra Mundial, han quedado obsoletos, inadecuados, insuficientes. Cientos de millones de seres humanos se ven abocados a emigrar desde situaciones políticas represivas o por el hambre, por la imperiosa necesidad de sobrevivir. El mundo se enfrenta también a la necesidad de encontrar soluciones comunes y pactadas a este fenómeno imparable.

3. EUROPA ANTE EL MUNDO

Es pronto para dibujar el corto plazo teniendo en cuenta que la pandemia se prolongará todavía a lo largo de 2021 y que los cambios que nos ha impuesto se extenderán unos años más. También es pronto para ver los cambios que introducirá Joe Biden en la política exterior norteamericana puesto que estos serán más tenues y más lentos de lo que muchos piensan. Antes de que esos cambios sean más perceptibles, algo parece claro a la altura de este análisis (diciembre 2020). Todos los órganos multilaterales y las instituciones internacionales han salido tocadas de esta crisis. Las Naciones Unidas arrastran un bloqueo de su Consejo de Seguridad que contamina su función. Las Agencias de Naciones Unidas sufren la tensión entre los países grandes y sus funciones se diluyen o paralizan. La OMS es un buen ejemplo, pero no es el único. Las instituciones financieras internacionales: Fondo Monetario Internacional (FMI), Banco Mundial y los Bancos Multilaterales de Desarrollo no están cumpliendo su papel como financiadores de Estados débiles, angustiosamente necesitados de liquidez para atender las derivadas sanitarias y económicas de la pandemia. El G-20 ha permanecido casi oculto bajo una presidencia ineficaz e insuficiente. La OMC sigue esperando que EEUU levante el veto al nombramiento de jueces y su función arbitral y reguladora del comercio internacional se está devaluando peligrosamente. El Acuerdo de París, probablemente el mayor éxito del multilateralismo de los últimos años, está pendiente de la vuelta al acuerdo de los Estados Unidos. Puede parecer una descripción pesimista, pero es en cualquier caso provocadora de una preocupante reflexión. Quizás la única Institución supranacional que ha reaccionado ante la crisis de la Covid-19 con un reforzamiento de sus estructuras y con una acción poderosa de respuesta, ha sido la Unión Europea. Haciendo cierta esa característica tan peculiar de Europa de ir avanzando a golpe de crisis, esta vez, la Unión ha dado un paso de gigante en su integración.

No fue así al principio de la pandemia. La descoordinación en los cierres de las fronteras, decididas por los Estados Miembros unilateralmente, la ausencia de medidas de prevención y de material sanitario en los primeros días, y la perplejidad que mostraba Bruselas esos días, nos devolvió a los peores momentos de la crisis financiera 2009-2010. Los aviones chinos en los aeropuertos europeos vendiendo al mejor postor mascarillas y equipos de protección para los sanitarios, eran la mejor muestra de nuestro desconcierto. Pero la foto más humillante para Europa fueron los camiones rusos entrando en

Bérgamo con ayuda sanitaria. El debate sobre la ausencia de Europa se hizo, una vez más, catastrofista y destructivo.

Pero la reacción llegó pronto. Una Comisión que acababa de empezar su mandato (diciembre de 2019) se puso manos a la obra, consciente del pesimismo europeísta, que tomaba cuerpo en el euroescepticismo que había provocado la gestión de la crisis económica del euro unos años antes. Las medidas adoptadas son conocidas. El Banco Central Europeo (BCE) desplegó todo su potencial comprando deuda pública de los Estados y facilitando así liquidez financiera a Bancos y Estados. La Comisión aprobó diferentes programas para ayudar a los gastos sanitarios de los Estados (37.000 millones de Euros) y al desempleo provocado por el parón económico (Support to Mitigate Unemployment Risks in an Emergency, SURE 100.000 millones de Euros); suspendió el Pacto de Estabilidad para que sus rígidas normas sobre Déficit no impidieran la expansión presupuestaria y ordenó al, Mecanismo Europeo de Estabilidad (MEDE) creado en la crisis de 2010, pusiera 240.000 millones de euros al servicio de los Estados y ofreciera préstamos sin condicionalidad.

Pero, el gran impulso a la recuperación socioeconómica de Europa, lo dieron la Comisión, el Consejo Europeo y el Parlamento, aprobando un plan de 750.000 millones de Euros para ayudar a las economías europeas y dar además un salto en dos ejes claves para el futuro: El Green Deal en materia de lucha contra el cambio climático y la digitalización. El plan, llamado acertadamente Next Generation UE, ha llenado de entusiasmo europeísta a la población y ha despertado notable admiración en todo el mundo. Al mismo tiempo, esa misma Unión Europea está comprando más de mil millones de vacunas y las reparte equitativamente entre la población europea.

Estas respuestas han significado un avance extraordinario en la integración europea, refuerza enormemente el europeísmo ciudadano al ver, esta vez sí, una Europa unida, fuerte, solidaria, que ayuda a sus Estados y a sus ciudadanos y que aprovecha la crisis para lanzarse hacia el liderazgo mundial en la lucha contra el cambio climático y hacia la digitalización de su economía, manteniendo la cohesión social.

Es la primera vez en la historia que la Unión Europea se endeuda en nombre de la Unión y mutualiza la deuda ante los mercados. Es la primera vez que crea figuras fiscales nuevas para amortizar esa deuda (Digitales, plásticos y compensación del CO2 en Frontera). Es la primera vez que se lanza un plan dotado con casi un billón de euros en una política anticíclica (no procíclica como en 2010) a repartir solidariamente. Es la primera vez que se da un paso tan federalizante en una Unión supranacional como es hoy la Unión Europea.

Se ha dicho que este gran logro constituye un momento hamiltoniano de la Unión, aludiendo a la mutualización de la deuda de los Estados Confederados de América. Sin duda lo ha sido, aunque estamos muy lejos de forjar los Estados Unidos de Europa. Y aunque es cierto que ha habido otros momentos semejantes en la historia reciente de la Unión, este no es menos importante que aquellos históricos acuerdos sobre la Unión Monetaria, la Unión bancaria o los fondos de cohesión. Entre otras razones porque este será la base del Pilar Fiscal y de un posible Tesoro Europeo, condiciones fundamentales ambas, de la Unión Monetaria y de su Gobernanza.

4. DEMANDAS URGENTES DE NUESTRO DESGOBIERNO MUNDIAL

Otros espacios políticos están reaccionando con medidas semejantes. Son los grandes países que pueden hacerlo. La pregunta es ¿Quién ayuda América Latina? ¿Y África? ¿Cómo aseguramos que la vacuna llegue el año 2021 a países pobres? ¿Quién presta liquidez a Estados endeudados o sin capacidad de acceso a los mercados? Una vez más echamos en falta organizaciones internacionales que dirijan y gobiernen esta globalización desgobernada. Faltan acuerdos en la OMS para traspasar la tecnología de las vacunas a los laboratorios nacionales, para su fabricación a bajo coste o la distribución planetaria de las vacunas autorizadas. Al fin y al cabo, no es solo cuestión de solidaridad sino también de seguridad puesto que solo la vacunación de toda la población del planeta acabará con la pandemia. Con la financiación internacional ocurre lo mismo. El G-20 debería haber acordado ampliaciones de capital del Fondo Monetario Internacional y otros recursos financieros en los organismos financieros internacionales y Bancos Multilaterales de Desarrollo para asumir emisiones de deuda de los Estados más necesitados. Al comienzo de la pandemia, a mediados de abril de 2020, varios ex gobernadores de Bancos Centrales de América Latina solicitaron al Fondo Monetario Internacional una emisión especial de un billón de dólares en Derechos especiales de Giro. El gobierno español y otros de la región, más diversos organismos de la sociedad civil (Secretaría General Iberoamericana, SEGIB; Fundación Euroamérica, Fundación Iberoamericana Empresarial, y Banco de Desarrollo de América Latina, CAF) se sumaron a esa petición. Nada se hizo y los países más pobres malviven en la pandemia.

También aquí se ha notado la lamentable influencia del *America First* y de una política exterior norteamericana introspectiva y egoísta. Los tímidos avances que se produjeron en la regulación financiera de Wall Street con la administración Obama, después de los escandalosos y costosísimos fallos de las subprime, han quedado paralizados. El combate al cambio climático dio un salto extraordinario con el Acuerdo de París hace cinco años, pero fue rechazado por los Estados Unidos de Trump. Quizás la más importante conquista del multilateralismo quedó en entredicho por la miopía nacionalista de Trump. Los acuerdos de no proliferación de armas nucleares con Rusia, también fueron cuestionados, a pesar de lo mucho que costó lograrlos. La OMC, la Organización internacional del Comercio regulado, quedó bloqueada ante la falta de árbitros internacionales que EEUU no quiso nombrar. Así todo, ese es el caótico panorama que nos muestra el mundo a comienzos de 2021.

El terrorismo internacional, dramáticamente presente desde 2001 con las Torres Gemelas como símbolo, o los trenes de Atocha en 2004, representa un problema de importancia mayor en todo el mundo. Es necesaria una combinación de políticas y de instrumentos supranacionales y una urgente actualización del Derecho Internacional y del Derecho Penal a los métodos y a los instrumentos de esa lucha. Si conectamos el terrorismo internacional a los Estados fallidos, los que utilizan su apoyo a grupos terroristas o a guerras locales y a la proliferación de armas nucleares, nos encontramos ante un escenario de riesgos bélicos y de seguridad, que reclaman nuestra atención en el escenario internacional.

La pandemia no ha parado las guerras. En 2020 siguen vivas Afganistán, Siria, Yemen, Nagorno-Karabaj, Tigray y conflictos internos en varios estados africanos. El llamamiento del Secretario General de Naciones Unidas, Antonio Guterres para un Alto el Fuego universal durante la pandemia, fue lamentablemente, desoído por la furia del fuego bélico y los conflictos por razones étnicas, religiosas, o tribales son todavía demasiado frecuentes y la violencia asociada al narcotráfico descompone Estados y somete al miedo y al terror a millones de personas en muchos países. El mundo entrará, seguro, a lo largo de este siglo en nuevos conflictos, probablemente bélicos, por recursos vitales, ya sean energéticos (o de materias primas necesarias para producirlos), alimentarios, agua, rutas o dominios marítimos, terrestres o espaciales.

Los fenómenos migratorios que se están produciendo sin comparación cuantitativa con cualquier otra etapa histórica, no pararán, sino que seguirán incrementándose en todo el planeta. Pueblos enteros que huyen de la persecución, como los Rohinyá en Birmania, o de la guerra, como en Siria, o del hambre, como en tantos países africanos o de Centroamérica, seguirán siendo noticia día tras día en este siglo. Un nuevo derecho internacional deberá crearse para la protección de estas personas, además de una nueva política migratoria mundial para atender los movimientos humanos masivos, acrecentados por la revolución de la comunicación que permite a los seres humanos comunicarse con otros sea cual sea la distancia, en tiempo real, eliminando por primera vez en la historia, las barreras del espacio y del tiempo.

Los objetivos de Desarrollo Sostenible 2030 (ODS) han sufrido un retroceso en sus conquistas. Aunque la expansión cultural y política de los 17 objetivos está experimentando un gran avance, los logros concretos de la mayoría de ellos han retrocedido durante la pandemia y especialmente los que se refieren al combate al hambre, a la pobreza y a la desigualdad.

Los tímidos avances que se dieron en el segundo mandato de Obama para regular los mercados financieros después de la crisis financiera de 2008, fueron desarbolados por Trump. Seguimos haciendo lo mismo, o parecido, en la globalización financiera bajo los mismos impulsos especulativos de Fondos de Inversión y otros instrumentos de una ingeniería fiscal cada vez más sofisticada. Grandes compañías tecnológicas que manejan el nuevo petróleo del siglo XXI: los datos y se escapan al control fiscal o legislativo del Estado, amparados en un espacio del mercado planetario monopolizan los nuevos mercados de la economía digital. El mundo tiene pendientes enormes retos en la regulación del capital financiero y en el de los Derechos públicos y privados sobre el Big Data y sobre la red de Internet.

El Comercio internacional, la Salud, los océanos, el cambio climático, la fiscalidad.... son enormes los desafíos del futuro que reclaman una organización internacional mejor. Incluso, la pandemia de la Covid-19 nos ha revelado —dramáticamente— que estamos sometidos a los peligros de otras zoonosis si el ecosistema en el que se desarrolla nuestra vida y nuestra industria alimentaria en particular, no se revisan urgente y drásticamente.

En el fondo, es la constatación de un mundo globalizado progresivamente por los efectos tecnológicos, comerciales, financieros y productivos desde finales del siglo XX y fatalmente desgobernado como consecuencia de un "Orden Internacional" en el que el Estado sigue siendo el actor central, sin organizaciones internacionales suficientemente legitimadas y fuertes, sometidas a una nueva bipolaridad (EEUU-China). El resultado es un creciente déficit de gobernabilidad por el desajuste entre una sociedad cada vez más globalizada en sus relaciones económicas, en sus hábitos culturales, en su movilidad, en sus aspiraciones... y una política estatalizada en sus ámbitos de poder y en sus circuitos deliberativos y democráticos. El mundo camina hacia una sociedad globalizada y la política hacia Estados y gobiernos locales y territoriales. Los problemas son globales, sin fronteras, pero los instrumentos para gobernarlos y solucionarlos, o por lo menos, para encauzarlos, son locales.

Este es el dilema ante el que nos encontramos. En particular la izquierda política que a lo largo del siglo XX tuvo capacidad de articular y vertebrar las aspiraciones de dignidad social, igualdad y justicia de gran parte de la sociedad, se enfrenta hoy a una agenda con esas mismas aspiraciones que, sin embargo, solo pueden materializarse en espacios supranacionales en los que su influencia es menor o que sencillamente son inexistentes. No es solo la izquierda. Es la humanidad la que se enfrenta a crecientes problemas globalizados que reclaman soluciones urgentes y ve, con preocupación creciente, la enorme lentitud o la desesperante ausencia de respuestas.

Deberíamos evitar, sin embargo, una mirada excesivamente pesimista sobre estas carencias Hay una frecuente —e injusta, en mi opinión— idea catastrofista sobre la evolución del mundo que nos coloca ante el drama de un próximo caos, sin apreciar los importantes avances que la humanidad está conquistando en un camino de progreso que marca inevitablemente nuestra historia contemporánea. No sé si vivimos en el mejor de los mundos, como dice Steven Pinker. Pero nuestros principales indicadores de vida demuestran que la sanidad, la educación el bienestar, la renta, la libertad o la igualdad, son infinitamente superiores a los que disfrutaban hace cien años. Es muy evidente que es así. Sin ser el mejor de los mundos, el hecho de que la globalización haya incorporado a más de mil millones de personas al trabajo formal, es un progreso incuestionable en el combate a la pobreza del mundo. Solo es un ejemplo.

Hans Rosling, el médico sueco, se convirtió en un bestseller para el New York Times en 2018 con su "Factfulness" demostrando con estadísticas fiables que las variables más significativas de la vida humana, van mejorando progresivamente. Solo en los últimos veinte años, la proporción de la población mundial que vive en condiciones de pobreza extrema, se ha reducido a la mitad. Casi todos los niños del mundo son vacunados y por tanto acuden a servicios médicos. En todos los países del mundo se ha reducido la mortalidad infantil. El 85% de la humanidad vive en países que se denominan "desarrollados". Son algunas de sus afirmaciones

Incluso entre 2000 y 2020, a pesar de que en estas dos décadas hayamos sufrido dos crisis extraordinarias (la financiera 2008-2014) y la Pandemia de la Covid-19), se han producido signos inequívocos de avances en el progreso humano. Javier Solana nos recordaba hace poco que "entre 2001 y 2019 la esperanza de vida a escala global, aumentó de los 67 a los 73 años (en África paso de los 53 a los 63). La presencia femenina en puestos de responsabilidad se ha incrementado considerablemente y en 2019 alcanzamos un pico (todavía muy insuficiente) de 19 mujeres a la cabeza de gobiernos estatales" (El País 31/12/2020). Incluso la pandemia también nos ofrece un horizonte esperanzador, a pesar de su gravedad. La peste de 1920 provocó más de 20 millones de muertos en el mundo. La Covid-19, en las puertas de la vacunación, ha provocado 2 millones de muertes, a pesar de su extensión, literalmente planetaria.

De manera que, evitando estas visiones maniqueas y catastrofistas sobre el presente, nos enfrentemos a crecientes riesgos globales y a nuevas derivadas sociales de los paradigmas tecnológicos y globalizadores, que reclaman respuestas y soluciones supranacionales. Por eso, aunque sea iluminar la niebla, es preciso ofrecer líneas de acción hacia una mejor gobernanza de nuestro mundo.

5. HACIA UN NUEVO MODELO DE GOBERNANZA MUNDIAL

No es fácil aventurarse a pautar el futuro, y mucho menos lo es, configurar una arquitectura institucional de nuestra gobernanza global. Todos tenemos más preguntas que respuestas. Vemos con claridad el diagnóstico y nos movemos en la niebla con las terapias. "El futuro es un país extraño" titulaba su obra el historiador catalán Josep Fontana. Pero, aún a riesgo de ser muy esquemático o de simplificar demasiado algunas de las reformas o de las propuestas, me gustaría señalar los grandes temas en los que deberíamos actuar.

5.1. Avanzar hacia una gobernabilidad democrática del mundo

Dicho así parece una ampulosa y quimérica pretensión. Y, desgraciadamente lo es. Pero es bueno fijar horizontes, alumbrar largo, mirar lejos, cuando hablamos de gobernar la globalización.

Por eso, no es baladí establecer una precondición democrática para esa gobernanza. La Estrategia de Seguridad europea fijaba este principio como base de su propuesta: "La calidad de la sociedad internacional depende de la calidad de los gobiernos que son su fundamento. La mejor protección para nuestra seguridad es un mundo de Estados democráticos bien gobernados". Es cierto que los avances de la democracia pueden muy bien ser cuestionados si miramos el crecimiento de autocracias y populismos (Rusia, Turquía, Irán, Venezuela...) y si observamos la preocupante tendencia al gobierno tecnológico de China, interpretando cínicamente la democracia como un sistema antiguo, ante las posibilidades de interpretar las voluntades de los ciudadanos, a través de sus datos.

Pero, aun así, nuestras convicciones democráticas y nuestro compromiso con los principios del Estado de Derecho y la Economía Social y de Mercado, y las convenciones internacionales de Derechos Humanos, nos marcan un camino irrenunciable. Las democracias hacen Paz, no guerras, respetan la dignidad del Ser humano, sus Derechos y Libertades, producen prosperidad, generan riqueza, proporcionan bienes públicos y servicios de Bienestar, distribuyen la riqueza y reducen desigualdades. Cierto que, de manera imperfecta, pero esos parámetros configuran el edificio deliberativo democrático y su conquista delimita la dialéctica de las fuerzas en juego que la democracia permite.

Cuando establecemos los principios sobre los que asentar la gobernanza de la globalización, es preciso recordar que ésta solo puede construirse sobre una arquitectura democrática. Nuestras alianzas geopolíticas para lograrlo nos inclinarán pues hacia los países que han asumido esos objetivos y tienen esos propósitos.

Este objetivo impone tareas muy diversas. El fortalecimiento de nuestras democracias frente a su devaluación por múltiples factores, es la primera. Los peligros del iliberalismo, las amenazas populistas, los efectos de las redes sociales, la devaluación del contrato social clásico y una larga y conocida lista de problemas intrínsecos a las sociedades libres, representan un conjunto de riesgos que debemos vencer con políticas de revaluación de nuestros principios.

5.2. Extender el multilateralismo. Hacer fuerte Naciones Unidas

La mayoría de los Estados democráticos en el mundo deben fortalecer el gran organismo internacional de Mediación y Seguridad que es Naciones Unidas. Ello implica la aceptación del derecho y la legalidad, como normas de funcionamiento del sistema internacional, con el respaldo de fuerzas coercitivas que permiten hacer efectiva la paz y la seguridad a través de la Ley y el Derecho Internacional.

La progresiva retirada de Estados Unidos de los escenarios bélicos del mundo, no hace sino reclamar, con más insistencia si cabe, la necesidad de ubicar en Naciones Unidas el monopolio del uso de la fuerza como instrumento de la paz. Porque el uso de la fuerza sin legitimidad nos devuelve a la ceguera de la violencia bruta y la legalidad sin fuerza, nos hace ineficaces, impotentes.

La coordinación de Europa, EEUU, América Latina, Australia Japón, y otras grandes democracias del mundo, en el objetivo del Multilateralismo y en el reforzamiento de Naciones Unidas es vital, para este propósito. La cooperación internacional entre las democracias para avanzar en una gobernanza democrática de la globalización, es clave. Esa Alianza es básica y debe reforzar los vínculos civilizatorios y democráticos, frente a otro tipo de acuerdos o intereses geopolíticos.

A su vez, fortalecer Naciones Unidas exige su reforma. El Consejo de Seguridad no puede seguir bloqueado por la nueva bipolaridad del mundo o por el tripartito Estados Unidos-Rusia-China, limitador hasta la exasperación de la actuación internacional legal.

La marginación de los países pequeños y la necesidad de equilibrar el principio teórico de "un país, un voto" con el de la proporcionalidad representativa, obligará a repensar las reglas internas de funcionamiento. Por último, algunas Agencias están faltas de adecuación y modernización a nuevos tiempos y a nuevos instrumentos. Las Agencias de Derechos Humanos, Energía, Salud, Comercio, etcétera necesitan más integración y eficiencia.

5.3. Nuevos acuerdos multilaterales para los grandes retos

Los grandes retos globales reclaman grandes acuerdos multilaterales. Su gestación e implementación resulta extraordinariamente difícil, pero su necesidad se hace cada día más urgente. Hay seis áreas que reclaman nuestra prioridad.

5.3.1. La lucha contra el cambio climático

Quizás sea también el campo en el que se han producido más avances y en el que la acción política nacional e internacional esté más comprometida. El Acuerdo de París (2015) y las sucesivas cumbres mundiales constituyen el mayor logro del multilateralismo en décadas. Pero la conciencia social no deja de crecer y exigir nuevas medidas y compromisos. La Unión Europea es líder en compromisos de descarbonización, pero le siguen ya casi todas las grandes potencias: China, EEUU (a pesar de Trump), Japón etc. están ya en la carrera por el liderazgo tecnológico y científico por esa transición. La Cumbre de Glasgow de 2021 debería armonizar los esfuerzos del mundo entero hacia la descarbonización a mitad del siglo XXI.

5.3.2. Ordenación del comercio internacional

Los problemas surgidos en el ámbito del Comercio Internacional en la etapa Trump, han sido tan importantes que reclaman una pronta actualización de este marco esencial en la globalización. Hemos asistido a un cruce de sanciones recíprocas entre espacios de colaboración básicos (Estados Unidos-Europa), al bloqueo de nuevos acuerdos comerciales y a la paralización de la Organización Mundial de Comercio por la negativa norteamericana a la renovación de los Árbitros internacionales.

En ese mismo orden, conviene actuar. Superar la dinámica de sanciones y crear nuevos marcos de Comercio e Inversiones regulados entre países y bloques regionales, es un camino correcto. Los recientes acuerdos de Europa con China en materia de inversiones, el acuerdo de Comercio de China con doce países del Pacífico y del Sudeste asiático (RCEP en inglés), MERCOSUR-UE y otros grandes acuerdos en África, América Latina, etc. marcan tendencias. Pero necesitamos una Organización Mundial del Comercio viva y actualizada. Volver a un sistema arbitral y resolutivo de conflictos es imprescindible.

5.3.3. Ordenación de los marcos financieros globales

La globalización financiera ha facilitado la inclusión económica de grandes espacios geográficos y poblaciones del mundo. Es innegable su beneficioso efecto en el combate a la pobreza y en el reequilibrio geoeconómico. Pero también está produciendo serios problemas. Su desregulación, impulsada por una ola neoliberal fundamentalista, provoca graves desajustes en el interior de los países desarrollados, crecimiento de la desigualdad por el injusto reparto de sus beneficios y una dependencia excesiva de la economía real (la que produce bienes) respecto a la economía financiera. Incluso, ligada a los impulsos tecnológicos, riesgos de monopolios y oligopolios en la nueva economía digital. Sin olvidar los graves efectos producidos por crisis sistémicas derivadas precisamente de la desregulación o del Manifiesto fracaso de la autorregulación (crisis de las Subprime de 2008)

Debemos encontrar mecanismos de regulación, que aumenten la transparencia y el control de los movimientos financieros. Wall Street, Londres y Bruselas están llamados a esta tarea, junto al Fondo Monetario Internacional y la Organización para la Cooperación y el Desarrollo Económicos (OCDE). La fiscalidad internacional a esos movimientos (Tasa Tobin a nivel mundial) ayudaría a proporcionarnos claridad, transparencia y conocimiento sobre esos movimientos y sus consecuencias.

5.3.4. Justicia fiscal y lucha contra los paraísos

La alarma social crece en el mundo entero contra la evasión fiscal, cada vez más sofisticada y siempre amparada por el secreto bancario y los espacios fiscales opacos (paraísos). La ingeniería fiscal es cada vez más fácil en la globalización financiera y la economía digital añade más posibilidades de elusión fiscal. Los escándalos son cada vez más sonados y el enfado social contra estas prácticas aumenta al mismo ritmo que las Haciendas Nacionales muestran su impotencia ante este desorden internacional y esta deslealtad competitiva y fiscal entre las Naciones.

Los mayores avances en estas materias se han producido como consecuencia de la lucha contra el dinero negro y contra el blanqueo de capitales (procedente de actividades delictivas a gran escala, como el narcotráfico) y en la lucha contra la financiación del terrorismo internacional. Aquí, se pone en evidencia, que cuando se quiere (mejor diríamos, cuando los Estados Unidos lo imponen) todo el sistema bancario se adapta y se avanza en esa dirección. De hecho, desde 2001 (atentados de las Torres Gemelas), el Control Bancario del dinero negro internacional, no ha parado de crecer.

Si se quiere, se puede. El organismo llamado a ejercer un mayor liderazgo en este ámbito es la OCDE, que tiene en su agenda esta materia desde hace unos pocos años y se enfrenta a fuertes vetos nacionales de los países que más se aprovechan de prácticas desleales fiscalmente. Armonizar la base del Impuesto de Sociedades, ordenar la fiscalidad de las empresas tecnológicas y eliminar los paraísos fiscales, son medidas urgentes. Pero, hasta que los acuerdos lleguen, muchos países pueden avanzar. La Unión Europea, por ejemplo, con la lista de países no cooperativos fiscalmente, lo está haciendo ya. En la misma línea, la eliminación progresiva del secreto bancario y la cooperación informativa entre países, es una necesidad.

5.3.5. Acuerdos en materia migratoria

Como decíamos, los fenómenos migratorios se van a intensificar en todo el mundo. Naciones Unidas trabaja intensamente a través del Alto Comisionado de las Naciones Unidas para los Refugiados (ACNUR) y de su infraestructura en múltiples campos de refugiados. Pero, es necesaria la renovación de los acuerdos internacionales sobre Asilo y Refugio, generadores de un Derecho Internacional sistemáticamente incumplido, quizás porque fue pensado para los tiempos de la posguerra y no para los fenómenos existentes hoy.

Las causas generadoras de los derechos de Asilo y Refugio, por ejemplo, deberían ampliarse a las problemáticas sociales, interétnica y religiosa. La protección efectiva de sus derechos debería tener un mayor apoyo judicial en los compromisos adquiridos por los Estados suscriptores de esos acuerdos.

La política migratoria, en fin, necesita acuerdos supranacionales, si se quiere regionales, pero en cualquier caso superiores a las limitadas fronteras nacionales. Son acuerdos que reclaman tanto el control de esas fronteras y la devolución a los países de origen, como cauces normalizados de captación de inmigrantes en esos países, transporte ordenado de esas personas, reparto organizado a los países que demandan o aceptan esas migraciones, formación e inserción sociolaboral de los mismos. Toda una serie de políticas que deben agregarse en una política migratoria integral

5.3.6. Fortalecer la Organización Mundial de la Salud

La pandemia ha puesto de manifiesto que la prevención de la salud y la salud pública en general, son más importantes en un ecosistema que ha alterado ciclos naturales básicos y que genera riesgos muy graves para la población del mundo. Nuevas zoonosis pueden producirse y la aparición de nuevos virus pandémicos, es probable, en opinión de los expertos.

En la misma línea, el control sobre la cadena alimentaria, unida a los problemas en los océanos y a los problemas futuros con el agua, aconsejan una coordinación internacional de los esfuerzos y de las políticas nacionales en estas materias.

La OMS ha estado en el ojo del huracán en las tensiones EEUU-China, estos meses pasados. Necesita crédito, medios y apoyo internacional. Al igual que las Agencias dedicadas a las otras materias.

5.4. Seguridad, paz y solución de conflictos

La Seguridad contra el terrorismo se ha convertido en una causa internacional. La coordinación de los esfuerzos policiales y de inteligencia caminan hacia una cooperación integral en el combate hacia esas amenazas.

Los mayores retos de seguridad que afrontan las sociedades occidentales (ciberamenazas, terrorismo, desestabilización política o económica, tensiones comerciales y geoestratégicas por el control de recursos) no se afrontan con aviones ni carros de combate. Su carácter es cada vez más difuso, mezclándose el campo de la seguridad (competencia policial) con el defensivo (competencia militar) y ámbitos de política interior y exterior (diplomática internacional).

En este terreno, el Derecho Penal Internacional tiene que expandirse como base de las actuaciones antiterroristas y por supuesto, el objetivo principal debería ser extender el ámbito del Tribunal Penal Internacional y la inclusión en su jurisdicción de los principales países.

Por último y en relación con la labor pacificadora y la resolución de conflictos, es preciso recordar que los conflictos propios de la globalización difieren radicalmente del paradigma de las guerras convencionales entre Estados. Estamos ante nuevos conflictos que llaman asimétricos, híbridos, posmodernos etcétera cuyas características son:

- Agudo declive del papel del Estado y creciente protagonismo de actores no estatales (guerrillas, grupos terroristas, criminalidad organizada, etc).
- Predominio de los conflictos internos sobre los internacionales.
- Aguda asimetría entre contendientes, con actores bélicamente muy poderosos, que prefieren un enfrentamiento convencional a velocidad rápida, frente a enemigos con capacidades inferiores, que combinan tácticas convencionales y no convencionales.
- Aumento de víctimas civiles
- Importancia de las narrativas que cada actor presente en el conflicto hace de sí mismo.
- A estas guerras híbridas suceden también modelos de paz híbrida e imperfecta, que la presencia internacional no logra estabilizar ni democratizar. El enfoque de pacificación (el llamado foco integral) empleado por la comunidad internacional durante las décadas de 1990 y 2000 ha ido perdiendo adeptos: la inversión en tiempo y dinero necesaria es demasiado importante y las garantías de resultados muy escasa. Actualmente existe otro modelo de gestión de la solución de conflictos, el llamado "enfoque integrado" aún en desarrollo, por el que apuestan la Unión Europea y la Organización de las Naciones Unidas (ONU), que hace hincapié en los siguientes elementos:
- Combinación de medios políticos, diplomáticos y militares.

- Operativos mixtos civil militar.
- Uso de las "Smart Diplomacy": y enfoque centrado en la prevención y en los mecanismos de alerta temprana. El éxito de la resolución del conflicto es más probable cuanto antes se logre desescalar la tensión.
- Colaboración con actores sobre el terreno.
- Gestión inteligente de la información y de las narrativas.

5.5. Ciberseguridad y regulación de la Red

En el mundo actual conviven una biosfera física tangible y una biosfera lógica, virtual, que tiene una naturaleza híbrida, porque pese a desarrollar su actividad en el ámbito virtual, tiene también un soporte físico (servidores, satélites, equipos, cables, fibra, terminales y dispositivos). Esta doble naturaleza convierte al ciberespacio en un ámbito a la vez imprescindible y vulnerable, cuyas reglas de funcionamiento están en construcción. En estos momentos, el ciberespacio es en buena medida "el salvaje Oeste": hay pocas reglas, o ninguna, o no están claras, o es más rentable y útil saltárselas que seguirlas. Este escenario anárquico es al mismo tiempo uno de los grandes atractivos del ciberespacio, porque permite una innovación creativa casi total. Las amenazas potenciales en el ciberespacio son tan diversas como las facetas que éste presenta. La única defensa posible es la innovación Y en esto es crucial la actuación de los poderes públicos y también la concienciación de los usuarios.

La estrategia contra los ciberataques que inutiliza o daña infraestructuras críticas y servicios públicos, puede afectar a la vida económica y ciudadana de manera muy seria. Están apareciendo diariamente otro tipo de amenazas, más fáciles, pero igualmente peligrosas como el interés comercial de las compañías por hacerse con los datos de los usuarios con fines lucrativos o políticos, o la preocupación por la difusión de noticias falsas (llamadas cínicamente "verdades alternativas" o "postverdad") con fines desestabilizadores en ámbitos políticos o económicos.

Hay que regular la red y hay que combatir la delincuencia, crecientemente peligrosa, en estos instrumentos y en estos soportes básicos en nuestra vida. Al igual que hay que proteger los Derechos Humanos en una nueva dimensión, que nos plantea una adecuación urgente de la vieja declaración universal. Incluso, deberíamos regular el uso de nuestros datos en el Big Data como una propiedad individual susceptible de uso a cambio de autorización y quizás monetización. Por último, combatir los nuevos monopolios de las tecnológicas debería estar en esta agenda.

5.6. Extender el Marco Internacional de los Derechos Humanos como base universal de la dignidad humana

La globalización exige también un suelo de dignidad humana, un mínimo de reglas exigible en todo tiempo y lugar para asegurar derechos inalienables, conquistados a través de siglos de civilización que superaron la brutalidad de la violencia o la explotación de los seres humanos. La Declaración Universal de los Derechos Humanos (París 1948) y más modernamente la Carta Internacional de los Derechos Humanos, configura una base de Tratados cuya obligatoriedad para los Estados garantiza ese suelo universal de dignidad para los seres humanos.

En los últimos años se han extendido los esfuerzos para que los Estados se comprometan a la "Protección" de esos derechos. Pero No están desarrollados los mecanismos de exigencia internacional para esa Protección. Adquiere así particular importancia la implicación de las empresas en el "Respeto" y cumplimiento de los Derechos, en todos los países en los que operan. Es sabido que la globalización ha expandido la presencia empresarial en muchos países en los que la base legal es muy débil, porque lo son también los Estados y su ordenamiento jurídico. Por eso y en el campo de la Responsabilidad Social Empresarial, han ido extendiéndose prácticas y propuestas exigiendo que las empresas (multinacionales mayoritariamente) respeten y apliquen los Derechos Humanos en sus relaciones laborales, medioambientales y sociales en todos los países en los que operan.

La propuesta de Ruggie —jurista de Harvard encargado de Naciones Unidas— para recoger esta teoría en tres principios: "Proteger,

Respetar y Remediar", ha dado lugar a la negociación en el Comité de Derechos Humanos de Naciones Unidas en Ginebra de un Tratado Internacional que recoja y concrete estas obligaciones, incluyendo la posibilidad de una justicia extraterritorial para reclamar a las compañías violadoras de algún Derecho Humano ante tribunales en su sede central. La posibilidad de que un tratado internacional culmine estos esfuerzos, ayudaría mucho a este noble objetivo.

Al concluir este artículo, los periódicos y las redes están llenos de titulares, artículos, fotografías y videos que nos recuerdan todas estas urgencias. La gravedad de los acontecimientos en la toma del Capitolio, los problemas en el reparto de las vacunas, las tensiones con Facebook y Twitter por sus decisiones, las columnas humanas desde Guatemala y Honduras hacia EEUU, la deforestación de la Amazonía, ... todo, todos los días, llama a la puerta de nuestra responsabilidad política para avanzar en esta agenda tan difícil como necesaria en la gobernanza de nuestro mundo.

Madrid 4 de enero de 2021

RAMÓN JÁUREGUI
Presidente de la Fundación Euroamérica

Las relaciones Unión Europea-América Latina para el refuerzo de la gobernanza mundial

FRANCISCO ALDECOA LUZÁRRAGA
Presidente del Consejo Federal Español del Movimiento Europeo
Catedrático de Relaciones Internacionales en Universidad Complutense De Madrid
Representante de la Sociedad civil y los eventos nacionales en la Conferencia sobre el Futuro de Europa.

1. INTRODUCCIÓN

Se insiste en los medios de comunicación, cada vez más, que la presente década va a estar dominada por la vuelta al bilateralismo, con dos principales actores internacionales Estados Unidos, en declive, y China, actor emergente en la sociedad internacional. Actores que, además, tienen una tendencia, cada vez mayor, al enfrentamiento. Se dice también que este enfrentamiento está llevando al debilitamiento de la gobernanza mundial y del multilateralismo y, por tanto, hacia la desaparición progresiva de la Unión Europea en la política mundial y, especialmente, como consecuencia del desenlace de la crisis de Afganistán.

Sin embargo, en este artículo se plantea el tema desde otra perspectiva que consiste en entender que la Unión Europea está en mejores condiciones que los otros actores internacionales y tiene unas potencialidades para enfrentarse a los nuevos desafíos mundiales. En este nuevo escenario, la profundización de la relación estratégica con América Latina se está convirtiendo en el vínculo necesario y principal para que la Unión Europea recupere su papel central en el refuerzo de la gobernanza mundial.

La pandemia mundial del Covid19, que ha sido la gran amenaza para la estabilidad y el desarrollo de la gobernanza mundial, y el elemento clave en la crisis del multilateralismo eficaz se ha convertido para la Unión Europea en una oportunidad para poder jugar un nuevo papel en la lucha contra la pandemia, precisamente por sus características especiales, de ser un actor normativo, comercial, de cooperación al desarrollo, Ayuda Humanitaria...Es decir, tiene las condiciones para poder recuperar el multilateralismo eficaz.

Desde el comienzo de esta tercera década del siglo XXI, y en gran medida como consecuencia del fortalecimiento de la Unión Europea como actor global gracias a las respuestas internas e internacionales que se están produciendo, a través del nuevo ciclo político iniciado como consecuencia de las elecciones al Parlamento Europeo desde 2019, la Unión Europea está teniendo un protagonismo creciente que le permite desarrollar una presencia en el mundo con mayor alcance.

Sin embargo, en relación con América Latina esta nueva fortaleza no está teniendo los resultados esperados que debía tener, dado que esta región sigue siendo con la que más comparte intereses y valores, y la misma visión del mundo. Esta situación la convierte en una relación estratégica indispensable para fortalecer la política exterior de la Unión. El objetivo de este trabajo es contestar no solo a la pregunta de por qué es necesario fortalecer la asociación estratégica entre ambas regiones, sino también el para qué de la misma. Asimismo, trataremos de analizar los factores que, por un lado, han alejado este relanzamiento y, por otro, los que pueden catalizar este acercamiento.

Para ello, a lo largo de este artículo analizaremos los cambios que se están produciendo como consecuencia del nuevo ciclo político y de la respuesta al Covid-19, como es la federalización de la Unión Europea y el Plan de Recuperación desde dentro, y teniendo en cuenta sus repercusiones mundiales y la necesidad del relanzamiento de la relación estratégica Unión Europea y América Latina. Por último, haremos una pequeña referencia al proceso de profundización que se ha iniciado como consecuencia de la convocatoria de la Conferencia sobre el Futuro de Europa (el 10 de marzo de 2021) y sus posibles implicaciones para América Latina.

La Covid-19 ha dificultado durante casi dos años la intensificación de las relaciones entre la Unión Europea y América Latina. Pero, sin embargo, si acertamos en su resolución, se puede convertir en un nuevo catalizador, sobre todo cuando la Unión Europea parece que, gracias a la estrategia de vacunación, está no solo estabilizando la situación sino, también, poniendo fin a la pandemia. Y, especialmente, está empezando a producirse una importante recuperación económica y ha establecido como uno de sus objetivos compartir sus medios de la lucha contra la pandemia con América Latina. Se tratará de analizar también la necesidad de cooperación sistemática entre estos actores para reducir los efectos del Covid-19 en América Latina.

2. RELACIONES UNIÓN EUROPEA-AMÉRICA LATINA TRAS MÁS DE 22 AÑOS DE ASOCIACIÓN ESTRATÉGICA

22 años después de la Cumbre de Río, donde se establece la Relación Estratégica entre la UE y América Latina y el Caribe (ALC), el panorama internacional europeo y latinoamericano ha cambiado de forma sustancial. La asociación estrategia ha funcionado, si bien mucho menos de lo que esperábamos y desde luego peor de lo que nos hubiese gustado. Sin embargo, hay que reconocer que en las dos últimas décadas la UE y ALC han alcanzado un nivel de asociación sin precedentes, mediante la firma de acuerdos de asociación, libre comercio o políticos y de cooperación entre la Unión Europea y 27 de los 33 países de ALC. Las economías están mucho más interconectadas y la UE es el tercer socio comercial más importante y el primer inversor para América Latina.

Tiene especial importancia la repercusión de la asociación estratégica UE-ALC en la gobernanza mundial ya que en estas dos últimas décadas, ha habido una confluencia importante de posiciones entre ambas regiones, consiguiendo avances de consideración en el ámbito de los derechos humanos, por ejemplo en la moratoria de la pena de muerte, en las cuestiones de cambio climático, en la consecución de la firma del estatuto de Roma que pone en marcha el Tribunal Penal Internacional, asuntos en los que Estados Unidos y China no solo no han participado, sino que estaban en contra y, a pesar de ello se han puesto en marcha gracias, principalmente a esta cooperación.

En los últimos años ha tenido especialmente importancia la posición común que han mantenido en la Asamblea General de las Naciones Unidas estos dos bloques y que ha cristalizado en muchas resoluciones importantes y especialmente hay que destacar el acuerdo de París sobre el cambio climático y la Agenda 2030 que establece los 17 Objetivos de Desarrollo Sostenible (ODS). Propuesta que se ha conseguido en gran medida por el impulso conjunto de la Unión Europea y sus Estados Miembros, y los Estados latinoamericanos y caribeños.

Otro capítulo de gran importancia ha sido la cooperación para desarrollo de la UE hacia América Latina, donde la Unión Europea ha sido el mayor proveedor de cooperación para el desarrollo con 3.600 millones de euros entre 2014 y 2020 y más de 2.200 millones de ayuda humanitaria a las víctimas de crisis de origen humano y de catástrofes naturales de los últimos 20 años. El Banco Europeo de Inversiones (BEI), por ejemplo, ha invertido en los objetivos del desarrollo sostenible en ALC un total de 3.400 millones de euros durante el periodo de 2014 al 2018, datos que reflejan la intensificación de las prioridades europeas en América Latina y que continúan en el presente.

Sin embargo, el ambiente actual tanto en el ámbito académico como en el político es de un cierto alejamiento entre ambas regiones y una ralentización de la asociación estratégica. La visibilidad más grande de esta percepción se basa en que en octubre de 2017 se iba a celebrar la novena cumbre Europa-América Latina en el Salvador. No fue posible su realización debido a las diferencias que existían en el seno de América Latina, como consecuencia de las desavenencias entorno a la crisis venezolana y por tanto tampoco se ha celebrado la siguiente, que era la décima, y correspondía celebrarla en Europa y solo ha habido reuniones a nivel ministerial.

En estas circunstancias entendemos que, sin embargo, la celebración del 20 aniversario de la asociación estratégica, que ha pasado sin pena ni gloria, nos permite descubrir una oportunidad, una necesidad y una posibilidad para profundizar en la asociación estratégica que es más necesaria que nunca. La misma se basa en valores compartidos, en intereses vitales y en una misma visión del mundo. En un momento en el que se está poniendo en cuestión el multilateralismo y un orden mundial basado en normas, a la asociación estratégica le corresponde precisamente liderar la preservación de ambas cuestiones a través de acuerdos y acciones que permitan conseguir los objetivos comunes.

Tres son los nuevos indicadores recientes que nos permiten vislumbrar un nuevo horizonte. El primer de ellos es la comunicación conjunta de la Comisión Europea y la Alta Representante de 16 abril de 2019 titulada "Unión Europea, América Latina y el Caribe – Uniendo fuerzas para un futuro común", en donde se resalta la importancia de América Latina para la gobernanza mundial. En esta comunicación se corrige el relativo abandono que existía en la importante "estrategia global para la política exterior y de seguridad" de junio de 2016 en la que la Unión Europea apuesta por una autonomía estratégica, donde América Latina apenas se citaba.

El segundo es el fin de las negociaciones, precisamente en las mismas fechas que celebrábamos el 20 aniversario de la asociación estratégica, del acuerdo Unión Europea-Mercosur, el cual es mucho más que un acuerdo de libre comercio. El mismo se produce casi por sorpresa, después de 20 años de negociaciones que parecían que no iban a terminar nunca. Sin embargo, la nueva situación internacional ha exigido y permitido que ambas regiones, que tienen la misa visión del mundo, lleguen a un acuerdo comercial, con un profundo calado político. No obstante, el retraso de su ratificación está poniendo en peligro el acuerdo. Quizás será más fácil después de las elecciones francesas, que son en abril de 2022, aunque también hay problemas internos en el seno de Mercosur para su ratificación.

El tercer indicador es el cambio que se ha producido como consecuencia de la puesta en marcha de la nueva Comisión Europea von der Leyen, donde América Latina se ha convertido en una prioridad estratégica, debido, principalmente, a la iniciativa del nuevo Alto Representante y Vicepresidente de la Comisión Josep Borrell. Uno de los objetivos de dicha Comisión es reforzar el papel de la Unión Europea en el Mundo, en un momento en que se pone en duda el sistema multilateral. La política normativa de la nueva Comisión tiene como prioridad internacional reforzar el multilateralismo eficaz basado en normas. En esa perspectiva América Latina se convierte en un socio estratégico necesario e imprescindible.

El Brexit, el Presidente Trump y las recientes y crecientes tensiones internacionales, han supuesto una autentica prioridad para la Unión Europea, ya que debido a estas circunstancias ha iniciado un relanzamiento interno con una cohesión entre los estados, las instituciones y los ciudadanos como no se daban desde, al menos, una década como consecuencia del nuevo ciclo político que comienza a partir de las elecciones al Parlamento Europeo de mayo de 2019. Concretamente, los Eurobarómetros constatan que los ciudadanos vuelven a acercarse al proyecto europeo y entienden que hay que reforzar el modelo social, la democracia, y la dimensión internacional e incluso la defensa.

En esta nueva situación, la asociación estratégica entre UE-ALC, 22 años después de su inicio, debe de volver a la actualidad, ya que ALC en este momento, en el que la UE tiene el objetivo prioritario no solo de mantener el sistema multilateral de la posguerra, sino de reforzar la gobernanza mundial, se convierte en el socio estratégico fundamental. Con ello, la UE, a través de la profundización de la dimensión externa de su modelo interno y el vínculo con ALC, le permite tener una mayoría importante en la Asamblea General de las Naciones Unidas, ya que es la región con la que comparte los mismos valores comunes, en gran medida algunos intereses conjuntos fundamentales y, sobre todo, tiene la misma visión del mundo.

3. EL EFECTO COVID-19 EN EL MUNDO Y EN LA RELACIÓN ESTRATÉGICA CON AMÉRICA LATINA

Desde que la Organización Mundial de la Salud (OMS) declarase oficialmente la pandemia mundial (una "enfermedad epidémica que se extiende a muchos países o que ataca a casi todos los individuos de una localidad o región", siguiendo la definición de la RAE) por la COVID-19 el 11 de marzo de 2020, Europa, América Latina y el mundo han sido azotados de una manera muy contundente, sin precedentes desde al menos un siglo, con la mal llamada "gripe española" de 1918, que se llevó por delante a alrededor de 50 millones de personas. Sus consecuencias en la Política Mundial están siendo transcendentales.

A lo largo de 2020, la expansión de la pandemia de la Covid-19 ha ido desarrollándose con distinta efectividad por los diferentes continentes. En un primer momento, durante los primeros meses del año, se desarrolló y expandió por China, y el resto de los países asiáticos, e incluso se le llegó a denominar el virus chino. Después, hasta los meses de verano, fue en Europa, manteniendo más de la mitad de los casos mundiales. Posteriormente, en el continente americano, especialmente en Estados Unidos y en Brasil, quienes continúan teniendo casi un tercio de las infecciones, a pesar de la vacunación en Estados Unidos, y algo menos de los fallecimientos.

En el verano de 2021, es India y parte del continente asiático con países como Indonesia donde se han incrementado considerablemente los datos tanto en cuanto a fallecidos como a infectados. En el caso del continente africano, de momento, los datos no son malos, pero, posiblemente, se deba a que las estadísticas son incompletas, ya que si no existen buenas respecto a los vivos, es comprensible que tampoco las haya de los infectados y fallecidos por la Covid-19, a pesar de que la vacunación está siendo, de momento, muy baja.

De tal forma que la distribución mundial de la Covid-19 no ha sido homogénea y menos aún lo va a ser en el futuro, ya que en Europa se está controlando la situación gracias a la campaña de vacunación masiva. Así, la distribución de los infectados y fallecidos va a estar condicionada, en gran medida, al éxito que tengan en las distintas regiones o estados la campaña de vacunación y en el conjunto de medidas para controlar sus efectos y, en especial, la aplicación de las políticas públicas relativas a la salud.

Sin embargo, el gran problema es que a nivel mundial no se ha controlado ni estabilizado la expansión de la pandemia, sino que se prevé que en el mundo en vías de desarrollo hasta el 2023 no se solventará el mismo. Hemos alcanzado, a finales de noviembre, los 700 millones de infectados y los fallecidos están cerca de los 6 millones. Si bien se ha reducido de forma considerable, todavía se mantiene cerca del millón de infectados al día y casi 10.000 fallecidos diarios. Por tanto, ha mermado el número de fallecidos, aunque no el de infecciones. Hemos pasado los 5 millones de fallecidos. Cifras que son el doble de lo que ocurría hace un año, de tal manera que a nivel mundial se confirma que la expansión está empezando a controlarse y comienza a dejar de crecer, pero dista mucho de resolverse.

Por ello, desgraciadamente serán varios cientos de millones los infectados y varios millones los fallecidos, probablemente más de 5 millones a lo largo del año 2021, y la distribución entre continentes seguirá aumentando desigualmente, incluso más, ya que la Unión Europea en la actualidad se está estabilizando aunque posee todavía 30 millones de infectados, es decir, el 15% del total y 750.000 fallecidos, es decir, el 15% del total y se espera que para final de año estas cifras se reduzcan considerablemente como consecuencia del efecto de las vacunas. Todo ello a pesar de que, desde octubre, existe en Europa una sexta ola que está produciendo un incremento en el número de contagios e incrementando, consecuentemente, las cifras, aunque menos en el número de fallecidos.

A nivel internacional no hay respuestas equivalentes a la importancia de la epidemia. Para ello habría que reforzar fuertemente la cooperación internacional multilateral para hacer frente a la pandemia. Sin embargo, el efecto que está produciendo es precisamente el contrario, el debilitamiento del sistema multilateral, especialmente por el agravamiento de las tensiones entre EE UU, que cada vez se mira más a sí mismo, y China, más asertiva e intransigente frente a las nuevas crisis internas, como la de Hong Kong o las tensiones con sus países vecinos.

Los efectos económicos que se derivan de la pandemia en estas circunstancias internacionales, de reestructuración del poder político mundial, están favoreciendo el agravamiento de las consecuencias económicas y sociales; así, empieza a ser un lugar común señalar que dichas consecuencias son casi equivalentes a las de la Gran Depresión de 1929, y que van a producir, como mínimo, una pérdida del 10% del producto bruto mundial. Por tanto, la pandemia está llevando consigo la perdida de cientos de millones de puestos de trabajo. Es difícil evaluar estas cifras, ya que serán distintas si la pandemia dura un año o tres o cinco. No obstante, de momento, se da por hecho que va a durar, al menos, un año más en el conjunto de la sociedad internacional, es decir tres.

Estos efectos económicos van a estar también condicionados por el incremento importante en la deuda pública y el aumento de la desigualdad entre Estados enriquecidos y empobrecidos, así como entre las clases sociales, lo que claramente afecta negativamente a las clases trabajadoras y está beneficiando a las grandes empresas tecnológicas y farmacéuticas del primer mundo. También esta situación va a agravar la lucha contra el cambio climático y, por tanto, su reducción será más difícil.

Sin embargo, desde mi punto de vista, no creo que cambie de forma sustantiva el proceso de globalización que viene incrementándose en las últimas décadas. Esto quiere decir que, aunque no haya cambios radicales, sí que habrá algunas diferencias en ciertos ámbitos, debido, entre otras cosas, a la inseguridad en los abastecimientos que va a llevar a que se frene el proceso de relocalización, como ya ha comenzado a hacerse. Y, concretamente, afectará de forma negativa a China y a los países asiáticos. Al mismo tiempo, debido al incremento de la renta en dichos países, la deslocalización se hace ahora menos rentable.

Desde el punto de vista internacional considero que la restructuración del poder político mundial tiene el efecto de incrementar la crisis del multilateralismo en ámbitos no solo políticos, sino también comerciales, tecnológicos, educativos, culturales, etc., agravando la situación de las agencias internacionales del sistema de Naciones Unidas, como son la OMC, la OMS, UNESCO, FAO y otras. Al mismo tiempo, se está frenando la reducción de la pobreza que se estaba produciendo en algunos países del Sur global y algunos de los países de renta media de América Latina van a dejar de serlo, ya que vuelven a ser países empobrecidos.

La pregunta que nos tenemos que formular es: ¿qué va a pasar a lo largo de los próximos años 2022, 2023 y 2024? Realmente no lo sabemos con certeza, va a depender de cómo funcione el multilateralismo y la cooperación internacional. La paradoja diabólica a la que nos enfrentamos a finales del año 2021 es que para hacer frente a la Covid-19 hace falta un refuerzo intenso de la cooperación internacional y, sin embargo, nos encontramos, precisamente, en el peor momento del siglo XXI, hasta ahora, en relación al funcionamiento del multilateralismo. Sobre todo, esperamos que el año 2021 fuese el peor en este sentido, y que el año 2022 parece que se atenúa la tendencia, aunque, quizás, poco.

La Covid-19 está teniendo unos efectos demoledores en América Latina en su conjunto, y en algunos de sus principales países, especialmente aquellos con una mayor población, donde los efectos están siendo catastróficos, como está siendo el caso de Brasil. Esta situación ha dificultado, por no decir paralizado, el posible relanzamiento de las relaciones entre Unión Europea y América Latina y, además, ha incrementado la desigualdad entre ambos continentes.

En la Unión Europea se ha estabilizado el crecimiento de la Covid-19, incluso se ha conseguido que más la mitad de la población tenga la vacuna, ya que cerca de más del 70% de la mismos tiene al menos dos dosis y se está comenzando a aplicar para mayores de 60 años la tercera. Se espera que en el plazo de tres meses se llegue a una vacunación casi total. En América Latina las cosas van más despacio y los efectos de la pandemia han sido más graves y la vacunación va, aproximadamente, por la mitad de los datos europeos.

Asimismo, los efectos económicos que en el año 2020 fueron devastadores para la Unión Europea y América Latina, en el 2021 va a ser distinto ya que, gracias al Plan de Recuperación y al Fondeo de Nuevas Generaciones, Europa va a conseguir un cierto crecimiento y, con ello, recuperar al menos la mitad de los efectos económicos negativos de la pandemia del año 2020. Las perspectivas latinoamericanas siguen siendo no buenas y con unos resultados parecidos a los del año anterior en términos económicos, por ello la intensificación de la cooperación se hace imprescindible.

4. LA UNIÓN EUROPEA COMO ACTOR GLOBAL, NORMATIVO Y DIPLOMÁTICO

Al analizar la dimensión internacional del proyecto de unidad europea desde su origen hasta nuestros días, observamos que, incluso cuando ésta ya era una realidad, a partir de 1960, fue solo un sujeto pasivo de la sociedad internacional, como consecuencia de la Guerra Fría y la política de bloques, y únicamente tuvo cierta influencia como actor comercial primero y económico después. No será hasta después de 1989, con la desaparición de la política de bloques y como consecuencia de la mutación de la naturaleza de la construcción europea de económica a política —después de Maastricht— y del desarrollo progresivo de la política exterior común, cuando la UE se vaya transformando paulatinamente en actor global, desde el comienzo del siglo XXI y con el nacimiento del euro desde 1999.

Tres serán especialmente los factores que explican este ascenso, a veces imperfecto y contradictorio, en la política global: a) el aumento de su peso comercial y económico, especialmente con el nacimiento de la moneda como expresión del modelo de sociedad de bienestar, ya que significa la mitad del gasto social mundial; b) la importancia de la cooperación para el desarrollo y la ayuda humanitaria, que significa también casi la mitad del total mundial, así como la financiación del sistema de Naciones Unidas, que es también casi un 50% del mismo; y c) el desarrollo de la diplomacia común europea, que analizaremos más adelante.

Al mismo tiempo, desde comienzos de este siglo XXI, la UE se configura como un actor normativo, utilizando la expresión de Ian Manners, para quien una potencia normativa es aquella cuyo poder consiste en su capacidad de transformar las normas internacionales, en este caso, en la dirección de una mayor regulación internacional en materia de defensa de valores compartidos, como los derechos humanos, el Estado de derecho, etc. Esta dimensión internacional es consecuencia del modelo interno de sociedad de bienestar, que implica un equilibrio entre mercado, sociedad y Estado.

Así, la UE, como ya se ha dicho, ha participado activamente en la gobernanza mundial, incluso en algunos casos liderándola, en temas como los derechos humanos, la abolición de la pena de muerte, el Tribunal Penal Internacional, el Tratado de París sobre el cambio climático de 2015 o los Objetivos de Desarrollo Sostenible de Naciones Unidas para 2030, aprobados en 2015 en la Asamblea General e impulsados por la UE. No debemos olvidar la importante iniciativa de la UE de poner en marcha el G20 en 2008 y su incidencia en la regulación internacional a través de las 16 cumbres, esta última en el año 2021 en Roma, presidida por Italia, con la que se confirma el liderazgo de la Unión Europea en el G20.

En todo caso, la relevancia de la UE en el mundo se ha debido hasta ahora, especialmente, al desarrollo de su poder normativo, que es el que consigue transformar la gobernanza mundial mediante la reforma de las normas internacionales. Esta está siendo posible gracias a su peso económico, comercial, en la cooperación para al desarrollo, en la ayuda humanitaria, en la presencia cultural, en la política de vecindad, en ser el soporte del sistema de Naciones Unidas y en la capacidad progresiva de participar en operaciones de gestión de crisis. En los últimos años, se han potenciado esta presencia e influencia gracias al surgimiento de su acción diplomática propia, diferente a la de los Estados miembros.

La presencia de la UE en el mundo nunca se deberá a su capacidad defensiva de carácter militar, sino a la defensa de valores e intereses y a su modelo de sociedad, a través de instrumentos como la política comercial, cultural, humanitaria, de desarrollo y vecindad y ampliación. Sin embargo, para que esto sea posible hoy, es imprescindible una defensa colectiva que implique la posibilidad del uso de la fuerza, tanto para la gestión de crisis como para la defensa territorial. Esta política de defensa se está poniendo en marcha en los últimos tres años. Con ello se garantizará la política transformadora de la UE en el mundo de la política, es decir, la defensa como garantía frente a posibles interferencias de terceros Estados.

Está teniendo enorme importancia la puesta en marcha y el desarrollo de la UE como actor diplomático. Esto será posible desde la entrada en vigor del Tratado de Lisboa de 1 de diciembre de 2009, en el que se contempla la existencia de la diplomacia común europea, que en definitiva implica la existencia de un "ministro", que es el actual alto representante para Asuntos Exteriores y Política de Seguridad; un "Ministerio" que es la organización administrativa central del Servicio Exterior en Bruselas; y unas "embajadas" o delegaciones de la UE en el exterior. Este esquema se pone en marcha desde enero de 2011.

En la actualidad estas embajadas —antes eran únicamente delegaciones de la Comisión— son 149, acreditadas ante Estados y organizaciones internacionales, y están funcionando eficazmente con un despliegue progresivo. Esta diplomacia nueva es distinta a la de los Estados y está formada en dos tercios por funcionarios de la Comisión y del Consejo de la UE y el tercio restante por diplomáticos de los Estados miembros. Hay que señalar también que esta nueva diplomacia extiende los derechos de la ciudadanía a través de la asistencia consular.

En todo caso, hay que tener en cuenta que ambas diplomacias llevan funcionando más de diez años de forma simultánea, sin existir jerarquía entre ellas, y con una relación de "compatibilidad" —en ningún caso "complementariedad"—, ya que cada una de ellas actúa en función de sus correspondientes competencias. Esto no quiere decir que en todos los casos esa coordinación funcione bien y permita potenciar la acción común de la UE. Al mismo tiempo comienzan a cerrarse embajadas de los Estados miembros o reduciendo sus efectivos de forma paulatina, las cuales en cada vez más ocasiones se incorporan a las embajadas de la UE.

Así es como surge el actor diplomático, cuyo papel fundamental es articular de forma autónoma la política mundial de la UE, dándole unidad y coherencia en la programación (tanto en los aspectos políticos y de seguridad como en los aspectos de relaciones exteriores, con una cierta dimensión económica) y también en la ejecución. No olvidemos que la alta representante es también vicepresidenta de la Comisión Europea. Así, la diplomacia europea provee de seguridad al conjunto de la Unión a través de la dimensión externa de las políticas comunes y el desarrollo de la Política Exterior y de Seguridad Común (PESC).

El nombramiento de Federica Mogherini en 2014 como Alta Representante significó la confirmación del cambio hacia el desarrollo de una política exterior más potente. Con la designación de Josep Borrell como vicepresidente de la Comisión Europea y Alto Representante de la Unión para Asuntos Exteriores y Política de Seguridad, se está consolidando y reforzando la situación anterior haciendo posible el objetivo de "una Europa más fuerte en el mundo", y sacándole el máximo partido al Servicio Europeo de Acción Exterior (SEAE), que está en pleno funcionamiento después de diez años de despliegue por todo el mundo y con nuevas iniciativas.

5. LA RESPUESTA INTERNACIONAL DE LA UNIÓN EUROPEA A LA COVID-19

En la reciente agudización del enfrentamiento entre EE UU y China como consecuencia del coronavirus se refuerza el tercer polo, que, en la nueva dinámica mundial, es la UE, como una federación europea en construcción. Esta se encuentra en pleno relanzamiento, con una agenda estratégica audaz, fundamentada en los valores compartidos —cuyas prioridades son el pacto por la sostenibilidad, la Agenda Digital y el robustecimiento del modelo social— que está poniendo en marcha la Comisión Von der Leyen, que goza de una enorme legitimidad política gracias a los resultados de las elecciones al Parlamento Europeo de 2019. Incluso ahora goza una legitimidad de ejercicio, como consecuencia del éxito de la puesta en marcha del Plan de Recuperación y el conjunto de medidas para hacer frente a las consecuencias económicas, sociales y políticas de la Covid-19.

La agenda tiene como prioridad exterior "una Europa más fuerte en el mundo". El ya mencionado Josep Borrell se ha dado cuenta de que para consolidar este tercer polo en el mundo hay que hablar con chinos y americanos en el lenguaje del poder —económico, comercial, tecnológico, defensivo, etc.— y ahora en la lucha contra el virus. En expresión de Josep Borrell frente a China y Estados Unidos, la Unión Europea tiene que aplicar la Doctrina Sinatra, es decir, nosotros a nuestra manera, como decía la canción. Sin olvidar que el poder más importante que tiene la UE, hoy, es el poder normativo, que es el que permite reformar las normas internacionales, fortaleciendo la gobernanza mundial multilateral, frente a estos dos unilateralismos excluyentes.

Por tanto, para conseguir "una Europa más fuerte en el Mundo" es imprescindible una Europa más fuerte en el interior, con más cohesión entre los Estados miembros, más cercana a los ciudadanos, reforzando la dimensión federal europea, que permita mejorar la toma de decisiones, superando la unanimidad en el Consejo de Asuntos Exteriores, para temas como las sanciones y los que tengan que ver con la gobernanza mundial, incluidas la seguridad y la lucha frente a las epidemias. Esta es una precondición para hacer efectiva la autonomía política y estratégica de la Unión frente a terceros.

Quizá lo más relevante es que Ursula von der Leyen y el Alto Representante (AR) están consiguiendo transformar un auténtico problema, el de la Covid-19, el más importante en la historia de los 70 años de la construcción europea, en una palanca que sirva para frenar la expansión del coronavirus a nivel mundial, al mismo tiempo que hace posible cumplir con la prioridad estratégica que había establecido al principio de su mandato de reforzar el papel mundial de Europa, y el AR está ejerciendo sus competencias con diferentes iniciativas, propuestas y decisiones.

Estas iniciativas se manifiestan en muchos aspectos. Se podría resaltar la explicación y la fundamentación ya que el propio AR, en un artículo publicado en distintos medios internacionales el 5 de abril de 2020, que afirmaba que "*es necesario un planteamiento común de la pandemia y la asistencia a las poblaciones más vulnerables ante todo en los países en desarrollo y las zonas en conflicto*". De una forma concreta y más exhaustiva, el AR y la Comisión Europea establecen las líneas estratégicas en la comunicación conjunta presentada el 8 de abril de 2020 titulada "*Comunicación sobre una respuesta europea global para el coronavirus*", donde, a través de diversas iniciativas perfectamente diseñadas, anuncia la utilización de 15.000 millones de euros para hacer frente a la misma, cantidad que ahora es más del doble y su encargado de distribución sería el *Team Europe*.

En esa comunicación se resalta que la UE se fija especialmente en los Estados más afectados por la epidemia para darles una asistencia en el ámbito de la salud. Estos países son la vecindad del este, los Balcanes Occidentales, el Medio Oriente, el norte de África y el resto del continente, parte de Asia y América Latina, y el Caribe. El foco se centra en los países más vulnerables. Se trata de una respuesta inmediata frente a una crisis de salud y resultado de las necesidades humanitarias y de la capacidad para responder a la epidemia y al impacto socioeconómico de la crisis.

En el ámbito de la consecución de la paz, podemos señalar que el AR enseguida acogió la propuesta del secretario general de las Naciones Unidas (ONU), Antonio Gutiérrez, del 13 de marzo, en la que solicitaba un alto el fuego en los conflictos armados internacionales o con repercusión internacional, y tanto el Consejo de Asuntos Exteriores de la Unión como su brazo diplomático han empujado y, al menos, han conseguido determinadas treguas, aunque es difícil saber en qué casos han llegado de la mano de la UE.

Pero, por lo menos, ha tenido un impulso declarativo, como es en el caso de Ucrania, donde después de una calma tensa se han agudizado los enfrentamientos; en Yemen y Afganistán hay un alto el fuego que incluso implicó el intercambio de prisioneros; en Siria hay un alto el fuego, aunque precario; y en Camerún, Sudán del Sur y República Centroafricana se consiguieron avances, aunque posteriormente se ha complicado, entre otros ejemplos. En Colombia, que es un conflicto interno, hubo un alto el fuego. Sin embargo, en Libia se han recrudecido los enfrentamientos. Hay que señalar que hay una cierta inflexión en la reducción de los conflictos armados, aunque sea pequeña, y no siempre con tanto éxito como nos gustaría.

En esta ocasión, es una de las primeras veces que la UE va por delante de los otros actores internacionales, en este caso, en la propuesta para gestionar una crisis de salud con repercusión en la seguridad de tal magnitud. Entre otras razones, porque posiblemente sea el actor internacional que está en mejores condiciones para hacerlo, ya que la UE tiene las capacidades necesarias para hacer frente a esta crisis tanto desde el punto de vista económico como desde el tecnológico y especialmente en el ámbito sanitario, donde también somos la primera potencia mundial.

Muy poco después del estallido de la pandemia, el pasado 4 de mayo de 2020, la Presidenta Von der Leyen presidió una Conferencia virtual de donantes que estaba copresidida por Francia, Alemania, Reino Unido, Japón y Arabia Saudí. Los mismos ya ofrecen 8.000 millones de euros que destinarán a financiar equipos sanitarios en los continentes menos favorecidos, como África y América Latina, para frenar el avance del virus. Por todo ello, podemos decir que "Europa se hace más fuerte en el mundo". Con ello también se ejerció la solidaridad internacional, que es uno de los valores compartidos, como se puede ver en el artículo 3 del TUE.

A mediados de mayo de 2020, en la asamblea de la OMS, la UE mostró una vez más su liderazgo. Propuso una resolución que obtuvo el respaldo mayoritario, la cual se alejaba de la posición intransigente del Gobierno chino y de la posición excesivamente acusatoria de la diplomacia norteamericana. Dicha resolución solicitaba una investigación independiente de la crisis originada en China y obtuvo el respaldo de gran parte de la asamblea y, especialmente, de los Estados como Japón, Canadá, la India y Australia, entre otros muchos.

En el discurso sobre el estado de la Unión, el 16 de septiembre de 2020, la presidenta Von der Leyen insistió en la relevancia de la lucha contra la Covid-19 al señalar que "*junto con el primer ministro Conte y la Presidencia italiana en el G20, convocaré una cumbre mundial sobre la salud el próximo año*", de tal manera que la UE y, en este caso, la Presidencia italiana del G20, van a continuar liderando la lucha contra la Covid-19. Asimismo, el Consejo Europeo telemático del 29 de octubre dedicado exclusivamente a este tema refuerza la posición europea en este ámbito. Esta cumbre se ha desarrollado recientemente, pero con menos resultados de los deseados.

6. LA PROFUNDIZACIÓN DEL REFUERZO DE LA AUTONOMÍA ESTRATÉGICA

La dimensión exterior de la UE está teniendo un gran impulso como consecuencia de la elaboración y aplicación de la Estrategia Global para la Política Exterior y de Seguridad, de 28 de junio de 2016, y cuya aportación principal fue la enunciación del principio de autonomía estratégica. Gracias a su aplicación, durante los últimos cuatro años, se están tomando medidas decisivas en el despliegue de la política exterior europea, principalmente para la puesta en marcha de la política de defensa europea, con la PESCO como uno de sus instrumentos más importantes.

Este principio innovador de "autonomía estratégica" no se define, pero su significado se intuye. Quizás su aportación más importante es que traslada la obligación jurídica de alianza defensiva establecida en el artículo 42.7 del TUE a un compromiso político, cuando señala que "la Unión fomentará la paz y garantizará la seguridad de sus ciudadanos y sus territorios". Con ello se concreta el compromiso jurídico del tratado en un objetivo estratégico de primer orden, que lleva consigo el cambio cualitativo del alcance de la política de defensa. Se pasa de operaciones de gestión de crisis en el exterior a la defensa de ciudadanos y territorios que implica la defensa territorial, hasta ahora responsabilidad exclusiva de los Estados miembros o, en su caso, de la OTAN para los Estados miembros que pertenezcan a la misma.

Por ello, es importante destacar que uno de los elementos fundamentales del desarrollo de la estrategia global es la política de defensa europea, que hasta entonces había sufrido un veto importante por parte del Reino Unido. Durante los cuatro últimos años ha habido un avance considerable, posiblemente como no se había conseguido en la última década, al ponerse en marcha dicha política. El Reino Unido ha dificultado, pero no ha impedido su vigencia, y con ello está naciendo la política de defensa europea, de la mano de la estrategia global.

Como consecuencia del coronavirus este principio de autonomía estratégica se está ampliando a otros ámbitos y adquiriendo una nueva dimensión; así, va a tener especial importancia en el ámbito de la seguridad y defensa, tal y como recoge la carta de los cuatro ministros de Defensa (la alemana, la francesa, la española y el italiano en la primavera de 2020), al referirse al "fortalecimiento y desarrollo de la capacidad de actuar como Unión en el espíritu de solidaridad y ayuda y asistencia como prioridad cuando sea necesario". Asimismo, reafirman "la completa conformidad con el proceso de decisión autónoma de la UE frente a otras organizaciones", refiriéndose especialmente a la OTAN.

De esta manera la noción de autonomía estratégica se está ampliando a otros ámbitos como el de la salud, la tecnología o incluso el fiscal y el económico, y especialmente el político. Así pues, en el programa presentado por la Presidencia alemana para el segundo semestre de 2020 se utilizó el concepto de autonomía para referirse a la actuación en el ámbito sanitario y la lucha contra la epidemia cuando señala que "queremos acordar medidas concretas para aumentar la autonomía de la UE en la garantía del suministro de medicamentos entre los Estados miembros".

Hay que resaltar que el Consejo Europeo, el 1 y 2 de octubre, dio también un paso muy relevante en el refuerzo de la UE como actor internacional, que es una de las prioridades de la Comisión Von der Leyen. En las conclusiones se señala expresamente que "en julio el Consejo Europeo acordó un paquete de recuperación sin precedentes para contrarrestar los efectos de la Covid-19 en nuestras economías y sociedades, así como para promover una recuperación solida de Europa y la transformación y reforma de nuestras economías [...]. Un objetivo clave de la UE es alcanzar una autonomía estratégica al tiempo que se mantiene una economía abierta".

Tiene especial relevancia esta referencia al principio de autonomía estratégica, ya que hasta ahora apenas se citaba, la cual nace de la estrategia global de Mogherini de junio de 2016, y se aplicaba, principalmente, a la política exterior y a la defensa. Ahora se da un paso más. La recuperación sólida de Europa a través del Plan de Recuperación está permitiendo la autonomía estratégica y, por ello, de forma implícita el refuerzo de la política exterior. Con ello, de esta manera, el propio Consejo pone de relieve la necesidad de superar la unanimidad como propone Borrell, ya que en estos momentos no se necesita la unanimidad para estas cuestiones de alcance económico, pero que tienen un significado en la autonomía estratégica.

Estos avances hay que enmarcarlos en el conjunto de iniciativas que el alto representante, Josep Borrell, está impulsando para fortalecer la UE en el mundo y, especialmente, como consecuencia de la lucha contra la pandemia de la COVID-19. Así, el Consejo de Asuntos Exteriores está estudiando, como lo hizo en su sesión de junio en Berlín de 2020 de tipo Gemmenich (reuniones que son solo deliberativas, pero que permiten una reflexión profunda), el refuerzo de la política exterior, posiblemente con la actualización de la estrategia global. En noviembre de 2021 el Alto Representante, Josep Borrell, presentó el Strategic Compass que tiene por objeto reforzar la Política Común de Seguridad y Defensa de la Unión Europea y de avanzar con algunas nuevas herramientas.

Con ella se trata de reforzar la Política Común de Seguridad y Defensa con nuevos planteamientos e instrumentos, bien entendido que fortaleciendo lo que ya existe, y robusteciendo los aspectos de seguridad y defensa que la autonomía estratégica ampliada está aplicando en la actualidad. Se presenta en un momento muy oportuno ya que se adelanta a la renovación del concepto estratégico de la OTAN, que tendrá que ser presentada en la Cumbre de Madrid en el próximo mes de junio de 2022.

Esta estrategia deberá ser aprobada, definitivamente, en el mes de marzo de 2022, al mismo tiempo que se celebrará la cumbre de Seguridad y Defensa convocada por la presidenta de la Comisión Europea, Ursula von der Leyen, y el presidente francés, Emmanuel Macron, y que tendrá lugar bajo Presidencia francesa. De tal forma, esta propuesta es un primer paso que realiza el alto representante, pero todavía tendrá que ser aceptada y, posiblemente, matizada por los Estados miembros. Posteriormente habrá de ser aprobada formalmente por el Consejo Europeo.

7. EL ALCANCE MUNDIAL EN LA INNOVACIÓN DE LAS NUEVAS RELACIONES TRANSATLÁNTICAS

La toma de posesión de Joe Biden el día 20 de enero de 2021 ha abierto la posibilidad a unas nuevas relaciones transatlánticas y la paralización de la etapa de la Administración Trump. Al mismo tiempo, también estarán marcadas por la forma de enfrentar la relación con China y su expansión en el continente asiático y, especialmente, a la manera de encarar las relaciones transatlánticas. Sin embargo, estas están avanzando de forma lenta.

La Presidenta Ursula von der Leyen en su discurso ante el cuerpo diplomático europeo de los 146 Embajadores de la UE el 10 de noviembre de 2020, tomó la iniciativa del alcance que deberían tener las nuevas relaciones transatlánticas resaltando que era imprescindible que a) apoyase a la acción internacional desarrollada por el "Team Europe" en la lucha contra el Covid-19 en el mundo que la UE viene desarrollando, casi en solitario, desde el mes de abril del año anterior b) Que debiera desarrollar un retorno al multilateralismo para lo cual debieran de volver de forma inmediata a las Organizaciones Internacionales que habían abandonado, especialmente a la OMS, al Acuerdo de París sobre Cambio Climático; al Pacto Nuclear con Irán sobre el control de la mismas.

c) Y, en tercer lugar, el reforzamiento de las relaciones entre ambos países que debieran de ser, en este caso, equilibradas y distintas a las anteriores, remarcando la necesidad de estar en pie de igualdad, ya que durante estos últimos cuatro años la Unión Europea ha adquirido una autonomía estratégica que le va a permitir establecer este tipo de relaciones más equilibradas, no solo en el ámbito político, económico y comercial, sino también en la seguridad y la defensa gracias a sus últimos desarrollos, especialmente a la PESCO y al Strategic Compass.

Quizás al final la clave de las relaciones trasatlánticas será como hacer frente al desarrollo comercial de China con el grupo asiático y, para ello, habrá que replantear la posibilidad de retomar el Acuerdo de Asociación Transatlántica de Comercio e Inversión (TTIP) entre la Unión Europea y Estados Unidos, o algo similar. Este no solo va a tener una importancia económica sino también una relevancia política teniendo en cuenta la situación geoestratégica a nivel mundial.

Se confirman las informaciones que nos estaban llegando respecto a la posición inequívoca del nuevo Gobierno alemán "del semáforo" formado por socialistas, liberales y verdes, nacido de las elecciones del 26 de septiembre de 2021. Llama la atención que la ministra de Asuntos Exteriores, es la líder del partido Grüne (Los Verdes). Sin embargo, hay que recordar que Oscar Fischer en la coalición de hace veinte años ya ocupó este cargo, siendo un ministro de Asuntos Exteriores verdaderamente importante y, sobre todo, tremendamente federalista europeo.

En el programa de Gobierno, que tiene más de 150 páginas figuran, al menos, tres relevantes referencias que desde el punto de vista de la profundización del proyecto europeo tienen enorme importancia. La primera de ellas es, en relación con la Conferencia sobre el Futuro de Europa, como se encuentran abiertos a la reforma de los tratados y conducir el proyecto hacia una Convención constituyente, y hacia un mayor desarrollo de una Unión Europea federal, la cual también será descentralizada de acuerdo con los principios de subsidiariedad y proporcionalidad, y la carta de Derechos Fundamentales.

En segundo lugar, hay que señalar el deseo del nuevo Gobierno alemán de fortalecer al Parlamento Europeo y su derecho de iniciativa legislativa, así como dar un apoyo a las listas trasnacionales para las próximas elecciones europeas. Al igual que la elección a través del Speakechen Kandidaten que en definitiva es la elección del presidente de la Comisión en las elecciones. En tercer lugar, la necesidad de ampliar la votación por mayoría cualificada en el Consejo. Más adelante señalan que "quieren incrementar la soberanía estratégica de Europa", lo que implica incrementar la propia capacidad de actuar en un contexto global y en áreas estratégicas importantes como, por ejemplo, el suministro de energía, salud, importación de materias primas, tecnología…

8. AMÉRICA LATINA: ELEMENTO CENTRAL EN EL DESARROLLO ESTRATÉGICO DE LA UNIÓN EUROPEA EN EL MUNDO

En el debate académico europeo se está abriendo la posibilidad de empezar a pensar que las nuevas relaciones trasatlánticas no solo hay que entenderlas como el contrapeso a China y el Pacífico, sino que especialmente tiene que ser el elemento configurador e inspirador de la nueva gobernanza mundial y, por ello, se trata de incorporar también en ellas a América Latina e incluso a África que hasta ahora los teníamos olvidados, aunque quizás abordando ambas regiones en un marco global pero atendiendo en cada caso a diferentes aspectos.

No podemos olvidar la posibilidad que en el año 2022 y 2023 se relancen las relaciones estratégicas Unión Europea-América Latina ya que es indispensable para fortalecer la nueva gobernanza multilateral. Hay que tener en cuenta que entre ambas regiones significan no solo 36+27 países, es decir, 63 Estados Miembros, sino que el área de influencia de la UE con los países candidatos y la vecindad oriental y los miembros de la EFTA suponen casi 80 estados que significan la mitad de los grandes Estados Miembros de la Asamblea General, ya que el resto son pequeñas islas o estados diminutos.

También hay que tener en cuenta que en la reciente convocatoria del Presidente de los Estados Unidos, Joe Biden, de primeros de diciembre de 2022, titulada en Defensa de la democracia, ha invitado a 110 estados. Y aunque sea discutible la forma de elección de los mismos, casi el 70% son latinoamericanos o europeos. Hay que tener en cuenta que entre los de la Unión Europea solamente ha dejado fuera a Hungría y, sin embargo, ha incorporado a gran parte de los candidatos a la adhesión, de los vecinos y, desde luego, los miembros del Espacio Económico Europeo.

Por ello, está claro que el relanzamiento del multilateralismo y de la gobernanza mundial pasa por un acuerdo. La Unión Europea necesita de forma estratégica la vinculación con América Latina y, gracias a ello, como se ha dicho al comienzo, se ha conseguido los grandes avances en la gobernanza mundial que van desde la Corte Penal Internacional hasta el Acuerdo del Cambio Climático en Paris, pasando por los Objetivos de Desarrollo Sostenible y la Agenda 2030.

Pero, para relanzar esta relación estratégica imprescindible la Unión Europea debe jugar un papel central en ayuda y cooperar con América Latina en la pronta resolución del problema del covid19, sobre todo, teniendo en cuenta que, como ya se ha mencionado, la UE para antes de que finalice el año posiblemente lo tendrá resuelto y es el momento de una acción internacional impulsando el Team Europe y la iniciativa del Covax debe tener una preocupación preferente por Latinoamérica. Esto establecerá las condiciones a lo largo de 2022 para mejorar las posibilidades de una profundización de las relaciones entre ambas regiones.

Precisamente, en el año 2022 esperamos que el acuerdo UE-Mercosur se ratifique por ambas partes. Señalo este año ya que tenemos la impresión de que antes va a ser muy difícil ya que hasta que se celebren las elecciones presidenciales francesas, de abril de 2022, será prácticamente imposible la ratificación del mismo por parte europea.

Algo parecido creo que puede pasar en América Latina y, especialmente, en Brasil. Por ello, hay que ser consciente de la dificultad y de la importancia que tiene la ratificación y vigencia de ese acuerdo.

También creo que hay que poner la mirada sobre el año 2023 dado que coincide con la Presidencia Española en el Consejo de la Unión Europea y, quizás sea el momento oportuno para la celebración de una cumbre transatlántica con América Latina o, únicamente con esta región, donde se le pueda sacar el máximo partido a que el Alto Representante de la Unión Europea seguirá siendo el español, Josep Borrell, hasta el 2024. Por tanto, este año debe ser el año de relanzamiento o de consolidación.

9. LA CONFERENCIA SOBRE EL FUTURO DE EUROPA COMO OPORTUNIDAD PARA EUROPA Y LOS POSIBLES EFECTOS PARA AMÉRICA LATINA

El 10 de marzo se convocó mediante el acuerdo interinstitucional firmado por la Presidenta de la Comisión Europea, Ursula von der Leyen, el Presidente del Parlamento Europeo, David Sassoli, y el Presidente del Consejo de la Unión Europea, Antonio Costa; la Conferencia sobre el Futuro de Europa con un año de retraso. Este retraso se ha debido a la pandemia, pero, también, a las dificultades de entendimiento entre los presidentes de las tres instituciones.

La Presidencia portuguesa ha resuelto este enfrentamiento a través de un sistema de una presidencia colectiva de tres copresidentes. Se ha celebrado la inauguración el 9 de mayo y el primer pleno de la Conferencia el 18 de junio de 2021 en el Parlamento Europeo en Estrasburgo donde asistimos 300 representantes de los 449 representantes de manera presencial y medio centenar de manera telemática, no pudiendo acudir los 80 representantes de los ciudadanos ya que estos no habían sido elegidos aún.

La composición de la Conferencia sobre el Futuro de Europa es de 108 representantes del Parlamento Europeo, 108 de los Parlamentos Nacionales, 54 del Consejo de la Unión Europea, 30 del Comité de las Regiones, 18 del Comité Económico y Social Europeo y 3 de la Comisión Europea. En representación de los ciudadanos y de la sociedad civil habrá otros 108 de los cuales 80 son ciudadanos elegidos por sorteo a través de un sistema de Paneles Ciudadanos, 27 son los representantes de los eventos nacionales de cada uno de Estados Miembros. A estos 108 hay que sumarle 8 miembros de la sociedad civil europea 12 representantes de los interlocutores sociales y la Presidenta del Foro Europeo de la Juventud. Entre estos 108 se encuentra quien escribe estas líneas.

El objetivo de la Conferencia sobre el Futuro de Europa es elaborar un conjunto de propuestas de mejora atendiendo a las demandas de los ciudadanos y la sociedad civil, especialmente, después de un año en donde ha habido decisiones que implican una federalización silenciosa para hacer frente a las consecuencias sanitarias, económicas y sociales del Covid-19 adoptadas por las tres instituciones europeas. estas propuestas deben ser elaboradas en el seno de los cinco plenos de la Conferencia sobre el futuro de Europa de acuerdo entre los representantes de las instituciones (nacionales y europeas) y los representantes de los ciudadanos y la sociedad civil.

La Conferencia sobre el Futuro de Europa es un elemento innovador, de gran alcance político, diferente a la Convención siendo, posiblemente, la primera vez que se aplica en lugar alguno. Se diferencia de la Convención Europea que en esta participan tanto los representantes de las instituciones como los representantes de la sociedad civil y de los ciudadanos que son el aspecto innovador de la Conferencia. Esto implica que sea la primera vez que se hace un ejercicio de esta naturaleza.

Por lo tanto, es de esperar que, como consecuencia de la Conferencia sobre el Futuro de Europa, se llegue a un acuerdo en la primavera de 2022, antes de las elecciones presenciales francesas, para dar pasos decisivos en la profundización del modelo europeo. Y, especialmente, en la mejora de determinadas políticas, entre ellas la Política Exterior, y la ampliación de otras, como puede ser la de la salud, que lleven consigo la consolidación interna y externa del modelo de la Unión Europea.

Es probable, y deseable, que en la Conferencia sobre el Futuro de Europa salga la necesidad del relanzamiento de las relaciones transatlánticas y, especialmente, la relación estratégica con América Latina, ya que ambas, tal y como hemos venido defendiendo son imprescindibles para el relanzamiento de la política de la Unión Europea como actor global, multilateral, normativo que debe liderar la nueva gobernanza mundial. En este sentido, las relaciones con América Latina son el nudo gordiano para consolidar la posición de la Unión Europea en el mundo.

De la Conferencia sobre el Futuro de Europa debe surgir unas conclusiones que refuercen el proyecto federal europeo y que impliquen la convocatoria de la Convención Europea, la cual ha de ir dirigida a la reforma del Tratado en clave federal. Algunos de los temas que posiblemente se aprueben y que tendrán efectos importantes en las relaciones entre la Unión Europea y América Latina serán el refuerzo de la democracia y los derechos humanos, los avances en la Unión Bancaria y la Unión Fiscal; la incorporación de competencias en materia social y en salud, especialmente en la lucha contra esta y futuras pandemias.

En el ámbito de migraciones donde habrá que establecer una política común que refuerce la posibilidad de la migración regular, donde América Latina puede tener muchas condiciones para incrementar la necesidad de personas cualificadas en el desarrollo de la UE. La política exterior la cual habrá de decirse por mayoría cualificada y, especialmente, el refuerzo de la vecindad sur. Habrá que pensar también la posibilidad de reelaborar la noción de vecindad y no solo en clave geográfica política sino en clave de geografía humana pudiendo fundamentar unas relaciones fundamentales con aquellos pueblos y estados que tienen un vínculo migratorio, valores comunes y visión del mundo similar como es el caso de Latinoamérica.

10. CONCLUSIÓN

Los desarrollos de la Unión Europea potencian y exigen y necesitan de América Latina para la rehabilitación de las relaciones estrategias entre ambos. Para ello es también imprescindible que los esquemas de cooperación y concertación en América Latina se recuperen, reduciéndose las tensiones entre los estados con objeto de que pueda fortalecerse una interlocución común, al menos con la Unión Europeo.

La intensificación de la cooperación en la lucha contra la pandemia a través de la donación de vacunas por parte del *Team Europe* de la Unión Europea puede ser un instrumento que facilite el acercamiento de las posiciones entre las diversas agrupaciones políticas de los estados latinoamericanos que están actualmente muy divididos. Esta intensificación de la relación estratégica no es solo necesaria y positiva para la Unión Europea y ALC, sino que existe una necesaria demanda global de fortalecimiento de la gobernanza mundial. Se entiende que este paso puede tener un efecto catalizador para que se avance también en otras regiones, especialmente en África. Sin embargo, de momento en América Latina tiene más posibilidades y mejores condiciones para participar y liderar este nuevo impulso.

La reforma interna en clave federal que la Unión Europea quiere poner en marcha a través de las conclusiones que se adopten en la Conferencia sobre el Futuro de Europa y en la posible reforma de los Tratados, la cual se originará mediante una Convención Europea, tiene una indudable dimensión exterior. El cual será un elemento adicional que mejorará sus herramientas europeas y podrá profundizar esta renovada relación estratégica con América Latina que tan importante es para la gobernanza mundial.

Madrid, 1 de diciembre de 2020

Segunda Parte

ÉTICA Y MORAL ANTE LOS DESAFÍOS INTERNACIONALES ACTUALES

A angústia de Kant: estado de direito e moralidade nas relações internacionais

GILVAN LUIZ HANSEN
Professor Associado
Faculdade de Direito, Universidade Federal Fluminense

1. INTRODUÇÃO

As relações internacionais contemporâneas são caracterizadas pela predominância de estados nacionais de direito, os quais se articulam em instituições e organismos supranacionais para viabilizar a cooperação e evitar, sempre que possível, o enfrentamento dos conflitos de interesses através de guerras e lutas armadas, substituindo os equipamentos bélicos pela diplomacia. E esse modus operandi foi se forjando ao longo da modernidade, com interstícios significativos que puseram em risco a própria continuidade de povos e da humanidade como um todo, se levarmos em conta as guerras mundiais e a utilização de ogivas nucleares.

Neste contexto, um dos pensadores a contribuir decisivamente para a construção de um discurso de cooperação internacional, coadunando filosofia, política, moral e direito, foi Immanuel Kant.

A presente reflexão busca resgatar algumas das concepções kantianas acerca da política, do direito e da moral, relacionando-os na perspectiva de compreensão das relações internacionais contemporâneas. E a escolha original que apontamos no título é a ótica a partir da qual faremos esta discussão, buscando resgatar elementos biográficos kantianos que nos permitam entender a angústia deste pensador do século XVIII e XIX ante às transformações que o cenário internacional assinalava no tempo em que viveu.

Para tanto, dividiremos nossa abordagem em três momentos: primeiramente, remetendo-nos a um aporte de elementos biográficos de Kant que nos parecem significativos para o enfoque do tema aqui proposto; na sequência, uma retomada das principais noções kantianas acerca da moralidade, das relações internacionais e das questões políticas e jurídicas articuladas em torno do Estado de Direito; finalmente, uma indicação dos aspectos da obra kantiana que continuam a desafiar as relações internacionais e a provocar a angústia naqueles que possuem preocupações de caráter cosmopolita, sob o prisma moral, político e jurídico.

2. IMMANUEL KANT: UM FENÔMENO HUMANO PARA ALÉM DO SEU TEMPO

Nas portas da comemoração dos seus trezentos anos de nascimento, o filósofo de Königsberg continua atual, com suas ideias ainda a influenciar e inspirar as ações na direção de um cosmopolitismo ancorado nas concepções de Estado de Direito e na moralidade das relações interpessoais.

Todavia, para além desta importância filosófica de Immanuel Kant, a qual procuraremos apontar oportunamente neste opúsculo, o que nos tem chamado a atenção são as peculiaridades existenciais deste ser humano que viveu entre 1724 e 1804, numa remota cidade do Império Prussiano, e que, apesar de nunca ter saído de lá, foi capaz de se conectar com o mundo e interferir nos rumos de seu tempo, usando a precária tecnologia que o contexto histórico permitia.

Os ensaios filosóficos kantianos, em que pese as distâncias a separar sua cidade natal dos centros de pensamento consagrados no século XVIII e XIX, e apesar do linguajar técnico e sofisticado com o qual ele os redigiu, foram rapidamente lidos, valorizados e reconhecidos na Europa afora, especialmente em Inglaterra e França, centros econômicos, políticos e culturais de então, onde todos os pensadores ansiavam por ser reconhecidos.

Os escritos biográficos contemporâneos a respeito de Immanuel Kant têm revelado um homem de estatura franzina e saúde frágil, especialmente no que tange às áreas respiratórias; talvez disso tenha decorrido sua obstinação pelas caminhadas, algo que realizava todos os dias desde a juventude, no intuito de melhorar a capacidade aeróbica. Mas o curioso e mais recentemente exposto sobre a vida de Kant é que ele, filho de família de poucas posses, teve de garantir a subsistência e o pagamento dos estudos universitários através do dinheiro obtido nas vitórias em jogos de bilhar; mesmo depois de formado na Universidade, o filósofo sobrevivia de aulas particulares ministradas aos filhos dos abastados de Königsberg e região[1].

Tais agruras certamente forjaram um caráter determinado, forte, controlado, focado na sobrevivência; mas alimentaram uma resiliência e obstinação no sentido de ultrapassar as próprias contingências, de ir além do rebanho, de ser alguém esclarecido.

Graças ao talento, à obstinação e à capacidade de fazer-se querido na comunidade é que, aos 47 anos de idade, Kant recebeu o convite para lecionar na Universidade de Königsberg; e isso mudou a sua vida. Lecionava Física, Geografia e, mais tarde, Filosofia; e a aceitação de suas aulas denotada pela procura às mesmas, tornou-lhe a vida melhor, em termos de recursos financeiros para prover a própria manutenção e desfrutar do bem-estar antes distante.

Extremamente metódico, esse cidadão prussiano contratou um mordomo, Lampe, soldado aposentado de guerra. E o senhor Lampe lhe coordenava as atividades do cotidiano, de sorte que podia se dedicar às aulas, aos estudos, aos amigos e às caminhadas.

Assim, Kant estabeleceu uma rotina monástica: acordava diariamente às cinco da manhã; após fazer o asseio, sentava-se em sua poltrona e fumava um cachimbo, o único do dia. Por volta de seis e até às sete e meia da manhã, assentava-se junto à escrivaninha para estudar e ler os jornais. Seguia então para a Universidade, onde ministrava

---

1 HÖFFE, Otfried. Immanuel Kant. Tradução de Christian Viktor Hamm e Valério Rohden. São Paulo: Martins Fontes, 2005.

aulas, das 8 até às 11 horas. Regressava a sua casa e ia para seu gabinete de trabalho, novamente a estudar, até às 13 horas. Neste momento, Lamp o chamava para receber os convidados ao almoço, aos quais eram servidos os melhores pratos e bebidas. Tinha entre os convivas sempre um mínimo de 3 e um máximo de 7 comensais, pessoas de diferentes formações e profissões (médicos, juízes, advogados, engenheiros, religiosos, políticos, comerciantes, economistas), com as quais conversava sobre os temas de especialidade destas, demonstrando domínio destas matérias; ao que se relata, jamais falou com os que o visitavam sobre filosofia ou sobre suas investigações e escritos.

Kant se despedia dos convidados por volta de 15 horas, e pontualmente às 15h30min. saia a caminhar, passando regularmente pelos mesmos locais e na mesma hora, a ponto de os seus concidadãos acertarem os relógios com base em sua passagem. Quando retornava a casa, cerca de duas horas depois, voltava ao escritório e ficava até por volta de 22 horas a estudar e escrever, parando somente para um lanche frugal, de meia hora, por volta das 19 horas. Deitava-se por volta de 22 horas, não sem fazer antes um exercício que ele próprio denominava de "esvaziamento da mente", para poder relaxar e dormir tranquilo.

Uma rotina como a que adotou Kant permitiu a ele escrever e publicar, com 57 anos, a Crítica da Razão Pura, sua primeira grande obra de filosofia; nos anos seguintes, muitas outras obras de relevância surgiram a partir da mão de Kant.

Ao apresentar os dados biográficos de Kant, na versão brasileira da obra *Metafísica dos Costumes*[2], o tradutor e comentador desta concluirá:

> "No último ano de sua vida (1803) ficou cego e perdeu completamente a memória. Mas seu projeto de vida saudável e produtiva se concretizara: a senilidade não acontecera para ele através de um processo longo e doloroso —só conseguiu tomá-lo de assalto ao se tornar quase octogenário. Em 12 de fevereiro de 1804 Immanuel Kant morreu devido, por assim dizer, ao mero esgotamento das forças vitais, pois não era portador de nenhuma doença específica, se excetuarmos os suplícios da cegueira e da falta de memória."

---

2 KANT, Immanuel. Metafísica dos Costumes. Tradução, textos adicionais e notas de Edson Bini. Bauru/SP: EDIPRO, 2003. (Série Clássicos EDIPRO), p. 45.

A biografia de Kant, exótica para alguns, fascinante para outros, traz, contudo, nuances e peculiaridades que a tornam extremamente intrigantes. Nas últimas décadas do século XX, durante escavações para expansão de uma das linhas de metrô, em Paris, entre os escombros de uma biblioteca soterrada pelos bombardeios da Segunda Guerra Mundial, foram encontradas cartas trocadas entre Kant e Seyes, datadas entre 1750 e 1755.

Nestas cartas, Seyes (um dos principais expoentes da Revolução Francesa) diz a Kant que ele é um mentor e um inspirador dos ideais libertários franceses. E embora não tenham sido encontradas correspondências posteriores, é curioso que Kant não tenha saído de casa para caminhar somente no dia 14 de julho de 1789, sem que motivo algum de doença lhe tivesse acometido[3].

De fato, os relatos apontam que Kant, nos dias que antecederam a queda da Bastilha, estava muito angustiado, mas particularmente no dia 14 de julho essa angústia e o nervosismo estavam extremados; e ele ficou o dia trancado em seu gabinete.

Os indícios recentes parecem indicar que Kant possuía um vínculo, desde meados do século XVIII, com jovens estudantes franceses, que o consideravam inspirador de ideais libertários e que, praticamente quatro décadas depois, deflagraram a Revolução Francesa.

E muito provavelmente, a julgar pelas reações do professor da Universidade de Königsberg no dia da deflagração do movimento revolucionário francês, ele possuía conhecimento prévio dos eventos que seriam levados a efeito na França. Os jornais que chegaram contando as notícias da Revolução Francesa, através dos navios que ancoraram no porto da cidade prussiana, trouxeram em grande medida, com dias de atraso, relatos do que Kant já imaginara ou sabia que iria acontecer naquele 14 de julho de 1789.

Se a conexão de Kant com os revolucionários franceses parece efetivamente existir, convém que analisemos, em sequência, quais os ideais libertários foram influenciados pelo filósofo de Königsberg e quais de suas concepções tiveram importância nos eventos revolucio-

---

3 ZINGANO, Marco Antonio de A. Tradução e introdução. In: KANT, Immanuel. À paz perpétua. Porto Alegre: L&PM Editores, 1989. (Série Filosofia Política).

nários que reconfiguraram os rumos das relações internacionais à época e posteriormente.

3. RELAÇÕES INTERNACIONAIS NA PERSPECTIVA KANTIANA

Immanuel Kant é um ser humano preocupado com o seu tempo, com os seres humanos que nele se encontram e com as instituições que estes forjam e nas quais se inserem. Por essa razão, a reflexão kantiana se constitui num sistema filosófico, que procura analisar o fenômeno humano em seu amplo espectro de manifestações e dimensões (antropologia, conhecimento, religião, arte, moral, direito, política, história, economia). As relações internacionais, em decorrência, são pensadas a partir da clivagem destes elementos mutuamente imbricados e interconectados. Passemos a explicitar tais elementos.

3.1. A base antropológica: conhecimento e interesse nas ações

Kant parte da compreensão, diferenciada em seu tempo, de que somos seres da natureza dotados por esta de condições orgânicas e estruturais que nos permitem a adaptação e a sobrevivência. Somos seres dotados naturalmente de sensorialidade e capacidade racional, fatores que nos permitem o aprendizado, o conhecimento e o aperfeiçoamento, graças à reflexão e ao potencial avaliativo que essa nos proporciona.

Em *Antropologia em sentido pragmático*[4], Kant delineia os contornos da nossa sensorialidade, que submetida ao crivo da razão converte nossas sensações em sensibilidade, das quais derivam as impressões e representações. E deixa claro que sua preocupação pelo fenômeno humano é pragmática, e não especulativo-teórica, porque não lhe interessa estudar o que a natureza faz com o homem e em que medida

---

4 KANT, Immanuel. Antropología en sentido pragmático. Tradução de José Gaos. Madri: Alianza Editorial, 1991.

o determina, como a Química ou a Física o fazem, mas sim saber o que o homem faz com aquilo com o qual a natureza o dotou.

Mas a concepção antropológica manifesta na obra kantiana está impregnada da compreensão que o pensador possui acerca da dimensão cognitiva. Segundo esta compreensão, o ser humano possui, além de sensorialidade (sentidos), uma capacidade cognitiva contida em sua razão, porque há nele um aparato que lhe permite o aprendizado. Deste modo, na *Crítica da Razão Pura*[5], Kant descreve como os elementos da sensibilidade (espaço e tempo) e as categorias do entendimento (quantidade, qualidade, modo, relação) tornam possíveis os nossos conhecimentos[6]. Diz ainda que o conhecimento tem na intuição o seu ponto de partida, mas que não pode exclusivamente se resumir a ela, já que o conhecimento implica numa longa empreitada advinda da vivência de experiências e experimentações, as quais devem ser mensuradas, testadas e verificadas pela razão, em viés crítico e atento; enfatiza também que o conhecimento tem limites a partir dos quais se torna possível e seus produtos se mostram passíveis de verdade e confiabilidade.

Entretanto, o elemento mais inovador trazido pelo arcabouço teórico kantiano no que tange ao conhecimento diz respeito à necessária imbricação do conhecimento ao interesse que orienta a sua busca. Na *Fundamentação da Metafísica dos Costumes*[7], ao estabelecer a distinção entre interesse empírico e puro da razão, Kant explicita que o conhecimento é sempre orientado a fins, é empírico e, portanto, não é neutro nem tampouco um fim em si mesmo, mas sempre um meio para a realização de finalidades práticas definidas pelos seres humanos em sociedade[8].

---

5 KANT, Immanuel. Crítica da Razão Pura. 3.ed. Tradução de Manuela Pinto dos Santos e Alexandre Fradique Morujão. Lisboa: Calouste Gulbenkian, 1994.

6 KANT, Immanuel. Crítica da Razão Pura. 3.ed. Tradução de Manuela Pinto dos Santos e Alexandre Fradique Morujão. Lisboa: Calouste Gulbenkian, 1994, p. 87.

7 KANT, Immanuel. Fundamentação da metafísica dos costumes. Tradução de Paulo Quintela. Lisboa: Edições 70, 1988.

8 KANT, Immanuel. Fundamentação da metafísica dos costumes. Tradução de Paulo Quintela. Lisboa: Edições 70, 1988, p. 112.

Kant apregoa que o interesse puro da razão, voltado à sua realização enquanto instância de autonomia e liberdade, deva orientar a busca de conhecimentos, embora reconheça que outros elementos acabem muitas vezes definindo a busca do conhecimento (dinheiro e poder, por exemplo).

Ao estabelecer, contudo, a orientação do conhecimento a partir do interesse puro da razão, o filósofo de Königsberg sedimenta a vinculação entre conhecimento e moralidade, ancorados na finalidade prática de realização plena do potencial humano enquanto criatura natural racional. E essa vinculação pode ser observada tanto na *Crítica da Razão Prática* quanto na *Fundamentação da Metafísica dos Costumes.*

Nestas obras, tal qual o faz na *Crítica da Razão Pura*, ao apontar os elementos da sensibilidade e as categorias do entendimento como condições de possibilidade do conhecimento, Kant discorre sobre a vontade, a liberdade e a autonomia como condições possibilitadoras da ação humana pautada na realização plena do ser humano enquanto ser racional.

A vontade resultante da ação racional humana ultrapassa a mera dimensão subjetiva do desejo e adquire força intersubjetiva ou objetiva (entendida a objetividade em Kant enquanto validade para todos, validade universal), na forma do querer. Implica esse "querer" na deliberação e na escolha de possibilidades, projetos e ações, de sorte que precisa, para efetivamente acontecer, do exercício da liberdade. E o exercício da liberdade, em última instância, é a concretização da autonomia, compreendida como sentido que um sujeito dá as suas ações, sem que haja a determinação de outrem.

Deste modo, um ser humano que tem sua vontade, liberdade e autonomia garantidos e respeitados, reúne as condições do pleno desenvolvimento de suas potencialidades no mundo e, por conseguinte, de cumprimento dos ideais de autorrealização da razão, em atendimento aos potenciais com os quais a natureza o capacitou.

A dimensão moral do processo de realização da natureza humana reside no imperativo que a própria razão categoricamente traz em si no sentido de se realizar em todos os seres humanos e em cada um, de sorte que se houver um ser humano na face da terra que não tem sua vontade, liberdade e autonomia respeitados e realizados, haverá, pois, um desafio empírico, a ser cumprido historicamente por todos e cada um, de luta pela emancipação, luta esta a qual Kant denomina *Aufklärung* (Esclarecimento)[9].

A luta pelo Esclarecimento acontece em sociedade, nas instituições onde o ser humano se encontra, e envolve dimensões éticomorais, mas também político-jurídicas.

3.2. A política e o direito como campos da ação

A política e o direito são dimensões da vida humana que se apresentam, na perspectiva kantiana, como campos da ação em que a moral pode se tornar prática. Todavia, essa confiança do pensador de Königsberg se orienta mais precipuamente ao direito, já que ele possui restrições no que tange ao campo da política.

No opúsculo intitulado "Sobre a discordância entre a moral e a política, à propósito da paz perpétua"[10], Kant chama a atenção para o caráter estratégico que predomina nas relações políticas e nas instituições onde essa se realiza mais especificamente. Alerta para o fato que a astúcia de muitos agentes políticos, voltada à dominação e ao poder, conduz a sociedade à tutela e não à emancipação[11].

Defende, contudo, que a política pensada em termos de Esclarecimento, com uma atitude crítica e vigilante daqueles que a praticam, deve ultrapassar as artimanhas daqueles que se utilizam da política para a autossatisfação e não para a realização do bem-estar de todos em sociedade[12].

---

9 KANT, Immanuel. Resposta à pergunta o que é o Esclarecimento? In: KANT, Immanuel. Immanuel Kant: textos seletos. 2.ed. Introdução de Emmanuel Carneiro Leão; tradução de Floriano de Sousa Fernandes. Petrópolis: Vozes, 1985a. p. 100-117.

10 KANT, Immanuel. Sobre a discordância entre a moral e a política, à propósito da paz perpétua In: KANT, Immanuel. Immanuel Kant: textos seletos. 2.ed. Introdução de Emmanuel Carneiro Leão; tradução de Floriano de Sousa Fernandes. Petrópolis: Vozes, 1985b. p. 130-153.

11 KANT, Immanuel. Sobre a discordância entre a moral e a política, à propósito da paz perpétua In: KANT, Immanuel. Immanuel Kant: textos seletos. 2.ed. Introdução de Emmanuel Carneiro Leão; tradução de Floriano de Sousa Fernandes. Petrópolis: Vozes, 1985b. p. 130-2.

12 KANT, Immanuel. Sobre a discordância entre a moral e a política, à propósito da paz perpétua In: KANT, Immanuel. Immanuel Kant: textos seletos. 2.ed. In-

E para a realização de uma concepção de política impregnada de moralidade e finalidades públicas, o direito tem um papel decisivo. Isso porque o direito, enquanto campo de ação, estabelece os limites normativos e práticos entre o meu e o teu[13], entre a minha liberdade e a tua liberdade, permitindo a atuação no sentido de coibir atitudes abusivas mediante sanções previstas no ordenamento jurídico[14].

Essa compreensão kantiana do direito está ancorada na concepção republicana de Estado e de Direito, segundo a qual o Estado é a expressão-mor, em termos institucionais, da liberdade de associação com vistas à realização do bem comum e do interesse coletivo. E o Estado adquire força à medida que está fundado em normas jurídicas organizadas num sistema de direito, cujas leis são o resultado do exercício legislativo exercido publicamente e para o qual eu, enquanto ser racional, autônomo e livre, sou capaz de dar o meu aval como cidadão, por reconhecer em tal sistema legal os elementos de racionalidade e de justiça capazes de construir uma sociedade digna para todos.

É com base nos parâmetros supracitados que se dá, no horizonte kantiano, a vinculação entre Estado de Direito e moralidade, decisivo para a realização humana em coletividade. E se isso deve ocorrer no âmbito interno as nações, também deve pautar as relações internacionais.

3.3. A angústia de Kant e as relações internacionais

A angústia de Kant no longínquo 14 de julho de 1789 se justificava, pela ambiguidade de elementos envolvidos naquele momento: Kant era uma espécie de inspirador e mentor dos revolucionários franceses. Mas, ao mesmo tempo, dava valor ao Estado de Direito como possibilitador de realização da moralidade no âmbito cotidiano dos estados e na vida das populações. Sob este prisma, a ruptura da ordem jurídica advinda de uma revolução ia contra aquilo que

---

trodução de Emmanuel Carneiro Leão; tradução de Floriano de Sousa Fernandes. Petrópolis: Vozes, 1985b. p. 134.

13 KANT, Immanuel. Metafísica dos Costumes. Tradução, textos adicionais e notas de Edson Bini. Bauru/SP: EDIPRO, 2003. (Série Clássicos EDIPRO), p. 91 ss.

14 KANT, Immanuel. Metafísica dos Costumes. Tradução, textos adicionais e notas de Edson Bini. Bauru/SP: EDIPRO, 2003. (Série Clássicos EDIPRO), p. 150.

Kant defendia como princípio. Em dois momentos nos quais se refere aos processos revolucionários, Kant se posiciona contrário a eles e se mostra um defensor de reformas internas no Estado de Direito.

No opúsculo "Resposta a pergunta Que é o Esclarecimento?", Kant adverte que uma revolução sem mudança de mentalidade (da menoridade para a maioridade, da heteronomia para a autonomia) é apenas uma troca de grilhões e continuidade de dominação. O referido filósofo argumentará também no sentido de que a ruptura de uma ordem jurídica advinda da revolução gera um interstício normativo, onde a anomia pode levar à violência e à aniquilação, já que direito algum possui então amparo ou sustentação, num efetivo estado de natureza de viés hobbesiano, onde cada um é um inimigo em potencial e uma ameaça permanente à existência do outro.

Ao mesmo tempo, Kant não é insensível às opressões vividas pelas populações europeias, submetidas ao jugo de muitos governantes que se viam como donos do Estado e se colocavam acima das leis, numa atitude antirrepublicana.

Como, então, justificar o movimento popular em França? Como compreender as Revoluções Americana e Francesa num processo histórico que fortaleça o Estado de Direito em parâmetros de moralidade? Acrescente-se a isso um outro problema: se a soberania do Estado se alicerça na vontade unida do povo, como pode o povo rebelar-se contra si mesmo?

A leitura que Kant das relações internacionais se pauta numa concepção de Estado de Direito de matiz republicana. Ele deixa isso claro em várias passagens, como, por exemplo, na obra *À paz perpétua*.

> "A constituição *republicana* é aquela estabelecida em conformidade com os princípios: 1) da *liberdade* dos membros de uma sociedade (enquanto homens), 2) da *dependência* de todos a a uma única legislação comum (enquanto súditos) e 3) de conformidade com a lei da *igualdade* de todos os súditos (enquanto cidadãos): é a única que deriva da idéia do contrato originário e sobre a qual devem fundar-se todas as normas jurídicas de um povo. A constituição republicana é, pois, no que diz respeito ao direito, a que subjaz a todos os tipos de constituição civil[15]."

---

15 KANT, Immanuel. Para a paz perpétua. Estudo introdutório de Joám Evans Pim. Tradução de Bárbara Kristensen. Rianxo: Instituto Galego de Estudos de Segurança Internacional e da Paz, 2006. (Ensaios sobre Paz e Conflitos; Vol. V), p. 67.

A perspectiva republicana assumida por Immanuel Kant tem grande proximidade com a interpretação de Rousseau: se neste autor a soberania tem seu sustentáculo e legitimidade na vontade geral, que nem sempre e não necessariamente coincide com a vontade da maioria, e às vezes até se opõe a ela, no filósofo prussiano é a vontade unida do povo o elemento a ocupar o papel posicional de fundamento da soberania.

Sendo esse o horizonte de interpretação kantiana, uma ruptura revolucionária por um povo contra si mesmo, num Estado de Direito, seria descabida. No entanto, não é o que ocorre em França, no entender de Kant, pois para ele não houve ruptura, visto que o monarca devolveu a soberania ao exercício direto do povo ao convocar a Assembleia Constituinte. E, no caso da Revolução Americana, isso também não se deu, já que era uma luta de libertação contra o domínio de outra nação e o estabelecimento de um novo Estado, no qual se elaborou uma Constituição própria e o Estado de Direito estava em implantação.

Em face disso, Kant se sente impelido a refletir sobre o processo libertário francês e instigado a contribuir para transformar um movimento com componentes empíricos de violência num efetivo momento de construção histórica de emancipação da população francesa, a servir de inspiração a outras nações no mundo. Essa expectativa kantiana, entretanto, não se confirmou nem realizou empiricamente, dados os resultados institucionais observados nos períodos posteriores à queda da Bastilha.

Ainda assim, Kant avalia que a maioria dos Estados europeus de então possuem internamente os ditames de Estados de Direitos, advindos de pactos sociais e do estabelecimento de contratos que viabilizam uma ordem jurídico-institucional razoavelmente estável e que garantem a convivência pacífica e produtiva.

Contudo, o diagnóstico kantiano no que tange às relações internacionais é de que impera ainda uma espécie de estado de natureza como o descrito por Hobbes. Isso faz com que assassinatos, espionagem, anexação de países e incentivo à traição, dentre outras práticas, sejam incentivadas nas condutas de muitas nações quando se postam frente as demais. A guerra passa a ser um instrumento constante de imposição da dominação e da aniquilação dos mais fracos sob o ponto de vista militar.

Em perspectiva crítica e propositiva, Kant se posiciona frente a tal cenário e, em *À paz perpétua*, constrói uma espécie de projeto constitucional internacional, a servir de base principiológica às relações internacionais.

O filósofo de Königsberg defende um conjunto de leis capaz de coibir as condutas de dominação entre as nações. Segundo ele, "o Direito das Gentes deve fundamentar-se numa federação de estados livres"[16].

Além disso, Kant apresenta uma visão muito peculiar para o seu tempo com relação à guerra, defendendo a partir de um prisma econômico que esta traz muito mais prejuízos para as nações do que efetivos rendimentos e vantagens, posto que enquanto os países voltam seus recursos para a guerra e os custos desta, deixam de ter condições de investir em educação, melhoria da infraestrutura e da qualidade de vida de sua população. Por isso, o filósofo prussiano propõe uma série de medidas para evitar a guerra e a dominação de uma nação sobre outra, ou mesmo a anexação de uma por outra[17].

Antevê, igualmente, a necessidade de uma organização supranacional capaz de coibir os abusos de determinadas nações e fazer acontecer a cooperação e solidariedade internacional[18].

E finaliza Kant fazendo sua defesa de que o direito internacional deva ser cosmopolita e voltado para a hospitalidade universal, onde o

---

16 KANT, Immanuel. Para a paz perpétua. Estudo introdutório de Joám Evans Pim. Tradução de Bárbara Kristensen. Rianxo: Instituto Galego de Estudos de Segurança Internacional e da Paz, 2006. (Ensaios sobre Paz e Conflitos; Vol. V), p. 73.

17 KANT, Immanuel. Para a paz perpétua. Estudo introdutório de Joám Evans Pim. Tradução de Bárbara Kristensen. Rianxo: Instituto Galego de Estudos de Segurança Internacional e da Paz, 2006. (Ensaios sobre Paz e Conflitos; Vol. V), p. 57-63.

18 KANT, Immanuel. Para a paz perpétua. Estudo introdutório de Joám Evans Pim. Tradução de Bárbara Kristensen. Rianxo: Instituto Galego de Estudos de Segurança Internacional e da Paz, 2006. (Ensaios sobre Paz e Conflitos; Vol. V), p. 76.

estrangeiro seja tratado como hóspede e não como intruso em nação que não seja a sua de origem[19].

Em linhas gerais, a angústia de Kant se situa no horizonte de expectativas de construção de relações internas às nações e entre estas pautadas num cosmopolitismo, com a segurança política e jurídica de que as pessoas sejam respeitadas em sua condição humana e que, no seu país ou no estrangeiro, sejam tratadas com acolhimento e fraternidade.

A angústia de Kant, vivenciada há mais de dois séculos, continua a ecoar entre nós, como algo que sentimos desde que tenhamos preocupações com um mundo mais justo, equânime e solidário nas relações interpessoais, interinstitucionais e internacionais. E quais são hoje os ecos que podemos perceber? É o que analisaremos a seguir.

4. ECOS KANTIANOS NO TERCEIRO MILÊNIO

Parece ser óbvio que o mundo contemporâneo é profundamente diferente do que aquele no qual viveu Kant, até fevereiro de 1804. As pessoas, seus valores e costumes se alteraram significativamente, as condições de vida modificaram drasticamente em todas as áreas (saúde, educação, instituições, economia, política, etc.), num planeta que ganhou mais seis bilhões de seres humanos em pouco mais de dois séculos e que, graças às novas tecnologias ligadas aos transportes e à comunicação, se converteu em verdadeira aldeia global, como expressava Herbert Marshall McLuhan na década de 1960, ainda que esse conceito seja hoje motivador de discussões e críticas.

> "O efeito de aceleração advindo das técnicas avançadas de comunicação e de transporte possui uma importância totalmente diferente para a modificação a longo prazo do horizonte cotidiano de experiências. [...] A consciência do espaço e do tempo é afetada de um outro modo pelas novas técnicas de transmissão, armazenamento e elaboração de informações. [...] As distâncias espaciais e temporais não são mais "vencidas"; elas desaparecem sem deixar marcas na presença

[19] KANT, Immanuel. Para a paz perpétua. Estudo introdutório de Joám Evans Pim. Tradução de Bárbara Kristensen. Rianxo: Instituto Galego de Estudos de Segurança Internacional e da Paz, 2006. (Ensaios sobre Paz e Conflitos; Vol. V), p. 79-83.

> ubíqua de realidades duplicadas. A comunicação digital finalmente ultrapassa em alcance e em capacidade todas as outras mídias. Mais pessoas podem conseguir e manipular quantidades maiores de informações múltiplas e trocá-las em um mesmo tempo que independe das distâncias[20]."

Apesar de estarmos cientes dessas diferenças históricas, as preocupações kantianas acerca das relações internacionais e os princípios por ele defendidos em defesa do Estado de Direito e da moralidade das condutas interpessoais e institucionais continuam atuais e ainda provocam nossas angústias contemporâneas.

O caráter visionário do filósofo prussiano no que tange à necessidade de estabelecimento de organismos supranacionais para normatizar as relações internacionais se confirmou, primeiramente com a Liga das Nações (1919-1946) e, em face do fracasso desta ante os conflitos advindos da Segunda Guerra Mundial, a sua substituição pela Organização das Nações Unidas (ONU). Também União Europeia e MERCOSUL são exemplos mais restritos e específicos desta tentativa de regulação internacional por instituições supranacionais.

E embora existam hoje estes e outros organismos supranacionais (OTAN, OIT, OMS, TIC, TIP, FMI etc.) a regular as relações internacionais, o fato é que a ação destas instituições é tímida, insuficiente ou ineficaz para coibir, aqui e acolá, os abusos de poder, golpes de estado, violações de direitos humanos, perseguições políticas por motivações diversas (etnia, gênero, credo), invasões de uma nação a outra e rupturas dos Estados de Direito mundo afora.

> "Enfim, a ideia nos leva a crer que a globalização dos mercados deve ser regulamentada por instâncias políticas: a difícil relação entre a capacidade de cooperação entre os regimes políticos e de solidariedade civil universal (*Weltbürgerliche Solidarität*)[21]."

Sob este prisma, todos os dias acordamos sobressaltados ao sermos informados de ocorrências efetivas ou potenciais que revelam

---

20 HABERMAS, Jürgen. A constelação pós-nacional: ensaios políticos. Tradução de Márcio Seligmann-Silva. São Paulo: Littera Mundi, 2001, p. 57-58.

21 HABERMAS, Jürgen. Más allá del Estado nacional. Apresentação e tradução de Manuel Jiménez Redondo. 2. ed. Madrid: Editorial Trotta, 1998, p. 18.

o desrespeito contumaz aos valores que tornaram a espécie humana viável no planeta ao longo do tempo: cooperação, solidariedade, justiça, equanimidade.

Orientados, em termos globais, pelo ideário do capitalismo tardio, cujos objetivos se voltam para a otimização dos lucros independentemente das circunstâncias e ainda que às custas da viabilidade da sobrevivência da natureza e das espécies que nela habitam, vamonos movendo de crise em crise, instrumento preferencial do neoliberalismo praticado pelas megacorporações mundiais para atingir as suas metas de faturamento[22].

Quem ouse romper com essa lógica, seja uma pessoa, instituição ou nação, sofre as consequências políticas, econômicas e jurídicas da divergência, de modo a ser neutralizada, silenciada, domesticada.

E assim seguem as jornadas, nas quais nossa identidade individual e coletiva vai sendo lapidada conforme os ditames dos interesses corporativos, mediante a conversão do ímpeto republicano de cidadania compreendida como conquista e exercício da liberdade, da autonomia e da fraternidade, em ganas de consumo dos novos aparatos produzidos pela alta tecnologia e que são, graças a um eficaz processo de marketing, razões de viver para boa parte das pessoas.

Aos angustiados e inconformados sempre resta a possibilidade de não sofrer e se adaptar, seja pela utilização de medicamentos e terapias as mais diversas, seja pela canalização da revolta para questiúnculas específicas e inofensivas (brigas familiares, atritos de vizinhança, pseudomilitância de redes sociais) que consomem energia e dão a sensação de que algo está sendo feito pela mudança, mas que não transformam a ordem das coisas senão na aparência.

> "O mundo em que nos encontramos hoje [...] em vez de estar cada vez mais sob nosso comando, parece um mundo em descontrole. Além disso, algumas das influências que, supunha-se antes, iriam tornar a vida mais segura e previsível para nós, entre elas o progresso da ciência e da tecnologia, tiveram muitas vezes o efeito totalmente oposto. A mudança do clima global e os riscos que a acompanham,

---

[22] HABERMAS, Jürgen. A Crise de Legitimação no Capitalismo Tardio. Tradução de Vamireh Chacon. Rio de Janeiro: Tempo Brasileiro. 1980. (Biblioteca Tempo Universitário, 60-Série Estudos Alemães).

> por exemplo, resultam provavelmente de nossa intervenção no ambiente. Não são fenômenos naturais. A ciência e a tecnologia estão inevitavelmente envolvidas em nossas tentativas de fazer face a esses riscos, mas também contribuíram para criá-los[23]."

Outra maneira de manutenção do *status quo* e da docilidade ocorre pelo drenar de energias que se ancora no incentivo ao produtivismo, através de um discurso que incentiva a eficiência e premia com elogios ou pequenos benefícios ("o funcionário do mês", p. ex.) àqueles que se entregam de maneira integral ao cumprimento das atividades nas instituições onde atuam. Gastamos assim os dias, muitas vezes crendo que as coisas são como são porque é natural que seja assim ou porque alguma divindade que povoa nossas crenças quer que vivamos desta maneira.

> "A preguiça e a covardia são as causas pelas quais uma tão grande parte dos homens, depois que a natureza de há muito os libertou de uma direção estranha (*naturaliter maiorennes*), continuem, no entanto, de bom grado menores durante toda a vida. São também as causas que explicam por que é tão fácil que os outros se constituam em tutores deles. É tão cômodo ser menor. Se tenho um livro que faz as vezes de meu entendimento, um diretor espiritual que por mim tem consciência, um médico que por mim decida a respeito da minha dieta etc., então não preciso de esforçar-me eu mesmo. Não tenho necessidade de pensar, quando posso simplesmente pagar; outros se encarregarão em meu lugar dos negócios desagradáveis[24]."

Diante desse cenário pouco alentador, existe alguma perspectiva que a nossa angústia, que de alguma maneira também já era vivenciada por Immanuel Kant, consiga encontrar motivos e mecanismos para ser superada? Conseguiremos ultrapassar os grilhões impeditivos da emancipação que ameaçam perpetuar a dominação humana? Podemos acreditar em relações internacionais mais equânimes, onde as nações e as populações que as compõem sejam respeitadas em

---

23 GIDDENS, Anthony. Mundo em descontrole. 6.ed. Tradução de Maria Luiz X. de A. Borges. Rio de Janeiro: Record, 2007, p. 14.

24 KANT, Immanuel. Resposta à pergunta o que é o Esclarecimento? In: KANT, Immanuel. Immanuel Kant: textos seletos. 2.ed. Introdução de Emmanuel Carneiro Leão; tradução de Floriano de Sousa Fernandes. Petrópolis: Vozes, 1985a. p. 100-2.

seus valores, crenças e formas de viver, desde que isso não implique a inviabilização da existência dos demais?

Wittgenstein já afirmava que sobre o futuro não podemos falar com pretensões de verdade, já que ele se dá enquanto expectativa do que virá e não como algo objetivo, dado. Entretanto, acreditamos que é viável a realização do sonho de um mundo onde as relações internacionais sejam pautadas na pluralidade, no cosmopolitismo, na moralidade, na solidariedade e no respeito ao Estado de Direito, com nações que internamente promovam os direitos humanos e a equanimidade dos cidadãos e que procedam externamente de maneira cooperativa.

Esse sonho, hoje utópico, não é uma fantasia irrealizável, mas pode se operacionalizar através de projetos multilaterais de cooperação internacional, mediante a atuação das diferentes instituições espalhadas pelo planeta que reúnem finalidades nesta direção: governos, universidades, escolas, órgãos de imprensa e de comunicação, igrejas, ONGs, organismos supranacionais, e até mesmo empresas. Essas instituições podem se articular, em diálogo produtivo e construtivo, no sentido de estabelecer programas de ação viáveis, em termos de eficiência e eficácia, para a promoção do desenvolvimento sustentável.

> "É nesse contexto, insatisfeito com a incerteza advinda da expectativa de redenção em uma dimensão supra histórica, e desconfiado com relação aos discursos arautos do "tempo novo" que nunca chegava, os quais soavam aos seus ouvidos como promessas irrealizáveis, que o homem moderno passará a buscar respostas mais eficazes e específicas para os seus problemas do dia a dia. O conformismo oriundo da espera do paraíso perdido é deixado de lado e o homem moderno passa a não mais acreditar em promessas, mas a engendrar projetos. Surge, com isso, um novo significado na Modernidade para o próprio termo "utopia": ao invés de ser interpretado no sentido de algo que não tem lugar, passa-se a ver na utopia o conteúdo de algo que ainda não adquiriu espaço e objetividade históricos, embora possa ser viabilizado desde que se criem determinadas condições contextuais forjadas pela ação humana. Sob esse prisma podem ser encarados os primeiros ensaios utópicos da Modernidade[25]."

---

[25] HANSEN, Gilvan Luiz. Modernidade, utopia e trabalho. 2.ed. Londrina/PR: Engenho das Letras, 2020, p. 121.

Iniciativas nesta direção espocam a cada dia, mas precisam ser fortalecidas, valorizadas, tornadas conhecidas e ampliadas, envolvendo as populações num processo de atuação pensado enquanto cidadania ativa. A política e o direito, com seu aparato institucional e normativo, podem servir de instrumentos internacionais para que isso se viabilize, ainda que saibamos que estes nãos e voltam apenas para viabilizar questões atinentes à moralidade.

> "As matérias passíveis de uma regulamentação jurídica ou carentes dela são mais limitadas e, ao mesmo tempo, mais amplas que as questões morais: mais limitadas, porque somente o comportamento externo, que pode ser imposto, é acessível às regulamentações jurídicas; mais amplas, porque o direito, enquanto meio de organização da autoridade política, pode conferir uma forma impositiva a objetivos e programas coletivos, *não se esgotando,* pois, na regulamentação de conflitos interpessoais. As políticas e os programas do direito podem ter maior ou menor peso moral, o que vai depender de cada caso. Pois as matérias a serem reguladas pelo direito não visam apenas a questões morais, uma vez que abordam, não somente aspectos empíricos, pragmáticos e éticos, mas também o ajuste eqüitativo entre interesses que podem ser tema de um compromisso. Por isso, a formação da opinião e da vontade do legislador democrático depende de uma vasta rede de discursos e de negociações —e não apenas de discursos morais. E a pretensão de legitimidade que acompanha as normas do direito e a prática legislativa, ao contrário da pretensão de validade normativa dos mandamentos morais, que é claramente delineada, apoia-se em tipos diferentes de argumentos[26]."

Os leitores e interlocutores mais descrentes e desiludidos podem ver nas palavras e argumentos anteriores um romantismo pueril, mas o acima exposto se configura como uma perspectiva contrafactual cuja defesa se insere numa lógica autorreferente positiva. Defender o oposto disso implica em apostar num estado de coisas patológico, numa fatualidade assentada numa lógica autorreferente negativa, inviabilizadora da vida humana e da própria natureza. Os índices todos produzidos pelos organismos internacionais sobre os impactos climáticos, sobre a miséria, sobre a exclusão social, sobre as desigualdades, sobre a concentração de riquezas, sobre a violência etc., corroboram a abordagem que aqui trazemos.

---

26 HABERMAS, Jürgen. Direito e democracia: entre facticidade e validade. Tradução de Flávio Beno Siebeneichler. Rio de Janeiro: Tempo Brasileiro, 1997. 2 v. (Biblioteca Tempo Universitário, 101 e 102), p. 312.

Faz-se mister romper com a trajetória da aniquilação global, para que a angústia de Kant não se torne o desespero de nós todos neste terceiro milênio. E se há uma saída, ela passa por relações internacionais orientadas pela moralidade e pelo fortalecimento do Estado de Direito, incorporando a isso os elementos advindos do aprendizado mais recente de valorização da democracia como forma de organização político-jurídica e social.

Los desafíos contemporáneos del Derecho Internacional y la responsabilidad del internacionalista

RAPHAEL CARVALHO DE VASCONCELOS
Profesor Titular Cátedra de Derecho Internacional Público. Universidad del Estado de Rio de Janeiro
Profesor de Derecho Público. Universidad Federal Rural de Rio de Janeiro
Abogado y Consultor Jurídico

1. INTRODUCCIÓN

La historia de las relaciones entre grupos humanos se desarrolla en ciclos de mayor o menor expansión de lo jurídico sobre lo político. Las reglas del derecho internacional y su institucionalidad pretenden imponerse a la soberanía y a la voluntad de los Estados, pero la coordinación exigida entre los sujetos dificulta el uso de las construcciones teóricas aplicadas al orden normativo interno para definir y explicar las dinámicas jurídicas globales.

Este artículo pretende sistematizar las cuestiones y los comentarios presentados en el "IV Congreso Internacional sobre Globalización, Ética y Derecho-Los Desafíos de la Globalización: Respuestas desde América Latina y la Unión Europea" realizado en ambiente virtual el 21 de octubre de 2020.

En la primera parte del texto, se analiza la relación entre política y derecho y las dificultades enfrentadas por las teorías jurídicas positivistas para comprender sus intersecciones y sistematizar teóricamente el derecho internacional.

En la segunda sección, se propone un análisis de los procesos históricos y políticos del orden internacional para identificar ciclos de expansión y retracción normativa e institucional a lo largo de la historia.

El momento actual permite la distribución de la mayoría de los profesionales internacionalistas en dos grupos: de los negacionistas y de los catastrofistas. El análisis del comportamiento de los internacionalistas corresponde a la tercera parte del artículo. Luego, en la sección siguiente, se sostiene que las crisis integran la dinámica inherente del derecho internacional y, al final y a partir de las cuestiones levantadas, el texto invita a reflexiones respecto a la misión del internacionalista.

2. EL DERECHO INTERNACIONAL Y LA POLÍTICA

Muchas son las dificultades para describir y comprender el derecho internacional exclusivamente a partir de las premisas teóricas formalistas. Los críticos a la estructuración lógica de la normatividad internacional basada en los requisitos establecidos, por ejemplo, por las teorías positivistas tradicionales indican las limitaciones presentadas para sostener esa incompatibilidad[1].

Pero algo no cierra en ese debate que muchas veces no se vincula al positivismo en su conjunto, sino específicamente a la relación entre el derecho internacional y la política.

La negación de lo político en el contexto internacional no sigue la misma dinámica dogmática de la normatividad interna de un Esta-

---

1 Principalmente Hans Kelsen y Hart. El la parte que trata del orden internacional hay importantes diferencias entre las distintas ediciones, pero los contornos centrales permanecen en Kelsen, H. Reine Rechtslehre-Einleitung in die rechtswissenschaftliche Problematik. Leipzig und Wien: Franz Deuticke, 1934 y en KELSEN, H. Teoria pura do direito. Coimbra: Armênio Amado, 1974. De forma absolutamente constante, HART, H.L.A. The concept of law. Oxford: Clarendon Press, 1961.

do. Si, por un lado, el poder internamente subordina los sujetos a la estructura común, la coordinación que remarca el orden internacional conforma obstáculo contundente a la reglamentación jurídica de la relación entre Estados y organizaciones internacionales[2]. Obstáculos teóricos, pero también prácticos.

No se puede ignorar lo político en el análisis jurídico del orden internacional. La contraposición de fuerzas en la aplicación de las reglas de derecho puede exigir, de hecho, el alejamiento de elementos morales y su sustitución por comandos de forma y de procedimiento.

Sin embargo, la centralidad de los procedimientos aproximaría el derecho internacional a las perspectivas teóricas menos vinculadas a valores expresados políticamente cuando ejercido el poder, que serían igualmente incompatibles con un sistema de limitada coercibilidad.

La efectividad de un sistema de principios con plena capacidad coercitiva es un desafío que puede ser superado y objeto de experimentos internos constitucionalistas en países como Brasil y Colombia[3]. Cualquier construcción en ese sentido quedaría, sin embargo, comprometida en un ordenamiento que exige necesariamente la ad-

---

2 TRIEPEL, H. Völkerrecht und Landesrecht. Leipzig: C.L. Hirschfeld, 1899. p. 22. (passim, tambiém). BILFINGER, C. Les bases fondamentales de la communauté des états. In: *Recueil des Cours*. Academie de Droit International de la Haye, Volume 63, 1938-I, pp. 129-241. pp. 137-138. "In verbis": "La question se pose maintenant de savoir si cette structure, en plus de la base résultant de l'existence d'Etats indépendants, exige encore une autre base matérielle, afin que la communauté des Etats puisse, en fait, exister. Qu'on compare à cette question la question concernant le siège de la puissance effective de l'Etat, par exemple l'armée, la police, les finances, etc., en un mot, tout ce qui concerne le pouvoir de l'Etat. La communauté des Etats n'est, en soi, ni un Etat, ni un Etat fédéral, ni une confédération d'Etats. Mais peut-elle exister sous forme d'une simple juxtaposition d'Etats indépendants? La structure de cette communauté est évidemment relêchée et de peu de consistance. Et par suite du principe de l'indépendance des Etats elle renferme justement un facteur négatif centrifuge et anarchique. Néanmoins, elle offre toujours une organisation qui lui est propre, quoique primitive, une association sui generis, capable de créer empiriquement des organisations s'étendant au monde entier, comme par exemple l'Union postale universelle."

3 JARAMILLO, J. T. *La decisión judicial*:Tomo I.Bogotá: DIKE, 2011. JARAMILLO, Javier Tamayo. *La decisión judicial*:Tomo II.Bogotá: DIKE, 2011.

hesión de los participantes para efectivarse en definitivo —como en el caso del orden normativo internacional[4].

Construir el derecho internacional de forma valorativa, sin tener en cuenta esos elementos, lo convertiría en un simple ejercicio propositivo[5]. En lo que se refiere a la falta de elementos coercitivos y a las dificultades mencionadas anteriormente para la percepción del derecho internacional como un conjunto de normas valorativas, a pesar de avances y del surgimiento de incentivos al cumplimiento de las normas, aún no se han perfeccionado completamente mecanismos más contundentes y el sistema se concentra básicamente en la reputación de los sujetos y en las sanciones no violentas.

Esa percepción no subestima, sin embargo, la proliferación de actores privados con capacidad de coerción no enmarcados en los rígidos esquemas tradicionales del derecho internacional público[6]. Ejemplo de esa dinámica serían las sanciones indirectas provocadas por la evaluación que entes privados hacen de la capacidad de Estados para cumplir con compromisos financieros soberanos y los daños causados por rebajas en esos índices globales.

Una vez considerado todo el contexto sistémico, corresponde agregar al debate el hecho de que la efectividad de las normas internacionales aún concentra en los Estados sus rasgos más marcados. A diferencia del modelo estatal interno, la voluntad del sujeto de derecho de las gentes es fundamental para la producción normativa internacional y para su cumplimiento[7].

---

4 BARROSO, L. R. *Temas de direito constitucional* – Tomo III. Rio: Renovar, 2005. p. 509.

5 BARROSO, L. R. *Temas de direito constitucional* – Tomo II. Rio: Renovar, 2003. p. 12.

6 DAMROSCH, L. F. Enforcing international law through non-forcible measures. In: Recueil des Cours. Academie de Droit International de la Haye, Volume 269, 1997, pp. 09-250. p. 23. "In verbis": "[...] I am convinced that the truly "misguided" attitude would be to conclude that enforcing international law is unnecessary or unrealistic. It may well be true that compliance is the ultimate goal and enforcement is merely a means to that end; and if non-enforcement strategies are more effective than coercive ones in inducing certain kinds of compliance, then of course it would make sense to favour the policy most likely to yield the desired result. But this does not mean abandoning enforcement as one among various strategies for achieving compliance."

7 BOBBIO, N. *Teoria do ordenamento jurídico*. Brasília: Editora Universidade de Brasília, 1999. pp. 164-165.

En lo que se refiere a los sujetos habilitados a expresar esa voluntad constructora y garantizadora del cumplimiento de las normas, el protagonismo corresponde, conforme ya mencionado, a los Estados[8]. Exclusivamente a los Estados, se puede afirmar. Por más que se defienda que Estados y organizaciones internacionales compartan el ejercicio del poder internacionalmente, los primeros todavía preservan protagonismo y prevalecen en relación a las segundas[9].

En una perspectiva teórica más específica, se observa que las decisiones políticas —concretistas, o sea, constructoras de derecho— no se confunden con la simple interpretación de las normas.

La extracción de la normatividad se desarrolla con base en determinados parámetros para que no haya desplazamiento de función legislativa de los que la poseen para órganos que sólo deben aplicar el derecho o decidir el mejor derecho[10].

El abandono de algunas premisas del positivismo jurídico, que alejaban la moralidad de la práctica jurídica, repercutió de manera bastante contundente, por ejemplo, en la protección del ser humano —internamente en sistemas constitucionales e internacionalmente, por ejemplo, en el Sistema Interamericano de Protección de los Derechos Humanos— pero no impactó de forma relevante la actuación de cortes y tribunales internacionales no dedicados a eses temas.

---

8 REUTER, P. Principes de droit international public. In: Recueil des Cours. Academie de Droit International de la Haye, Volume 103, 1961-II, pp. 425-656. p. 519. "In verbis": "En dépit des formules employées dans certains débats politiques, soit aux Nations Unies soit dans d'autres organisations, les organisations internationales n'ont pas de «souveraineté» dans le sens où ce terme est employé pour les Etats. En effet la souveraineté ne vaut qu'en termes de juxtaposition, d'exclusivité territoriale, or les organisations se trouvent dans une situation toute différente. A la difrerence des Etats elles ne portent pas la responsabilité finale du destin d'une communauté humaine; elles n'ont ni population, ni territoire; elles n'ont, par rapport aux Etats, que des attributions limitées et des pouvoirs restreints".

9 ACCIOLY, H; NASCIMENTO E SILVA, G. E. do; CASELLA, P. B. Manual de direito internacional público. São Paulo: Saraiva, 2011. p. 249.

10 Em lo que se refiere a la concresión y a la extracción de normatividad, KOSKENNIEMI, M. *From apology to utopia*: the structure of international legal argument. Nova Iorque: Cambridge University Press, 2005.

La aproximación de la moralidad al derecho permitió que la concreción se realizara de manera alternativa a lo establecido por la teoría jurídica tradicional. El poder de concretar la voluntad se transformó en la revelación del mejor derecho bajo parámetros valorativos. El aplicador del derecho pasó, entonces, a relativizar lo formalmente establecido utilizando una supuesta razón práctica que no se reconocía como decisionismo.

Si las teorías jurídicas positivistas tradicionales tienen dificultades para posicionar el derecho internacional en sus marcos dogmáticos y sugieren la proximidad del orden internacional a la política, los teóricos contemporáneos que defienden la sinergia entre reglas y principios tampoco liquidan el debate en definitivo cuando no logran adaptar sus perspectivas internas de subordinación a la coordinación propria de la relación entre Estados.

3. CICLOS, EXPANSIÓN Y RETRACCIÓN

La historia de las relaciones entre grupos humanos se desarrolla en ciclos de mayor o menor expansión de lo jurídico sobre lo político[11]. Las reglas del derecho internacional y su institucionalidad se imponen a la soberanía y a la voluntad de los Estados en momentos de concordia y se retraen desafiadas cuando hay discordia, conflictos y en situaciones extremas de guerra[12].

---

11 BOBBIO, N.; MATTEUCCI, N.; PASQUINO, G. *Dicionário de política* – Vol. 1. Brasília: Editora Universidade de Brasília, 2010. p. 349, "in verbis": "[...] a conexão entre Direito entendido como ordenamento normativo coativo e política torna-se tão estreita, que leva a considerar o Direito como o principal instrumento através do qual as forças políticas, que têm nas mãos o poder dominante em uma determinada sociedade, exercem o próprio domínio." CASELLA, P. B. Conceito de sistema, contexto internacional e pós-modernidade. In: ADEODATO, J. M.; BITTAR, E. C. B. (Org.)-*Filosofia e Teoria Geral do Direito*: estudos em homenagem a Tércio Sampaio Ferraz Junior por seu septuagésimo aniversário. São Paulo: Quartier Latin, 2011. p. 1002. "In verbis": "O direito tem difícil relação com o poder: nem pode estranhá-lo, e pretender manter-se distante deste, sob pena de deixar de ser direito, nem pode se confundir com este, e igualmente deixar de ser direito."

12 SIMMA, B. From bilateralism to community interest in international law. In: *Recueil des Cours*. Academie de Droit International de la Haye, Volume 250, 1994-

En los últimos 100 años esos ciclos de expansión y de retracción se dieron en varios momentos. Los antecedentes inmediatos de la institucionalidad internacional actual, por ejemplo, resultaron del ciclo inmediatamente posterior a la primera guerra mundial.

Importa resaltar, sin embargo, que la arquitectura actual del derecho internacional no es un producto directamente vinculado a ese periodo histórico, pero justamente a partir de las formulaciones estructurales originarias de aquellos años varias organizaciones internacionales o algunos de sus órganos se desarrollaron[13].

La necesidad de una solución permanente para garantizar la paz se reflejó, por ejemplo, en la creación de la Liga de las Naciones y, en su marco, en la instalación de la Corte Permanente de Justicia Internacional-CPJI. Respecto a la CPJI —y consideradas sus características jurisdiccionales de carácter judicial y su intensa actuación— su importancia no se redujo al ejercicio de atribuciones típicas y consagró la institucionalización definitiva del derecho internacional contemporáneo[14].

VI, pp. 217-384. pp. 258-259. "In verbis": "With regard to the institutional structure of the United Nations, it reminds us of domestic constitutions in several respects: thus, Article 2 codifies not only the ground rules for the activities of the organization, but also the principles which are to govern the overall political system, that is, sovereign equality, the prohibition of the threat or use of force, good faith and the principle of the intangibility of the 'domaine réservé'. As to the internal structure of the United Nations, it reminds of the traditional separation of the executive, legislative anti judicial powers in ways on which I will elaborate a little latter. Chapters VIII and IX of the Charter aim at the integration of all other international organizations into the overarching system of the United Nations. According to Article 103, the Charter claims priority over all other international legal obligations of its Member States. Further, as was just mentioned, Article 2, paragraph 6, even deals with non-members. And to repeat once more the most fundamental point: the organization claims a monopoly with regard to the legitimate use of force, with the sole exception of the right of (individual or collective) self-defence."

13 YUEN-LI, L. Le développement et la codification du droit international. In: *Recueil des Cours*. Academie de Droit International de la Haye, Volume 73, 1948-II, pp. 407-532.

14 CALOYANNI, M. A. L'organisation de la Cour permanente de justice et son avenir. In: *Recueil des Cours*. Academie de Droit International de la Haye, Volume 38, 1931-IV, pp. 651-786. pp. 655-656. Tembién BOWETT, D. W. Contemporary developments in legal techniques in the settlement of disputes. In: *Recueil des Cours*. Academie de Droit International de la Haye, Volume 180, 1983-II, pp. 169-235. p. 177.

El momento de fortalecimiento orgánico fue tremendamente impactado por la crisis económica mundial que resultó de los eventos de 1929. El panorama que favorecía a la construcción de alternativas pacíficas para la solución de conflictos internacionales cambió muy rápidamente hacia una retracción de lo jurídico.

De esa retracción representada por soluciones políticas que ya no seguían el espíritu de aprecio a las reglas establecidas o a los principios reconocidos resultó la ruptura global en la segunda guerra mundial entre 1939 y 1945[15].

Los hechos económicos y sus repercusiones políticas erosionaron la frágil institucionalidad internacional conquistada entre las dos grandes guerras. Las características más salvajes de las soberanías contagiaron las relaciones entre las sociedades y la violencia suspendió en aquellos años la posibilidad de concretar una forma internacional de convivencia humana basada en el derecho.

La guerra —como forma más extremada de conflicto entre sociedades— impide que la política y que el derecho ejerzan sus funciones centrales de administración de las relaciones de poder[16]. El concepto

---

15 KUNZ, J. L. La crise et les transformations du droit des gens. In: *Recueil des Cours*. Academie de Droit International de la Haye, Volume 88, 1955-II, pp. 01-104. p. 09.

16 VASCONCELOS, R. C. de. *Teoria do estado e a unidade do direito internacional-* domesticando o rinoceronte. Belo Horizonte: Arraes, 2016. se abordo com profundidad la vinculación existente entre política, poder y fuerza conforme BOBBIO, N.; MATTEUCCI, N.; PASQUINO, G. *Dicionário de política* – Vol. 1. Brasília: Editora Universidade de Brasília, 2010. p. 954. "In verbis": "Derivado do adjetivo originado de pólis (politikós), que significa tudo o que se refere à cidade e, conseqüentemente, o que é urbano, civil, público, e até mesmo sociável e social, o termo Política se expandiu graças à influência da grande obra de Aristóteles, intitulada Política, que deve ser considerada como o primeiro tratado sobre a natureza, funções e divisão do Estado, e sobre as várias formas de Governo, com a significação mais comum de arte ou ciência do governo, isto é, de reflexão, não importa se com intenções meramente descritivas ou também normativas, dois aspectos dificilmente discrimináveis, sobre as coisas da cidade.... Dessa atividade a pólis é, por vezes, o sujeito, quando referidos à esfera da Política atos como o ordenar ou proibir alguma coisa com efeitos vinculadores para todos os membros de um determinado grupo social, o exercício de um domínio exclusivo sobre um determinado território, o legislar através de normas validas erga omnes, o tirar e transferir recursos de um setor da sociedade para outros, etc.;

de poder se refiere a maneras de expresar la fuerza, que puede ser física, económica, cultural, militar u otra[17]. En una guerra, no hay espacio para la administración del poder y todo se reduce a su ejercicio[18].

Toda destrucción exige posterior reconstrucción.

Reconstrucciones no significan, sin embargo, la necesaria reproducción de fórmulas y amplias renovaciones son posibles. El derecho internacional posterior a la segunda guerra mundial reprodujo algunos elementos anteriormente bastante exitosos, pero el contexto político permitió mayor cooperación y la celebración de tratados y la creación de instituciones bastante más contundentes y promisoras.

De hecho, ese movimiento político a partir de 1945 produjo organizaciones internacionales y sistemas jurídicos más complejos y maduros que los anteriores. El segundo ciclo de expansión del derecho internacional contemporáneo se desarrolló con alguna limitación, pero de forma muy exitosa, mientras dos superpotencias polarizaban el ambiente global. La Organización de las Naciones Unidas, que relanzó de forma totalmente reestructurada la iniciativa de la Liga de las Naciones, inauguró, por ejemplo, un nuevo modelo de administración de la paz.

La prohibición definitiva de la guerra de conquista y la concentración de la defensa y promoción de la paz en un órgano específi-

---

outras vezes ela é objeto, quando são referidas à esfera da Política ações como a conquista, a manutenção, a defesa, a ampliação, o robustecimento, a derrubada, a destruição do poder estatal, etc.... Uma prova mais recente é a que se pode deduzir do uso enraizado nas línguas mais difundidas de chamar história das doutrinas ou das ideias políticas ou, mais genericamente, história do pensamento político à história que, se houvesse permanecido invariável o significado transmitido pelos clássicos, teria de se chamar história da Política, por analogia com outras expressões, como história da física, ou da estética, ou da ética: uso também aceito por Croce que, na pequena obra citada, intitula Para a história da filosofia da política o capítulo dedicado a um breve excursus histórico pelas políticas modernas."

17 Sobre a relação direta entre poder e força, FLEINER-GERSTER, T. *Teoria geral do estado.* São Paulo: Martins Fontes, 2006. p. 246.

18 Especificamente no que se refere ao poder e aos conteúdos teóricos a ele relacionados, BOBBIO, N. *Estado, governo, sociedade*; por uma teoria geral da política. Rio: Paz e Terra, 1987. p. 82.

co —el Consejo de Seguridad de las Naciones Unidas— cambió los límites del ejercicio del poder soberano por los Estados y asentó las relaciones entre los sujetos de derecho internacional definitivamente en la normatividad establecida y reconocida por la sociedad internacional[19].

La expansión orgánica no se limitó al multilateralismo político. Iniciativas económicas de promoción y facilitación de flujos comerciales y de reducción de tarifas entre mercados llevaron a la celebración del GATT —Acuerdo General de Tarifas y Comercio— en 1947 y la creación y el fortalecimiento de estructuras regionales cómo aquellas de las comunidades fundacionales de la Unión Europea actual.

El equilibrio político entre las dos superpotencias dominantes dominaba la agenda de la institucionalidad internacional, pero no impedía su desarrollo. Los cambios políticos entre los años 1980 y 1990 impactaron, sin embargo, directamente esa dinámica y aceleraron sobremanera la institucionalización y el establecimiento de marcos normativos internacionales para los más diversos temas y asuntos en la última década del siglo XX[20].

Nunca antes tantos tratados habían sido celebrados, tantas organizaciones internacionales surgido y tantos sistemas de solución de controversias internacionales estructurados. Los años noventa fueron los años del derecho internacional y remarcaron momento de extrema expansión de su institucionalidad.

---

19 Respecto al término "Sociedad internacional" VELASCO, M. D. de. Instituciones de derecho internacional público – Tomo I. Madrid: Editorial Tecnos, 1978. p. 44. También MELLO, C. D. de A. Curso de direito internacional público – v 1. Rio: Renovar, 1994. p. 45. "In verbis": "A comunidade apresentaria as seguintes características: formação natural; vontade orgânica (energia própria ao organismo, manifestando-se no prazer, no hábito e na memória); e os indivíduos participariam de maneira mais profunda na vida em comum. A comunidade é uma criação de cooperação natural 'anterior a uma escolha consciente de seus membros' [...] A sociedade já possuiria caracteres diferentes: formação voluntária, vontade refletida (seria produto do pensamento, dominada pela idéia de finalidade e tendo como fim supremo a felicidade); e os indivíduos participariam de maneira menos profunda na vida em comum. A comunidade estaria regida pelo direito natural, enquanto a sociedade se encontraria sob o contrato."

20 VASCONCELOS, R. C. de. *Teoria do estado e a unidade do direito internacional*-domesticando o rinoceronte. Belo Horizonte: Arraes, 2016. pp. 23-24.

Pero la historia es cíclica y también son cíclicas las consecuencias de ese movimiento para el derecho.

2020 es un año especialmente desafiador. Una pandemia produjo profundos impactos en las relaciones humanas y los resultados de ese proceso no son todavía conocidos. Teniendo en cuenta eso, se equivoca el profesional de derecho internacional que reconoce la pandemia y sus efectos como causa de los problemas y de los retos actuales del derecho internacional.

Los desafíos ya existían y los retos preexistían a la pandemia. El contexto caótico de 2020 produjo muy pocas novedades y, en realidad, simplemente potencializó las tensiones, las fragilidades y las divisiones que ya desafiaban el derecho internacional históricamente.

El ciclo actual es claramente de retracción y ese ciclo se reforzó en tiempos de pandemia. Pero ciclos de retracción y de expansión se alternan en la historia del derecho internacional y de su institucionalidad.

Nada es definitivo.

Los éxitos no son definitivos, pero tampoco definitivos son los fracasos.

4. LOS INTERNACIONALISTAS EN DOS GRUPOS

Muchos de los profesionales de derecho internacional se dividen en la actualidad en dos grupos principales: los negacionistas y los catastrofistas.

Los dos grupos son muy distintos y están posicionados en extremos. Extremos organizados en una dinámica que contribuye muy poco para la reversión del escenario actual de retracción normativa e institucional del derecho internacional.

En el primer grupo, de los que niegan las amenazas al orden jurídico global, están todos aquellos investigadores, profesores y profesionales que investigan, enseñan y trabajan los temas del derecho internacional como si todo estuviese funcionando a plena normalidad.

No está.

Impresiona escuchar una charla que trate de la Unión Europea en abordaje totalmente dogmático sin referencias a la salida del Reino Unido de la organización o mención al fallo Weiss de la Corte Constitucional alemana —BverfG— y a sus efectos impredecibles[21].

Asusta leer análisis de decisiones de la Corte Interamericana de Derechos Humanos —Corte IDH— sin apuntes críticos al cumplimiento —o al no cumplimiento— de decisiones de ese órgano jurisdiccional por los Estados. En otro rubro temático, es una ilusión también tratar, por ejemplo, del derecho internacional de los refugiados sin admitir que las violaciones son generalizadas y practicadas por Estados partes de los grupos más insospechados.

Los que niegan a los retos, hablan de un derecho internacional que no existe.

Del otro lado están los catastrofistas.

Ese segundo grupo trata el conjunto de factores que amenazan al derecho internacional y a su institucionalidad como dinámica irreversible.

Las denuncias de tratados, los Estados dejando de participar de organizaciones internacionales y los tribunales nacionales desafiando a la normatividad de convenciones son tomados como señales de fracaso absoluto del derecho de las gentes[22]. Comentarios en ese sentido son frecuentes en los medios de comunicación con respecto al MERCOSUR, por ejemplo, pero también existe doctrina jurídica importante que defiende la disolución de la Organización de las Na-

---

21 https://ec.europa.eu/info/relations-united-kingdom/eu-uk-withdrawal-agreement_es y https://www.bundesverfassungsgericht.de/SharedDocs/Entscheidungen/DE/2020/05/rs20200505_2bvr085915.html

22 Se adopta para este artículo la misma posición respecto a los términos: VASCONCELOS, R. C. de. *Teoria do estado e a unidade do direito internacional*-domesticando o rinoceronte. Belo Horizonte: Arraes, 2016. p. 22, "in verbis": "No presente estudo, "direito internacional", 'direito das gentes' e 'direito interestatal' serão, portanto, utilizados de forma indiscriminada como sinônimos por opção mais relacionada a estilo que a padrões lógicos de uso. Não serão feitas em relação a nenhum deles, portanto, referências históricas ou conceituais específicas não expressamente indicadas."

ciones Unidas o, en contexto reciente, de la Organización Mundial de la Salud específicamente también[23].

Los extremos no aportan a la resolución de los problemas del derecho y de la política internacional. ¿Pero cuáles serían las características —o estrategias— para la consolidación de una postura activa y resolutiva del internacionalista para el enfrentamiento de los retos del mundo actual?

¿Cuál es la misión del internacionalista?

5. EL DERECHO INTERNACIONAL CONSTRUIDO A PARTIR DE LAS CRISIS

En primer lugar, las crisis no deben ser consideradas ajenas al derecho internacional. Las crisis políticas, las guerras, las pandemias, los desastres y todo más que sea inusitado funciona como combustible para el desarrollo del orden jurídico internacional.

Si bien es posible que a corto plazo lo inesperado le cause a la relación entre los pueblos una retracción normativa y estructural importante, las soluciones que llevan a la superación de los desafíos y retrocesos proyectan a lo largo de la historia grandes expansiones al término de esos ciclos desafiadores.

El derecho internacional se construye a partir e impulsado por las crisis.

Las crisis son un elemento del orden mundial y no necesariamente un contrapunto a sus estructuras. Es decir, los retos que se presentan de forma muchas veces inesperadas pueden llevar la institucionalidad global, al final, a avances importantes e inesperados.

Eso es así porque las amenazas que, en un primer momento, promueven rupturas cómo, por ejemplo, la denuncia de tratados, son después administradas de forma a permitir el surgimiento de nuevos ajustes y la sustitución del marco normativo anterior por nuevos tra-

---

23 DOLINGER, J. The case for closing the UN: international human rights: a study in hypocrisy. Jerusalem: Gefen Publishing House, 2016.

tados —normalmente más maduros y más habilitados a perfeccionar la reglamentación de las relaciones jurídicas internacionales.

El símbolo más fuerte de esa dinámica, conforme mencionado anteriormente, es la guerra.

La guerra era en su momento un derecho de los reinos y pueblos, cuando entonces, en el origen de los marcos del derecho internacional actual, tuvo sus primeras contenciones jurídico-filosóficas que se le pasaron a exigir justificativas para ser ejercida como un derecho.

Ya en el siglo XIX, en respuesta a los efectos de las guerras surgieron las primeras limitantes del derecho internacional humanitario, consolidado en el siglo XX cuando, por fin, la conquista dejó de ser un derecho de los Estados y todo el orden internacional pasó a estructurarse de forma a cumplir con esa prohibición[24].

Los contextos de crisis son cíclicos y el derecho internacional incorpora esas experiencias en una dinámica de seguidas retracciones y expansiones. Los retos amenazan a las estructuras existentes, pero la intensidad de la destrucción es proporcional al impulso posterior que promueve a la reconstrucción.

---

24 SIMMA, B. From bilateralism to community interest in international law. In: *Recueil des Cours*. Academie de Droit International de la Haye, Volume 250, 1994-VI, pp. 217-384. pp. 258-259. "In verbis": "With regard to the institutional structure of the United Nations, it reminds us of domestic constitutions in several respects: thus, Article 2 codifies not only the ground rules for the activities of the organization, but also the principles which are to govern the overall political system, that is, sovereign equality, the prohibition of the threat or use of force, good faith and the principle of the intangibility of the 'domaine réservé'. As to the internal structure of the United Nations, it reminds of the traditional separation of the executive, legislative anti judicial powers in ways on which I will elaborate a little latter. Chapters VIII and IX of the Charter aim at the integration of all other international organizations into the overarching system of the United Nations. According to Article 103, the Charter claims priority over all other international legal obligations of its Member States. Further, as was just mentioned, Article 2, paragraph 6, even deals with non-members. And to repeat once more the most fundamental point: the organization claims a monopoly with regard to the legitimate use of force, with the sole exception of the right of (individual or collective) self-defence."

6. LOS INTERNACIONALISTAS DEL TERCER GRUPO

Entre los negacionistas y los catastrofistas, está el internacionalista responsable. El internacionalista que identifica con sabiduría su misión.

¿Pero cuáles son las características de los profesionales que tienen presente que existen desafíos, que el poder soberano es un obstáculo, que la política es inevitable, pero que aún creen en el derecho internacional cómo instrumento fundamental para organizar la relación entre los pueblos?

Son básicamente dos características que deben ser cultivadas por eses profesionales. De un lado, es importante actuar positivamente respecto a la preservación de la institucionalidad amenazada por los períodos de retracción cíclica. En tiempos de derecho internacional arrinconado, las críticas más contundentes y fuertes a los órganos internacionales que no cumplen sus funciones de manera eficiente, a las organizaciones internacionales inoperantes y a los sistemas de solución de controversias vaciados deben ser guardadas en un cajón.

Las amenazas cíclicas deben ser combatidas por perspectivas que valoren al orden jurídico internacional y remarquen su importancia y finalidad. ¿De qué sirve a un internacionalista criticar a organizaciones internacionales en momentos en que Estados las desean dejar? Son actitudes que traen más daño al derecho internacional y que contribuyen para la erosión de sus estructuras.

El análisis crítico del marco jurídico internacional es importante, pero contribuye a su desarrollo cuando los sujetos de derecho internacional trabajan para su expansión y consolidación. En las crisis desafiadoras, todos deben concentrar sus esfuerzos en la preservación de la institucionalidad común global y en proteger a lo que resta de esas estructuras.

La actitud positiva respecto a la preservación institucional debe ser acompañada por perspectivas propositivas, la segunda característica del internacionalista responsable en momentos de retos.

De nada sirve la resignación o el esfuerzo para mantener a los órganos existentes si el profesional del derecho internacional no piensa la reconstrucción futura del orden normativo, es decir, su desarrollo y fortalecimiento cuando de la superación de los ciclos de retracción.

En tiempos de crisis cíclicas, los internacionalistas deben proteger la institucionalidad y el derecho remaneciente y pensar la reconstrucción futura. Proteger y reconstruir: la misión del internacionalista ante las amenazas al derecho internacional.

7. CONCLUSIÓN

El derecho internacional puede ser considerada la rama más sincera del derecho porque no se puede exigir de los profesionales que trabajan con la relación entre sujetos internacionales la negación de la política.

De hecho, tanto el positivismo tradicional, inseguro para caracterizar el orden normativo internacional como derecho, como las teorías jurídicas más contemporáneas, que admiten las perspectivas valorativas, logran explicar en definitivo las dinámicas, los desafíos y la forma como el derecho internacional se desarrolla.

El panorama de la relación del derecho internacional con la política es necesario para la comprensión de su construcción sistémica que se desarrolla en fases claramente relacionadas a grandes crises. Los ciclos de retracción y de expansión del derecho internacional son parte de su desarrollo natural y las crisis —con sus retos— son naturales e incorporan sus características.

Los internacionalistas que niegan las amenazas de los ciclos de retracción o que las toman como disrupción definitiva del orden internacional no contribuyen al derecho internacional.

Ante a los retos, el internacionalista responsable debe, en primer lugar, admitir la especial relación del derecho internacional con la política para, de forma estratégica, actuar para proteger a la institucionalidad amenazada y al mismo tiempo proyectar la reconstrucción de las estructuras erosionadas.

Tercera Parte

DESAFÍOS DEL (DES) ORDEN INTERNACIONAL PARA LA DIGNIDAD Y LOS DERECHOS HUMANOS

Una Europa diversa ante la pandemia del odio

JOSÉ DÍAZ LAFUENTE
Profesor de Relaciones Internacionales
Universidad Complutense de Madrid

1. INTRODUCCIÓN: LA DEFENSA DE LOS DERECHOS HUMANOS Y LA DIVERSIDAD EN LOS ORÍGENES DE LA UNIÓN EUROPEA

La Unión Europea se ha ido forjando con el paso de las décadas como un proyecto de integración basado en la paz y en la solidaridad cuya génesis radica en las cenizas de una Europa desolada y traumatizada por las atrocidades de la II Guerra Mundial. Del horror perpetrado por la ceguera del odio y la ignorancia, nace el compromiso interno y externo de la Unión Europea con los derechos humanos, la democracia y el Estado de Derecho, siguiendo la tradición jurídico-política de sus Estados miembros. Un compromiso que ha ido evolucionando de forma orgánica, como destaca Wouters[1], hasta su pleno arraigo constitucional en el actual Tratado de Lisboa.

---

1 WOUTERS, J., "From an economic community to a union of values: the emergence of the EU's commitment to human rights", en WOUTERS, J. (ed.) *The European Union and human rights: law and policy,* Oxford University Press, 1ª ed., 2021. p. 11.

Este reconocimiento paulatino por parte de la UE de los derechos humanos ha sido impulsado tanto por factores vinculados con la legitimidad interna de la Unión (protección de los derechos de la ciudanía europea, búsqueda de la cohesión social en una Unión cada vez más diversa, avance en el reconocimiento de un sistema constitucional implícito de "frenos y contrapesos"[2]), como por aquellos factores vinculados a la legitimidad exterior de la UE en cuanto actor global que persigue fomentar la paz, la estabilidad y la prosperidad más allá de sus fronteras.

Es decir, la protección de los derechos humanos ha emergido como una dimensión nuclear de la identidad y del propio funcionamiento de la Unión Europea, no sólo como elemento fundamental del ADN de la UE, común a todos sus Estados miembros[3], sino como requisito previo para el acceso de los países candidatos a la UE, así como factor clave de la identidad exterior de la UE en cuanto potencia normativa en el escenario internacional[4].

En este sentido, podemos afirmar que la defensa de la paz y la protección de los derechos fundamentales constituyen el *leitmotiv* del propio proceso de integración europea. Si bien disfrazado de un alumbramiento eminentemente económico, el espíritu de la propia Unión siempre ha ido en busca de la reconciliación de viejos enemigos y de la integración entre vecinos hasta conseguir que el recurso a la guerra entre Estados europeos no constituya una opción viable. Podemos encontrar vestigios de esta narrativa, tan arraigada en el europeísmo, en la Declaración de Schuman, de 9 de mayo 1950, reflejada en parte posteriormente en el preámbulo del Tratado de París de 1951 por el que se constituyó la Comunidad Europea del Carbón y del Acero (CECA):

---

2 *Ibídem.*

3 DÍAZ LAFUENTE, J., "Europa ante las amenazas contra el Estado de Derecho: análisis de los mecanismos judiciales, convencionales y políticos para su protección", en FERNANDES MONICA, E., LUIZ HANSEN, G. et SUÁREZ BLÁZQUEZ, G. (eds.), *Democracia, totalitarismo y gestión institucional: lecturas transversales*, 2021, p. 243.

4 MANNERS, I. "Normative Power Europe reconsidered: beyond the crossroads", *Journal of European Public Policy*, n.º 13. Vol. 2 (2006), 182-199.

> *"La paz mundial no se puede salvaguardar sin hacer esfuerzos creativos proporcionados a los peligros que la amenazan. La contribución que una Europa organizada y viva puede aportar a la civilización es indispensable para el mantenimiento de relaciones pacíficas".*

Casi setenta años después, la Declaración del Consejo Europeo de Sibiu de 9 de mayo de 2019 reafirma de nuevo que la UE es "impulsada por sus valores y libertades y que ha proporcionado estabilidad y prosperidad a toda Europa, tanto dentro como fuera de sus fronteras"[5]. Como puede observarse, ambas declaraciones vinculan la integración europea con la defensa de los derechos fundamentales y con la promoción de la paz mundial.

Sin embargo, conviene cuestionarnos si la protección de los derechos humanos y la promoción de la paz suponen la propia causa del nacimiento de la UE o si dicha defensa se ha ido cristalizando progresivamente como resultado del propio proceso de integración. Ninguno de los dos supuestos le resta relevancia al proyecto europeísta, pero este cuestionamiento nos permite reflexionar sobre si la UE se constituye gracias a una integración previa de los valores humanistas y kantianos que nos unen, fruto de unas tradiciones jurídicas maduras, o, por el contrario, por el miedo y la necesidad de evitar una nueva guerra, miedo que, si queda estanco, nos podría seguir haciendo presos de un perpetuo juego de fuerzas y de una desconfianza internalizada sobre nuestra propia identidad en cuanto *demos* europeo.

Es decir, podríamos también preguntarnos si la defensa de los derechos fundamentales y la promoción de la paz, en cuanto valores comunes europeos, constituyen lo que viene denominándose en la doctrina especializada un mito fundacional oculto en la retórica institucional. Este es el argumento defendido por Smismans quien entiende que la promoción de los derechos fundamentales no forma parte de la acción institucional inicial de la CEE y que, gracias a varios discursos entrelazados, se ha ido reconociendo, retrospectiva-

---

5 CONSEJO EUROPEO. Declaración de Sibiu. 9 de mayo de 2019. Disponible en: https://www.consilium.europa.eu/es/press/press-releases/2019/05/09/the-sibiu-declaration/

mente, tal defensa de los derechos humanos como inherente al proyecto europeísta basado en un patrimonio jurídico común europeo[6].

Aunque en los primeros Tratados constitutivos ya podría observarse la esencia de lo que luego devendría en el sistema de protección de derechos fundamentales de la UE gracias a una serie de disposiciones, como aquellas relativas a la libertad de circulación de los trabajadores (arts. 48 a 51), a la prohibición de la discriminación por motivos de nacionalidad (art. 7) y al principio de igualdad salarial entre las mujeres y los hombres (art. 119), podría afirmarse, como apunta Napoli, que tales derechos socioeconómicos incluidos en el Tratado de Roma de 1957 fueron reconocidos sólo como elementos de un ordenamiento jurídico diseñado con objetivos puramente económicos[7].

De hecho, debe recalcarse la labor del Tribunal de Justicia (TJUE) como la responsable de reconocer los derechos fundamentales como principios generales del Derecho comunitario desde finales de la década de 1960, a través de una nutrida jurisprudencia que ha sido calificada por Mancini como la contribución más notable que ha hecho el Tribunal de Luxemburgo al desarrollo de un ordenamiento constitucional europeo[8]. De hecho, aunque durante las décadas de los 60 y los 70, los derechos humanos fueron cobrando cada vez más relevancia en el trabajo de las Instituciones, no sería hasta mediados de la década de los 80, y principios de la de los 90, que los Tratados de la UE hicieran referencia a los derechos fundamentales[9].

A partir de la última década del siglo XX y principios de la primera del XXI, asistimos a un proceso de aceleración de los debates jurídico-políticos vinculados a los derechos humanos con cuestiones como la adhesión al Convenio Europeo de Derechos Humanos, aún pendiente de efectivo cumplimiento, el uso de "cláusulas de dere-

---

6 SMISMANS, S., 'The European Union's Fundamental Rights Myth', Vol. 48, *Journal of Common Market Studies*, 2010, p. 45.

7 NAPOLI, D., 'The European Union's Foreign Policy and Human Rights', en NEUWAHL, A. et ROSAS, A. (eds.), *The European Union and Human Rights*, Martinus Nijhoff Publishers, 1995, pp. 297-299.

8 MANCINI, F., 'The Making of a Constitution for Europe', *Common Market Law Review*, Vol. 26 (4), p. 611.

9 WOURTERS, J., *Op. cit.*, p. 18.

chos humanos" en los acuerdos celebrados con terceros países, y la elaboración y promulgación de la Carta de Derechos Fundamentales de la UE. Sin lugar a duda, el avance más significativo, que consagró la defensa de los derechos fundamentales como valor propio de la UE, vino con la entrada en vigor del Tratado de Lisboa el 1 de diciembre de 2009.

Actualmente, la Unión Europea se fundamenta, de acuerdo con el artículo 2 del Tratado de la UE (TUE), en los valores de respeto de la dignidad humana, la libertad, la democracia, la igualdad, el Estado de Derecho y el respeto de los derechos humanos, incluidos los derechos de las personas pertenecientes a minorías. Estos valores son comunes "a los Estados miembros en una sociedad caracterizada por el pluralismo, la no discriminación, la tolerancia, la justicia, la solidaridad y la igualdad entre mujeres y hombres". Además, la defensa de los derechos fundamentales no sólo constituye uno de los valores sobre los que se asienta la Unión, sino también uno de sus objetivos para la acción comunitaria (artículo 3 del TUE) y uno de los principios que debe guiar el funcionamiento de las Instituciones en el ejercicio de sus competencias (artículo 6 del TUE).

Esta triple naturaleza (valor-objetivo-principio) de la defensa de los derechos fundamentales para la UE refleja su arraigo constitucional y su relevancia sociopolítica, pero también revela el elevado grado de compromiso con los mismos adquirido por un club comunitario cada vez más diverso.

De hecho, lo que sí que es irrefutable es que la diversidad conforma nuestra propia identidad en cuanto *demos* europeo. Una diversidad que nos nutre y enriquece siempre que sepamos sentirnos orgullosos de ella, articularla en términos constructivos y positivos y defenderla de forma efectiva para evitar que sea el subterfugio propicio para canalizar y cultivar el odio, el miedo y la ignorancia latentes ante lo plural y lo desconocido.

Conviene recordar que la diversidad en la Unión ha sido sacralizada como símbolo, junto con su bandera y su himno. El lema de la Unión Europea, de acuerdo con la Declaración n.º 52 de los Estados miembros del Tratado de Lisboa, es "unidos en la diversidad" (en latín, *in varietate concordia*). Dos décadas antes del nacimiento de la Unión, Ortega y Gasset ya apreciaba esta característica esencial e intrínseca de su propia naturaleza, considerando que: "Europa es un enjambre de distintas abejas y un solo vuelo"[10]. De este modo, el principal desafío consiste en cómo articulamos de forma común y consensuada nuestra propia diversidad para poder avanzar unidos. Y para ello, conviene puntualizar que el foco no debe recaer sólo en identificarnos con la diversidad en sí misma, sino en identificarnos con la forma en que articulamos dicha diversidad para que, siguiendo al pensador búlgaro Todorov, la diferencia se convierta en identidad y la pluralidad en unidad[11].

Lograr un equilibrio entre la unidad y la diversidad resulta una empresa crucial para la promoción de la paz y la defensa de los derechos fundamentales en Europa. En opinión de Giscard d'Estaing, uno de los principales arquitectos del proyecto europeísta, la diversidad constituye el patrimonio genético de nuestro continente[12]. Un continente en el que faltan factores unificadores como una lengua única, una religión común o un poder centralizado capaz de imponer un modelo europeo uniforme. Como no es posible confiar en la asimilación que provoca una lengua común (como en Estados Unidos, por ejemplo, que, sin embargo, es ya de facto un país multilingüe) o en la presencia de un pueblo dominante (como en China, país en el que el 80 % de la población es de la etnia Han), Europa tiene que reorganizar su identidad a partir del reconocimiento de su diversidad y nunca en contra de su diversidad.

Sin embargo, la pandemia producida por la COVID-19, el consecuente fortalecimiento de las fronteras nacionales y el regreso a las relaciones de poder estatocéntricas, así como los aún inciertos efectos socioeconómicos de las limitaciones a la libertad de circulación o permanencia de las personas y el miedo paralizante han exacerba-

---

10 ORTEGA Y GASSET, J. *La Rebelión de las Masas*, en el Prólogo para franceses, mayo de 1937, escrito en su exilio en los Países Bajos, publicado por Espasa-Calpe, Madrid, 1976.

11 Véase, entre otras obras: TODOROV, T., *On Human Diversity: Nationalism, Racism, and Exoticism in French Thought*, Harvard University Press, 1993.

12 Véase PARLAMENTO EUROPEO, Think tank, *Valéry Giscard d'Estaing: The optimist of the European integration process*", 2021, Disponible en: *https://www.europarl.europa.eu/thinktank/en/document/EPRS_BRI(2021)679104*

do los índices de violencia, de discriminación y de exclusión social principalmente contra aquellas personas consideradas distintas, disidentes, excluidas o inferiores a determinados patrones normativos sociales.

En distintos países europeos, la pandemia ha servido como pretexto para que los gobiernos consoliden políticas restrictivas de libertades y derechos, limitándose determinados derechos fundamentales a personas migrantes, a personas racializadas, a mujeres y personas lesbianas, gais, bisexuales, transexuales e intersexuales (LGBTI) y a otros grupos étnicos y religiosos. Además, las medidas de confinamiento y la consiguiente recesión económica han generado desempleo, inseguridad alimentaria y acceso desigual a la educación a distancia incrementándose las desigualdades sociales ya existentes.

Tras superar los estragos de la pandemia del coronavirus, Europa, ahora más que nunca, tiene que hacer frente a las causas subyacentes y a los efectos cada vez más visibles de otra pandemia latente que atenta, pero que paradójicamente también se cultiva, en contra y por motivo de su propia naturaleza diversa: la pandemia del odio.

2. LA UNIÓN EUROPEA DEL S. XXI: ¿UNA COMUNIDAD DE VALORES EN CRISIS?

El proyecto europeo de posguerra fue pergeñado como una forma de liberarse de las garras de las patologías ideológicas vinculadas al Estado y como un modelo de gobierno tecnocrático post-ideológico dedicado al bienestar de los ciudadanos[13], lo que algunos autores, como Chalmers, han referido como el "sueño eurócrata"[14]. Es decir, el europeísmo simplemente se mantuvo como lo que McCormick denomina una "sociología transnacional", que parte de la premisa de que los europeos de diferentes nacionalidades comparten un con-

---

13 WHITE, J. *Politics of Last Resort: Governing by Emergency in the European Union*, Oxford University Press, 2019.

14 CHALMERS, D. et al. *The end of the Eurocrats' dream*. Cambridge University Press. 2016.

junto de factores comunes: como el secularismo, el multiculturalismo o la defensa del Estado del bienestar[15].

Superada ya la idea del eurocratismo neutro, hoy en día, el europeísmo basado en los pilares centrales de la doctrina kantiana de cosmopolitismo, federalismo y constitucionalismo europeos, debe entenderse, sin prejuicios ni disculpas, como parte de una ideología en sí misma, es decir, como un sistema de pensamiento político que, en palabras de Freeden, pueda llegar a ser "más laxo o más rígido, más deliberado o más inintencionado"[16], a través del cual las personas y los grupos europeos construyen una comprensión del espacio político en el que habitan.

De hecho, la integración y la expansión aceleradas de la Unión Europea después de la Guerra Fría reforzó el marco de una "comunidad de valores", principalmente desde el Tratado de la Unión Europea, adoptado en 1992, más conocido como el Tratado de Maastricht. Debido a este acuerdo, la ciudadanía se convirtió en el epicentro de la tercera ola de la integración europea, con el fin de fortalecer la identidad europea y de ver incrementada la legitimidad de las Instituciones de la UE mediante la promoción de unos "valores compartidos" y de un patrimonio común como cimientos de la Unión. Al promover estos valores, la UE se propone lograr una "Unión cada vez más estrecha entre los pueblos de Europa" (Tratado de Lisboa). Es decir, la UE se revela como un proceso de integración económica y política en curso que se sustenta sobre una autoidentificación como un club diverso que comparte unos valores comunes.

En cuanto "comunidad de valores", siguiendo a Gerhards, la UE proporciona un discurso también cultural que deben seguir los Estados miembros[17]. Los valores fundamentales que componen dicho

---

15 MCCORMICK, J., *Europeanism*, Oxford University Press, 2010, visto en NICOLAIDIS, K., "Kant's mantle: cosmopolitanism, federalism and constitutionalism as European ideologies", *Journal of European Public Policy*, Vol. 27:9, 2020, p. 1308.

16 FREEDEN, M. *Ideologies and Political Theory: A Conceptual Approach*, Oxford University Press, 1996, visto en NICOLAIDIS, K. *op. cit.* p. 1310.

17 GERHARDS, J. et al., "Cultural differences between present and future member countries of the European Union-The example of family and gender concepts", *Zeitschrift Für Soziologie*, Vol. 32(3), 2003, pp. 206-225.

discurso están consagrados por los tratados y la legislación de la UE, que gozan de autonomía y prevalencia sobre la legislación nacional. Los Estados candidatos a la adhesión también deben implementar todo el cuerpo normativo de la UE (el *acquis communautaire*) antes de poder unirse. Incluso aquellos países de la Asociación Europea de Libre Comercio (EFTA) deben adoptar una parte sustancial de la legislación de la UE.

Resulta relevante mencionar, como dispone el artículo 2 del Tratado de Lisboa, que los valores europeos no son solo unos ideales elevados a los que las naciones europeas deben tender de forma progresiva, sino que dichos valores gozan de la condición de principios jurídicamente vinculantes. Es decir, constituyen la estructura ósea que sostiene toda la musculatura institucional y que debe articular toda acción política comunitaria.

Por ello, la Unión Europea cuenta con toda una serie de medidas jurídicas, económicas y políticas para evitar fracturas internas y para rehabilitar las lesiones producidas. Si el diálogo con un Estado miembro cuyo comportamiento sea contrario a los valores comunes no resuelve el problema, las Instituciones pueden recomendar al Consejo que determine la existencia de "un riesgo claro de una violación grave de los valores de la UE", y que active el artículo 7 del Tratado de la Unión Europea, lo que puede desencadenar en la suspensión de los derechos de voto de un Estado miembro, como hizo la Comisión contra el gobierno de Polonia en 2017, por socavar la independencia judicial y el Estado de Derecho, o el Parlamento Europeo contra el gobierno de Hungría al año siguiente, principalmente por vulnerar "el derecho a la igualdad de trato; los derechos de las personas pertenecientes a minorías, incluida la población romaní y los judíos, así como la protección frente a los mensajes de odio contra esas minorías y los derechos fundamentales de los migrantes, solicitantes de asilo y refugiados"[18].

---

[18] PARLAMENTO EUROPEO, Resolución de 12 de septiembre de 2018, sobre una propuesta en la que solicita al Consejo que, de conformidad con el artículo 7, apartado 1, del Tratado de la Unión Europea, constate la existencia de un riesgo claro de violación grave por parte de Hungría de los valores en los que se fundamenta la Unión (2019/C 433/09), Diario Oficial de la Unión Europea, C 433/66.

A su vez, la Comisión también puede incoar un procedimiento de infracción contra un Estado miembro ante el Tribunal de Justicia de la Unión Europea (TJUE), como realizó con éxito contra el gobierno de Polonia en 2019[19], cuando considere que determinadas actuaciones violen la legislación de la UE. Por último, la UE cuenta con el recién adoptado procedimiento de condicionalidad presupuestaria, cuyo objetivo es proteger el presupuesto de la UE en situaciones en las que el interés financiero de la Unión podría estar en peligro debido a deficiencias generalizadas en el respeto a los valores comunes en un determinado Estado[20].

Además, estos valores también deben regir la política exterior y de seguridad común europea (artículo 21 del TUE). No es una cuestión menor: siguiendo este "poder normativo" de la UE en la comunidad internacional, término acuñado por Manners[21], la Unión se ha convertido en el actor global más activo a la hora de ejecutar sanciones de política exterior en todo el mundo en defensa de la paz y de los derechos humanos[22].

Indudablemente, este elevado y exigente compromiso con los valores comunes, ha generado un impacto muy relevante en el *demos* europeo. Oshri, Sheafer y Shenhav han estimado en sus análisis que, con cada año de pertenencia a la UE, el apoyo a los valores democráticos ha crecido constantemente entre los Estados de la UE, concluyendo que la UE ha tenido un gran éxito en que tales valores permeabilicen hasta integrarse en su ciudadanía[23]. Akaliyski y Welzel,

---

19 SPIEKER, L.D. "Breathing Life into the Union's Common Values: On the Judicial Application of Article 2 TEU in the EU Value Crisis", *German Law Journal*, Vol. 20, 2019, pp. 1182-1213.

20 UNIÓN EUROPEA, Reglamento n.º 2020/2093 del Consejo de 17 de diciembre de 2020 por el que se establece el marco financiero plurianual para el período 2021-2027, Diario Oficial de la Unión Europea L 433 I/11, artículo 6

21 MANNERS, I., *"Normative Power Europe reconsidered: beyond the crossroads"*, *Journal of European Public Policy*, n. º 13. Vol. 2, 2006, 182-199.

22 HELLQUIST, E. et PALESTINI, P. "Regional sanctions and the struggle for democracy: introduction to the special issue", *International Political Science Review*, Volume 42, Issue 4, 2020.

23 OSHRI, O., SHEAFER, T. et SHENHAV, S. "A community of values: Democratic identity formation in the European Union", *European Union Politics*, Vol. 17(1), 2016, pp. 114-137.

por su parte, también han publicado estudios que indican que, desde el final de la Guerra Fría, los Estados de la UE han incrementado la promoción y la defensa de los valores europeos, especialmente aquellos que refuerzan la autonomía individual y la igualdad frente a los múltiples motivos de discriminación[24].

Sin embargo, este proceso de maduración interna y de construcción de una identidad colectiva se ha enfrentado a una serie de crisis que han puesto en jaque a la propia existencia o, cuanto menos, la potencialidad de una genuina comunidad de valores diversa, democrática y supranacional. La crisis financiera de 2008 trajo divisiones sobre la interpretación de la solidaridad entre los Estados miembros del norte y los del sur de Europa. La crisis tras los desplazamientos masivos de personas refugiadas de 2015 y 2016, procedentes principalmente de Irak y Siria, dio lugar al auge de populismos euroescépticos y de la xenofobia[25]. La crisis actual del Estado de Derecho en Polonia y Hungría está demostrando como el artículo 2 del TUE puede ser cuestionado directamente por el poder ejecutivo de algunos Estados miembros.

Siguiendo a Habermas, aunque no constituya la única condición indispensable, el consenso sobre un conjunto de valores fundamentales resulta vital para la sostenibilidad de la UE como comunidad democrática[26]. Es decir, la capacidad de adoptar decisiones colectivas en respuesta a los desafíos comunes depende, entre otros factores, del respeto y del efectivo cumplimiento de unos valores sociales compartidos y aceptados entre todos.

En la actualidad, nuestro espacio público europeo parece fracturarse tanto simbólica como ideológicamente, a medida que los grupos políticos se movilizan en torno a discursos de enemistad y odio. Grupos políticos que toman prestados términos utilizados de forma

---

24 AKALIYSKI, P. et WELZEL, C., "Clashing Values: Supranational Identities, Geopolitical Rivalry and Europe's Growing Cultural Divide", *Journal of Cross-Cultural Psychology*, Vol. 51, n° 9, 2020.

25 DIAZ LAFUENTE, J., "El derecho de asilo en la Unión Europea frente a la actual crisis de valores de solidaridad, dignidad y respeto de los derechos humanos", en ESCOBAR, G., *Ombudsman y Colectivos en Situación de Vulnerabilidad,* Tirant lo Blanc, 2017, p. 167.

26 HABERMAS, J., *La constitución de Europa*, Editorial Trotta, Madrid. 2012

interesada para fomentar la pertenencia y la exclusión: cosmopolitas contra nacionalistas, federalistas contra soberanistas, (euro)constitucionalistas contra estatistas. Como subraya Nicolaidis, en esta aflicción colectiva de polarización, los cosmopolitas, los federalistas, los constitucionalistas se vuelven mis amigos o mis enemigos, cayendo unívocamente en un lado de las ecuaciones binarias en el imaginario colectivo, alabados o ridiculizados frente a sus supuestos opuestos[27].

Es decir, los valores europeos están siendo amenazados desde fuera, pero también desde dentro, y principalmente porque el foco está en el uso de tales valores como arma para señalarnos, para fomentar la culpa y la vergüenza, los unos contra los otros, en vez de como motor para el reconocimiento de nuestra diversidad ontológica, del aprendizaje colectivo y solidario y de la necesaria convivencia pacífica.

Como destacan Chopin y Maceck, resulta innegable la existencia de cierta división Este-Oeste dentro del club comunitario, pero sobreexponerla, convertirla en el centro del debate del respeto a los valores de Europa, nos aboca a una doble trampa[28].

Por un lado, como una profecía autocumplida, la estigmatización excesiva y generalizada de los países de Europa Central y del Este no hace más que reforzar los factores que generan la desconfianza e, incluso, el rechazo de los valores europeos por parte de una parte muy importante de la población de estos países. Ante todo, debemos evitar promover, directa o indirectamente, un sentimiento de europeos de segunda, así como la victimización, que sólo genera reacciones defensivas, y la frustración que provoca la condescendencia (supuesta o real) de los europeos occidentales[29].

Por otro lado, tampoco podemos olvidar que el debilitamiento del apoyo a los valores europeos en Europa Central y del Este también está relacionado con el desprestigio de los Estados europeos occidentales, que han perdido su condición de modelo indiscutible y admirado desde su respuesta a la crisis griega hasta la deficiente

---

27 NICOLAIDIS, K., *Op. cit.*, p. 1308.

28 CHOPIN, T. et MACEK, L., "In the face of the European Union's political crisis: the vital cultural struggle over values", *European Issues,* Foundation Robert Schuman. n° 479. 2018. p. 4

29 *Ibidem.*

gestión de la política migratoria y de asilo en 2015. Además, como veremos en el siguiente apartado, los indicadores del actual auge del odio revelan como el sexismo, el racismo y la xenofobia también están creciendo en las denominadas democracias tradicionales.

Más allá de la crítica y la culpabilización al Estado que traspase las líneas rojas, tenemos que hacer efectivas de forma asertiva y firme las medidas previstas en caso de incumplimiento, no con el objetivo de fomentar dinámicas de poder o sentimientos de superioridad entre Estados comunitarios, sino para corresponsabilizarnos de la relevancia fundamental de nuestros valores comunes y para poder fomentar la confianza de la ciudadanía en el proceso de aprendizaje colectivo que requiere la integración progresiva. Siempre, eso sí, que seamos capaces de partir de un entendimiento y reconocimiento como iguales y diversos y adoptemos medidas desde un enfoque proactivo y constructivo.

3. LOS BASTIONES DEL ODIO EN UNA EUROPA DIVERSA: EL RACISMO, LA XENOFOBIA Y EL SEXISMO

Como bien indica Ford, en el nuevo milenio, el panorama ha ido cambiando en Europa con un "nuevo" tipo de odio político[30]. Todo parece cambiar, pero, en el fondo, todo persiste hasta que no se transforma. De la conspiración judía y la negación del Holocausto al choque de civilizaciones y al fundamentalismo islámico. De los partidos fascistas tradicionales a los partidos populistas ultraconservadores cuyos adeptos constituyen un variado abanico de todas las clases sociales. Del uso de términos como eugenesia, exterminio y patria a la defensa de la nación, la tradición y la soberanía. Mientras que no hagamos todos a nivel individual, social y colectivo un trabajo interno, constante y valiente de reflexión y de toma de conciencia, el odio, núcleo del fascismo que causó estragos en la Europa de los años treinta del siglo pasado, va a seguir presente, mudando de piel con el paso de los años.

---

30 FORD, G., *Después de la xenofobia: El nuevo racismo en Europa*, Crónica ONU, Naciones Unidas, Disponible en: *https://www.un.org/es/chronicle/article/despues-de-la-xenofobiael-nuevo-racismo-en-europa.*

Y, mientras la igualdad constituye un valor central del orden europeo de posguerra, el odio a lo diferente, a lo desconocido, a lo que se percibe como amenazante pervive e, incluso, se incrementa en muchos países de esta sociedad cuya ciudanía se manifiesta perpleja, como la denomina Innerarity[31], ante el devenir de los acontecimientos. Al mismo tiempo que el auge de las nuevas tecnologías, la globalización y el incremento masivo de los desplazamientos nos hacen avanzar irremediablemente hacia un mundo cada vez más interconectado e interdependiente, en toda Europa, posiblemente por ese abismo que genera lo extraño, el odio se canaliza hacia millones de personas que sufren violencia y discriminación debido a su color de piel, religión, etnia, género, orientación sexual o discapacidad.

Es una cuestión que alarma a las Instituciones de la Unión Europea. De acuerdo con diversos estudios publicados por la Agencia Europea de los Derechos Fundamentales, mientras que, en términos generales, el 9% de la ciudadanía habría experimentado violencia física en los cinco años anteriores al último estudio de 2019, la proporción de víctimas es mucho más elevada en el caso de aquellas personas que pertenecen a una minoría étnica (22%), que se identifican a sí mismas como lesbianas, gais, bisexuales, trans o intersexuales (19%), y que se ven limitadas en sus actividades habituales debido a una discapacidad o a un problema de salud físico o psicológico (17%)[32].

La Comisión Europea también ha manifestado su preocupación en una reciente Comunicación de 2021 afirmando que: "el odio se está generalizando, apuntando a individuos y grupos de personas que comparten o se percibe que comparten una característica común, como la raza, la etnia, el idioma, la religión, la nacionalidad, la edad, el sexo, la orientación sexual, la identidad de género, la expresión de género, las características sexuales o cualquier otra característica fundamental, o una combinación de tales características"[33].

---

[31] INNERARITY, D., *Política para perplejos*, Ed. Galaxia Gutenberg, Barcelona, 2018.

[32] AGENCIA DE LOS DERECHOS FUNDAMENTALES DE LA UNIÓN EUROPEA, Informe sobre los derechos fundamentales 2019, Dictámenes de la FRA, p. 8.

[33] COMISIÓN EUROPEA. *A more inclusive and protective Europe: extending the list of EU crimes to hate speech and hate crime,* Comunicación al Parlamento Europeo y al Consejo, Bruselas, 9 de diciembre de 2021. COM (2021) 777 final, p. 2.

En resumen, podemos afirmar que son tres los principales cauces por los que se canaliza el odio social y colectivo en la actualidad: el racismo, la xenofobia y el sexismo, los tres derivados del abuso patriarcal, heteronormativo y racializado del poder sobre el excluido, el subyugado y el invisible. Y este odio se propaga como una pandemia que, igual que la del coronavirus, afecta a todos los europeos, sin distinción Norte-Sur, Este-Oeste, y que tiene un único objetivo: erradicar la diversidad, núcleo de nuestra propia identidad.

Como destacan Baras González y Del Val Cid, "desde hace al menos dos décadas, la noción de *hate crime* (delitos de odio) comenzó a difundirse en el mundo anglosajón como un nuevo concepto explicativo de los delitos contra la sociodiversidad"[34]. Según un estudio de 2020, realizado para el Parlamento Europeo, y otro informe de 2021 que apoya la iniciativa de la Comisión Europea para contrarrestar la incitación al odio y los delitos de odio, la incidencia de estos fenómenos ha aumentado constantemente en toda la UE en los últimos años[35]. El discurso de odio, en particular, prospera en las redes sociales, cuyos usuarios, como indica el propio estudio, "entre los que se incluyen representantes políticos que ejercen cargos institucionales", tienden a expresar sus pensamientos sin reservas[36].

El odio racial, aquel definido de forma brillante por el cineasta Orson Welles como "el abandono de la propia naturaleza humana", está cada vez más presente en las sociedades europeas. El racismo en la Europa del s. XXI resulta de una configuración específica de fenómenos culturales, económicos, sociopolíticos e institucionales, vinculados a la propia formación de Europa y a una autoimagen europea que, como destaca De Genova, puede describirse como una "formación racial de blanquitud poscolonial". Es decir, en las sociedades eu-

---

34 BARAS GONZÁLEZ, M., DEL VAL CID, C. et al., *Odio vs Derechos Humanos: sociodiversidad, delitos y derechos*, Ed. Tecnos, 2019.

35 PARLAMENTO EUROPEO. Comisión de Libertades Civiles, Justicia y Asuntos de Interior, Dirección General de Políticas Internas. Disponible en: https://www.europarl.europa.eu/RegData/etudes/STUD/2020/655135/IPOL_STU(2020)655135_EN.pdf

36 *Ibídem*. p. 59.

ropeas racializadas, ser blanco significa ajustarse a la norma y, por lo tanto, ser percibido como una persona verdaderamente europea[37].

La Agencia de los Derechos Fundamentales de la UE (FRA) ha realizado toda una serie de estudios que revelan de forma alarmante el crecimiento progresivo de los niveles de discriminación racial en la UE. Casi un tercio de los encuestados afrodescendientes (el 30 %) ha experimentado lo que percibió como acoso racista en los cinco años anteriores a realizar la encuesta y uno de cada cinco (el 21 %) ha experimentado este tipo de acoso en los 12 meses anteriores a la encuesta (el 20 % de mujeres y el 23 % de hombres). Conviene subrayar que las tasas de violencia racista en los cinco años anteriores a la encuesta varían considerablemente entre países de la UE, desde el 20 % de las personas encuestadas en Malta, hasta el 63 % de las personas encuestadas en Finlandia[38].

En cuanto al acceso a bienes o servicios (administraciones públicas, transporte público, tiendas, restaurantes, etc.), las personas gitanas y las de ascendencia norteafricana, el 28 % y el 27 % respectivamente, sufrieron el mayor nivel de discriminación. Además, los datos de los informes publicados por la FRA ponen de manifiesto que las consideraciones raciales influyen en la probabilidad de ser parado por la policía. Del 14 % de las personas encuestadas que respondieron afirmativamente a la pregunta sobre si les había parado la policía el año anterior, el 40 % manifestó su parecer de que esta acción policial se debió a su origen étnico o a su raza[39].

El principal escollo para superar el arraigado racismo europeo parte, en primer lugar, de la falta de un auténtico reconocimiento. Los países europeos tienen poca experiencia en la identificación de acciones afirmativas o en la lucha contra la discriminación racista. En la mayoría de los estudios oficiales no se aplica una adecuada segregación de los datos vinculados a la xenofobia de aquellos re-

---

[37] DE GENOVA, N., "The "Migrant Crisis" as Racial Crisis: Do Black Lives Matter in Europe?", *Ethnic and Racial Studies*, nº 41/10, 2018, p. 1779.

[38] AGENCIA DE LOS DERECHOS FUNDAMENTALES DE LA UNIÓN EUROPEA. *Second European Union Minorities and Discrimination Survey Being Black in the EU*, 2018, p. 13.

[39] *Ibidem*. p. 42.

ferentes al racismo y dentro del racismo, tenemos pocos datos que individualicen de forma específica los índices de racismo antinegro, islamofobia, antisemitismo, antigitanismo, o racismo antiasiático. Sin embargo, resulta fundamental, para avanzar hacia políticas efectivas que articulen adecuadamente la diversidad, que se investiguen las distintas formas de discriminación y los mecanismos de opresión específicos existentes en Europa. Por ejemplo, siguiendo a Di Stasio y a Larsen, "se necesitan estudios para evaluar los resultados sobre el racismo de género desde una perspectiva comparada"[40]. Es decir, se necesita una perspectiva interseccional sobre la discriminación basada en la raza entrelazada con el género, la edad o la clase, entre otros factores, dentro de los países europeos para integrar los resultados de los estudios publicados.

Y, mientras que no adoptemos medidas preventivas y reparadoras, el odio seguirá creciendo. El antisemitismo, que tanto dolor y tanta vergüenza colectiva ha generado en Europa, está creciendo de nuevo y de forma alarmante en territorio europeo. Según datos oficiales de un estudio de la FRA de 2019, los jóvenes judíos europeos tienen muchas más probabilidades de experimentar antisemitismo, acoso o violencia que las personas encuestadas judías de mayor edad. Casi la mitad (el 44%) de los judíos encuestados menores de 35 años afirman haber sido víctimas de al menos un incidente de acoso antisemita en los 12 meses anteriores a la encuesta, en comparación con el 32% de las personas del grupo de edad de 35 a 59 años[41].

Aun así, el colectivo más discriminado en Europa sigue siendo el pueblo gitano, un pueblo excluido e invisibilizado. Como afirma otro reciente estudio de la Agencia de los Derechos Fundamentales

---

40 DI STASIO, V., LARSEN, E. N., "The racialized and gendered workplace: applying an intersectional lens to a field experiment on hiring discrimination in five European labor markets", *Social Psychology Quarterly*, Vol. 83(3), 2020, p. 246.

41 AGENCIA DE LOS DERECHOS FUNDAMENTALES DE LA UNIÓN EUROPEA, *Jóvenes judíos europeos: percepciones y experiencias del antisemitismo*, 2019. El informe es basado en la segunda encuesta a gran escala de la FRA sobre discriminación y delitos de odio contra judíos y análisis que la FRA encargó al Instituto de Investigación de Políticas Judías (JPR) que realizara un estudio sobre los jóvenes judíos europeos (de 16 a 34 años) que viven en los 12 Estados miembros de la UE donde se realizó la encuesta.

de la UE de 2020: "pese a vivir en algunos de los países más ricos del mundo, una cuarta parte de los gitanos y de los grupos itinerantes de Europa occidental no pueden permitirse artículos básicos como la calefacción o una alimentación saludable, y hasta una quinta parte de los niños y las niñas se van a la cama con hambre (el 22%)"[42].

La discriminación contra el pueblo gitano, asociada al abandono escolar prematuro, también genera pérdidas de oportunidades laborales y una pobreza generalizada para muchos ciudadanos europeos. Como resultado, la esperanza de vida de los gitanos y de los grupos itinerantes es 10 años inferior a la de la población general. Como indica el propio estudio, estos resultados deben impulsar respuestas políticas tanto en la UE como a nivel nacional, y deben propiciar el trabajo conjunto de los legisladores, de la mano de los gitanos y los grupos itinerantes, en la lucha contra la exclusión y la pobreza[43].

Otro de los cauces por los que se manifiesta el actual odio social, en un sistema sociopolítico androcéntrico y patriarcal, es, sin duda alguna, la violencia machista. A pesar de los múltiples avances sociales, jurídicos y políticos que muchos países de Europa viven tras la llamada cuarta ola feminista, la violencia y la discriminación por motivos de género sigue creciendo.

La mayoría de los países de la UE han adoptado leyes que abordan la violencia por motivos de género, incluyendo la orientación sexual y la identidad de género, pero la falta de una definición común de violencia de género y de unas reglas comunes para abordar un problema sistémico ayuda a perpetuarlo. Se estima que el 22 % de las mujeres europeas han sufrido violencia física y/o sexual por parte de una pareja actual o anterior y que el 43 % ha sufrido violencia psicológica[44]. Además, la violencia intrafamiliar, que afec-

---

42 AGENCIA DE LOS DERECHOS FUNDAMENTALES DE LA UNIÓN EUROPEA, *Report Roma And Travellers In Six Countries – Roma And Travellers Survey*, 2020, p. 10.

43 AGENCIA DE LOS DERECHOS FUNDAMENTALES DE LA UNIÓN EUROPEA, *Comunicado de prensa-Encuesta sobre los gitanos y los grupos itinerantes (Travellers): Europa necesita romper el círculo vicioso de la pobreza y la discriminación contra gitanos y grupos itinerantes*, Viena, 23 de septiembre de 2020, p. 1.

44 AGENCIA DE LOS DERECHOS FUNDAMENTALES DE LA UNIÓN EUROPEA, *Informe-Violencia de género contra las mujeres: una encuesta a escala de la UE*, 2014, p. 21.

ta a toda la familia, ha aumentado durante toda la pandemia. En octubre de 2021, el Parlamento Europeo exigió a los Estados miembros la adopción de medidas urgentes para proteger a las víctimas, incluso en las batallas por la custodia en las que se sospecha la existencia de violencia vicaria[45]. En este sentido, ante el auge de víctimas mortales por violencia machista, el Parlamento Europeo ha reclamado a los países de la UE que ayuden a las víctimas para que puedan lograr la independencia financiera, permitiéndoles salir de relaciones abusivas y violentas. Del mismo modo, los estragos de la pandemia covid-19 también han provocado un aumento dramático de la violencia contra las mujeres en las redes sociales e Internet en general[46].

Además, aunque la mutilación genital femenina constituya una práctica ilegal en la UE, y sea penalizada en algunos Estados miembros, incluso cuando sea perpetrada fuera del país, se estima que más de 600.000 mujeres que viven en Europa han sido mutiladas y otras 180.000 niñas corren un alto riesgo de serlo en 13 países europeos[47].

Por último, no olvidemos que la violencia machista también se ensaña contra las personas LGBTIQ+. De acuerdo con la FRA, en un estudio centrado en la violencia LGBTIfóbica, casi la mitad (47 %) de todas las personas LGBTIQ+ encuestadas afirman haberse sentido discriminadas o agredidas por motivo de su orientación sexual o de su identidad de género en el año anterior a la encuesta. La mayoría de las personas que fueron agredidas en el último año dicen que la agresión o la amenaza de violencia ocurrió, en parte o en su totalidad, porque se les percibía como una persona LGBTIQ+ (el 59 %). Sin embargo, las personas LGBTIQ+ rara vez denuncian ante las autoridades competentes los supuestos de violencia o discriminación

---

45 PARLAMENTO EUROPEO. COMISIÓN DE ASUNTOS JURÍDICOS, COMISIÓN SOBRE LOS DERECHOS DE LAS MUJERES E IGUALDAD DE GÉNERO, REGIMENTI, L. ET KOUNTOURA, E. (Relatoras), *Report on the impact of intimate partner violence and custody rights on women and children*, 23.7.2021-(2019/2166(INI)).

46 *Ibídem.*

47 AGENCIA DE LOS DERECHOS FUNDAMENTALES DE LA UNIÓN EUROPEA, *Op. Cit.*, 2014.

sufridos, principalmente por desconfianza respecto a la actuación de tales autoridades[48].

Toda esta violencia machista está teniendo su traslación a los representantes políticos y a la acción institucional de la Unión. El Convenio de Estambul, un instrumento de reconocimiento internacional del Consejo de Europa para la lucha contra la violencia de género se convirtió en abril de 2021 en un nuevo campo de batalla cultural en la UE cuando los países de Europa del Este, incluidos Polonia, Hungría, Bulgaria y la República Checa, afirmaron que el documento erosionaba su interpretación de los "valores familiares"[49]. Por su parte, en octubre de 2020, los ministros de justicia de la UE no alcanzaron a adoptar una posición común sobre la estrategia de la UE en defensa de los derechos de la infancia cuando Polonia y Hungría vetaron las referencias al contenido LGBTIQ+[50]. En ese mismo año, el Parlamento de Hungría aprobó una ley anti-LGBTIQ+ prohibiendo la representación de la homosexualidad ante los menores, con el objeto de evitar hacer *propaganda* de la diversidad afectivo-sexual y de género, que sería meses más tarde considerada por la Comisión de Venecia del Consejo de Europa constitutiva de violación del Derecho Internacional de los Derechos Humanos[51].

---

48 AGENCIA DE LOS DERECHOS FUNDAMENTALES DE LA UE, *EU LGBT survey – European Union lesbian, gay, bisexual and transgender survey – Main results*, 2014, p. 11.

49 DE LA BAUME, M., "How the Istanbul Convention became a symbol of Europe's cultural wars", *Politico*, 2021. Disponible en: https://www.politico.eu/article/istanbul-convention-europe-violence-against-women/

50 CONSEJO DE LA UNIÓN EUROPEA. Negociaciones sobre la Estrategia de Derechos de la Infancia. 7 de octubre de 2021. Para más información: EUOBSERVER, *LGBTIQ rights: Hungary and Poland veto EU children's strategy*. 8 de octubre de 2021. Disponible en: https://euobserver.com/rule-of-law/153178

51 CONSEJO DE EUROPA. COMISIÓN EUROPEA PARA LA DEMOCRACIA POR EL DERECHO. *Opinion on the compatibility with international human rights standards of act lxxix amending certain acts for the protection of children*, 129 th Plenary Session, Venecia, 10 de diciembre 2021.

4. REFLEXIONES FINALES: PROPUESTAS HACIA UNA ACCIÓN COLECTIVA Y RESPONSABLE ANTE EL VIRUS DEL ODIO

La UE ha desarrollado un marco jurídico y político muy relevante para promover la igualdad, abordar la discriminación y gestionar la diversidad. En el transcurso de siete décadas de integración, la Unión ha transversalizado la igualdad en todas sus políticas a través de múltiples vías que combinan la labor normativa, la financiación de programas de acción positiva, un conjunto de instrumentos políticos que contribuyen a la cohesión social, la lucha contra la discriminación y la igualdad de oportunidades, y a la creación de espacios de movilidad, intercambio de buenas prácticas, aprendizaje mutuo y cooperación[52].

Y, sin embargo, el odio contra nuestra diversidad está alcanzando cuotas alarmantes, siendo motivado y utilizado para el rédito político, en demasiadas ocasiones, por gobiernos populistas, xenófobos y ultraconservadores. ¿Qué hacemos cuando un Estado miembro cruza las líneas rojas, fomentando el odio, atacando nuestros valores comunes y poniendo en peligro la razón última de la existencia del proyecto europeísta? ¿Cómo adoptamos una postura firme, efectiva y garantista sin soltar de la mano a quien incumple o fomenta el incumplimiento por ignorancia y con manifiesta negligencia ante las imprevistas consecuencias sociopolíticas de sus acciones y discursos llenos de odio? ¿Cómo integramos un enfoque preventivo y proactivo, más allá de las medidas reactivas y punitivas, que fomente la apropiación en la ciudadanía de los valores comunes para que sean los propios ciudadanos los que castiguen en las urnas aquellas acciones y conductas contrarias al respeto de los derechos humanos?

Como hemos señalado anteriormente, los límites y las medidas en caso de incumplimiento de los valores comunes no deben encontrar su origen ni su propósito en culpabilizarnos los unos o los otros, por muy distintas que sean nuestras percepciones, nuestras interpreta-

---

52 GROPAS, R. "Gender, Anti-discrimination and Diversity: The EU's Role in Promoting Equality", en LEVRAU, F., CLYCQ, N. (eds.) *Equality*, Palgrave Macmillan, Cham, 2021. p. 231.

ciones o nuestros discursos, sino en el compromiso férreo, común y corresponsable con el proyecto común europeísta. Un proyecto que evoluciona, que avanza y que existe para garantizarnos a todos paz, estabilidad y unidad desde el reconocimiento de nuestra diversidad, tanto la externa entre los distintos Estados, naciones, pueblos y colectivos como la interna en cada uno de ellos. Una corresponsabilidad que también debe concebirse sin obviar la temporalidad, en sociedades democráticas, de los gobiernos de los Estados miembros, lo que implica que un mismo Estado miembro puede defender hoy políticas de corte ultraconvervador y mañana, por el juego de las fuerzas políticas y del principio de representación democrática, promover políticas de corte progresista.

De ahí radica el triple desafío de la defensa de una comunidad de valores democrática, diversa y supranacional: la articulación de unos valores comunes que sean lo suficientemente abiertos para su adaptabilidad a la evolución de las sociedades, lo suficientemente transversales para que todos sus Estados miembros, y los gobiernos de turno, se identifiquen con ellos, y lo suficientemente específicos en cuanto a sus límites, medidas y garantías para asegurar su efectividad en caso de incumplimiento.

Siguiendo a la poetisa Idea Vilariño: "todo es muy simple mucho, mucho más simple y, sin embargo, hay veces que es demasiado para mí, y que no entiendo"[53]. Posiblemente, la respuesta ante el auge del odio social y político que vivimos en la actualidad sea la más simple, y, sin embargo, la menos sencilla de entender y de que arraigue en el imaginario colectivo. A modo de aproximaciones finales, introduciremos brevemente una serie de posibles respuestas.

En primer lugar, ante una sociedad sedienta de autenticidad, para fomentar la diversidad como bandera de la que sentirnos todos orgullosos, las Instituciones de la UE deben comenzar por dar ejemplo[54]. Conviene resaltar que la UE, en toda su historia, nunca ha tenido en

---

[53] VILARIÑO, I., *Poesía completa*, Editorial Cal y Canto, Montevideo, 2000.

[54] Así lo reconoció la Presidenta de la Comisión Europea, Ursula von der Leyen, en su discurso en la Cumbre Anti-racismo celebrada en Bruselas el 19 de marzo de 2021. Disponible en: https://ec.europa.eu/commission/presscorner/detail/it/speech_21_1265

el cargo de Comisario a una persona no blanca y que, en la actualidad, solo hay 24 legisladores que se identifican como no blancos de los 705 eurodiputados[55]. Lo mismo ocurre en el funcionariado público. De acuerdo con un informe realizado por la Comisión Europea, solo el 1 % del personal empleado directamente por las Instituciones de la UE tiene antecedentes minoritarios. Además, las Instituciones no recopilan ningún dato sobre el origen étnico o la religión de sus funcionarios[56]. Resulta indudable que esta falta de diversidad en las élites políticas y administrativas produce un amplio impacto, no sólo en términos de representatividad de la diversidad existente en toda Europa y de apropiación del proyecto europeísta por una ciudadanía cada vez más diversa, sino en términos de legitimidad a la hora de elaborar los instrumentos, las normas y los planes de acción contra el auge del odio en Europa.

En segundo lugar, la articulación de las diversidades debe hacerse siempre desde un enfoque interseccional, si queremos encontrar respuestas verdaderamente efectivas y sostenibles[57]. Las medidas que adoptan un enfoque interseccional, atendiendo a las múltiples formas de discriminación y a los diferentes tipos de violencia estructural en su conjunto, desde los múltiples tipos de racismo, la xenofobia, el machismo, el edadismo, la lgbtifobia, la aporofobia, la discriminación por motivos de discapacidad, entre otras manifestaciones violen-

---

55 ISLAM, S., "Working at EU institutions not easy for ethnic minority staff", Euobserver, 2021, Disponible en: https://euobserver.com/opinion/154864

56 COMISIÓN EUROPEA. *Equality of Treatment*. 2021. Disponible en:https://ec.europa.eu/info/about-europeancommission/service-standards-and-principles/equality-treatment.
Véase también HIRSCH, C., ADKINS, W. et BUSQUETS, A. "How to join the EU bubble — Brussels careers by the numbers", *Politico*, 4 February 2021, https://www.politico.eu/article/what-to-study-to-join-the-eu-bubble-careers-euuniversity-studies-europe-parliament/. BEAZLEY, A., GARCÍA CANCELA, E., et al. *Advancing Diversity in the European Commission's Workforce Policy Paper.* The Europaeum. Disponible en: https://45n1ej27ymq723ofrn2vh7nc-wpengine.netdna-ssl.com/wp-content/uploads/2021/10/InclusivEU-Full-Policy-Paper_FINAL.pdf

57 CRENSHAW, K., "Demarginalizing the Intersection of Race and Sex: A Black Feminist Critique of Antidiscrimination Doctrine, Feminist Theory and Antiracist Politics", *University of Chicago Legal Forum*: Vol. 1989: Iss. 1, Article 8. Available at: http://chicagounbound.uchicago.edu/uclf/vol1989/iss1/8

tas, pueden ser muy efectivas para aportar soluciones de prevención y de reparación y rehabilitación de las víctimas/supervivientes. Es decir, la protección de la diversidad no puede radicar en respuestas políticas uniformes y homogeneizadoras, sino que deben partir de un reconocimiento de la miríada de factores que provocan exclusión, abuso e invisibilidad social.

En tercer lugar, en materia de derechos humanos resulta fundamental avanzar más allá de las lógicas verticales de poder, debiéndonos aproximar a estructuras policéntricas y no centralizadas, en las que el Estado u otras entidades de gobierno, como las regiones o los municipios, se apoyen mutuamente en sus capacidades de gobierno. Es decir, cuando hablamos de la lucha contra el racismo, la xenofobia y el machismo, no debe recaer la responsabilidad únicamente en la Unión Europea, con su limitado sistema competencial y su compleja estructura institucional, sino en todos los actores políticos desde un enfoque horizontal que permita compartir el ejercicio de la soberanía y que, como apuntan Nicolaidis, Van Zeben, Hooghe y Marks, se base en las políticas de proximidad, en el municipalismo y en el localismo, así como en las preferencias heterogéneas y en la legitimidad de los contratos sociales "acotados"[58].

Por último, sin lugar a duda, y aunque resulte un lugar común, la respuesta clave ante el odio y la ignorancia radica en la educación y en la cultura. Las lagunas existentes en estos sectores públicos permiten que prospere la idea de que la comunidad de valores europea (y la construcción política que de ella se deriva) sea totalmente artificial, frente al carácter supuestamente *natural* de las naciones. Como indican Macek y Chopin, la falta de orgullo y apego al patrimonio espiritual y cultural de Europa constituye un elemento de debilidad frente a las amenazas externas portadas por aquellos que creen en la superioridad de sus valores y se cultura y que fomentan la discriminación y el odio[59].

---

[58] NICOLAIDIS, K. et VAN ZEBEN, J., "Polycentric Subsidiarity", en VAN ZEBEN, J. et BOBIĆ, A. (Eds.), *Polycentricity in the European Union*, Cambridge University Press, 2019. p. 78./ HOOGHE, L., et MARKS, G., "Beyond federalism: Estimating and explaining the territorial structure of government". *Publius: The Journal of Federalism*, Vol. 43 (2), 2013, p. 179. https://doi.org/10.1093/publius/pjs029

[59] CHOPIN, T. et MACEK.L., *Op. cit.*, 2021, p. 7.

En una sociedad internacional como la actual, en la que los límites de lo humano y lo tecnológico parecen desdibujarse, resulta urgente que los sistemas educativos europeos se den cuenta de que, ante la creciente superficialidad que transmiten los medios de comunicación y las redes sociales, la respuesta no consiste en perseguir o moldearnos a esta tendencia sino, por el contrario, en desempeñar el papel de contrapeso, permitiéndonos fomentar, desde el rigor y la calidad, la riqueza de nuestra diversidad y el desarrollo de unas competencias analíticas, comunicativas e interpersonales frente al "consumo" indiscriminado de los medios de comunicación.

Sin una educación que permita fomentar mentes críticas, sin la capacidad para discernir lo real de lo ficticio, lo sano de lo tóxico, lo auténtico de lo manipulado, sin la capacidad de distanciarnos de la complejidad de lo superficial, para poder ahondar en la profundidad de lo cotidiano, corremos como sociedad un gran peligro de equivocarnos en nuestros siguientes pasos, especialmente ante un escenario en el que los medios de comunicación están cada vez más sujetos al dictado de la compraventa de la información y de la inmediatez de las redes sociales.

Y esta es una responsabilidad colectiva, que requiere de un trabajo común, desde la Unión Europea y los Estados miembros al resto de entidades públicas competentes, desde los medios de comunicación y las empresas a las familias, las amistades y los compañeros de trabajo. La sociedad en su conjunto debe plantarse ante el odio para evitar su propagación.

Y, para ello, debemos ser capaces de rescatar y de poner en el centro del discurso público, tanto a nivel europeo como nacional, la idea de "virtud política" que, como recordaba Montesquieu, consiste en "una continua preferencia por el interés público más que en el propio"[60], en saber articular nuestros intereses particulares dentro de una comunidad de valores que tiene intereses propios e inherentes que prevalecen sobre los individuales, de manera que, defendiendo de forma colectiva el bienestar y la paz social, podamos sentirnos todas y todos incluidos y reconocidos en nuestra intrínseca diversidad.

---

[60] MONTESQUIEU, C.D.S, *El espíritu de las Leyes*, Ed. Istmo, 1748, Capítulo 5º.

Pandemia e Direitos Humanos nas Américas: o mandato transformador da Comissão Interamericana de Direitos Humanos

FLÁVIA PIOVESAN
Vice-Presidente da Comissão Interamericana de Direitos Humanos
Professora Doutora da Pontifícia Universidade Católica de São Paulo (PUC/SP) em Direitos Humanos e Direito Constitucional

1. INTRODUÇÃO

Como compreender o impacto da COVID-19 nas Américas sob a perspectiva dos direitos humanos? Qual tem sido a atuação da Comissão Interamericana para proteger e promover os direitos humanos em face de uma pandemia tão dramática e avassaladora? Qual tem sido o impacto transformador dos estândares interamericanos?

Três são os desafios estruturais que caracterizam a singularidade e especificidade da região latino-americana: i) a profunda desigualdade econômica-social; ii) o padrão histórico de discriminação em face de grupos em situação de vulnerabilidade; e iii) os dilemas da institucionalidade democrática. Estes desafios estruturais são exacerbados, acentuados e agravados pelo impacto da COVID-19.

A América Latina ostenta o maior grau de desigualdade do mundo. Cinco dos dez países mais desiguais do mundo estão na América Latina, dentre eles o Brasil. Na América Latina, 30% da população vive na pobreza, sendo 11% na pobreza extrema[1]; 25% da população não tem acesso à água potável; e 53% vivem do trabalho informal, o que afeta mais de 140 milhões pessoas, segundo a Organização Internacional do Trabalho (OIT)[2]. Embora a América Latina tenha 8% da população mundial, concentra 37% das mortes, no âmbito global.

Sob o prisma étnico-racial, a população afro-descendente corresponde a aproximadamente 25% da população latino-americana[3]. No que se refere à população indígena, estima-se corresponder de 8% a 10% da população latino-americana[4]. Indicadores sociais demonstram o sistemático, histórico e estruturante padrão de discriminação, exclusão e violência a acometer as populações afro-descendentes e indígenas na região, sendo que mulheres e crianças são alvo de formas múltiplas de discriminação (*overlapping discrimination*). Como afirma o Secretario Geral da ONU, *"o vírus não é discriminatório; mas seu impacto o é"*[5]. A título de exemplo, no Brasil há a maior letalidade dos afro-descendentes, com um situação de vulnerabilidade crítica dos povos indígenas; nos EUA os afro-descendentes e hispânicos tem duas vezes maior chance de morrer da pandemia que os brancos.

Na pesquisa Latinobarometro 2018 sobre o apoio à democracia na América Latina, apenas 48% dos entrevistados consideraram a democracia preferível a qualquer outra forma de governo. Conforme aponta o Pew Research Center, alternativas não democráticas são apoiadas por 23% no Brasil; 27% no México; e 18% na Argentina. Em geral os países da região estão concentrados da metade para

---

1 Nações Unidas. *CEPAL prevê aumento da pobreza na América Latina e Caribe em 2019.* Disponível em: <https://nacoesunidas.org/cepal-preve-aumento-da-pobreza-na-america-latina-e-caribe-em-2019/>, acesso em 05 de abril de 2020.

2 Nações Unidas. *Como a COVID-19 pode mudar o futuro do trabalho?* Disponível em: <https://nacoesunidas.org/agencias/oit/>, acesso em 28 de maio de 2020.

3 Banco Mundial. *Quanto você sabe sobre os afrodescendentes na América Latina?* El País, 2020. Disponível em: <https://brasil.elpais.com/brasil/2019/06/26/internacional/1561563872_895042.html>, acesso em 05 de abril de 2020.

4 ONU News. *OIT quer ações urgentes contra pobreza e desigualdades entre povos indígenas.* Disponível em: <https://news.un.org/pt/story/2020/02/1702812>, acesso em 05 de abril de 2020.

5 ONU News. *Secretário-geral alerta para crise de direitos humanos causada por pandemia.* Disponível em: <https://news.un.org/pt/story/2020/04/1711382>, acesso em 05 de abril de 2020.

baixo no ranking de indicadores como o Transparency's International Corruption Index e Rule of Law Index. Neste cenário, a Pandemia apresenta o maior teste para a Democracia e para o Estado de Direito na região, tendo em vista que, sob o argumento de que "tempos excepcionais demandam medidas excepcionais", com o Poder Executivo fortalecido e com um maior protagonismo da Forças Armadas, há o risco de abuso e arbítrio na restrição de direitos e liberdades fundamentais, sob a escusa do combate à COVID-19, acentuando, ademais, a corrupção sistêmica que afeta a região[6]. Nesse sentido, alerta a Transparência Internacional que o "COVID-19 is the perfect storm for the corrupt"[7].

É neste contexto político, social e cultural, que a Comissão Interamericana de Direitos Humanos desenvolve o seu mandato transformador, na proteção e defesa de direitos humanos, com base nos estândares interamericanos, sempre com centralidade nas vítimas, no resguardo de sua dignidade e na prevenção de seu sofrimento. O sistema interamericano tem a potencialidade de contribuir para o fortalecimento dos direitos humanos, da democracia e do Estado de Direito na região mais desigual e violenta do mundo.

2. PANDEMIA E DIREITOS HUMANOS NAS AMÉRICAS: O MANDATO TRANSFORMADOR DA COMISSÃO INTERAMERICANA DE DIREITOS HUMANOS

Em 27 de março de 2020, a Comissão Interamericana de Direitos Humanos anunciou a instalação de sua Sala de Coordenación y Respuesta Oportuna e Integrada a la crisis em relación a la pandemia del COVID-19 (SACROI COVID-19)[8], para monitorar o impacto dos

---

6 Transparency International. *Corruption and the Coronavirus.* Disponível em: <https://www.transparency.org/en/news/corruption-and-the-coronavirus>, acesso em 16 de maio de 2020.

7 MARTINI, M. *COVID-19: A perfect storm for the corrupt?* Transparency International, 2020. Disponível em: <https://voices.transparency.org/covid-19-perfect-storm-for-the-corrupt-c42eb9dfc234>, acesso em 16 de maio de 2020.

8 CIDH. *A CIDH instala sua Sala de Coordenação e Resposta Oportuna e Integrada à Crise da Pandemia do COVID-19.* Comunicado de imprensa, 2020. Disponível

direitos humanos de populações e grupos em situação de vulnerabilidade no contexto da pandemia, nos 35 países da região. O balanço, o impacto e os resultados alcançados estão apresentados no Comunicado de Prensa de 16 de maio de 2020[9]. Em 10 de abril, a Comissão Interamericana de Direitos Humanos aprovou a Resolução n.01/2020 sobre "Pandemia y Derechos Humanos", com 85 recomendações aos Estados, à luz dos estândares interamericanos e do princípio pro persona. Realça a Resolução o dever dos Estados adotarem o enfoque centrado nos direitos humanos em toda estratégia, política ou medida estatal de enfrentamento à pandemia do COVID-19 e suas consequências, com observância à universalidade, indivisibilidade, interdependência e inter-relação de direitos; à igualdade e não discriminação; à perspectiva de gênero, diversidade e inter-seccionalidade; à inclusão; à *accountability*; ao respeito ao Estado de Direito e ao fortalecimento da cooperação entre os Estados.

A Resolução n.01/2020 da Comissão Interamericana de Direitos Humanos objetiva responder aos três desafios estruturais da região já mencionados, mediante recomendações que ressaltam os deveres e obrigações internacionais dos Estados em matéria de direitos humanos.

No que se refere ao desafio estrutural da profunda desigualdade, a Resolução potencializa os direitos sociais, econômicos, culturais e ambientais, demandando dos Estados especial prioridade à proteção dos direitos à vida e à saúde, mediante a adoção de medidas imediatas e urgentes, com a devida diligência, endossando o dever do Estado de prevenir e mitigar danos, disponibilizando o máximo de recursos disponíveis para a efetividade do direito à saúde em sua concepção holística e integral. Ressalte-se que a proteção do direito à saúde (saúde física, psíquica e mental) deve incluir seus determinantes básicos e sociais, a compreender o direito à água potável, o direito à alimentação e moradia adequada, envolvendo ainda a pro-

---

em: <https://www.oas.org/pt/cidh/prensa/notas/2020/063.asp>, acesso em 05 de abril de 2020.

9 CIDH. *CIDH presenta balance, impactos y resultados alcanzados por su Sala de Coordinación y Respuesta Oportuna e Integrada a Crisis para la Pandemia de COVID-19.* Comunicado de prensa, 2020, disponível em: <http://www.oas.org/es/cidh/prensa/comunicados/2020/114.asp>.

teção social por subsídios, renda básica e outras medidas de apoio econômico. Enfatiza o direito a ações, programas e políticas públicas embasadas na melhor evidência científica, por meio de procedimentos transparentes, independentes, participativos, claros e inclusivos – com endosso do direito à ciência e da responsabilidade do Estado em salvar vidas e evitar mortes, adotando as devidas diligências, no marco do dever jurídico de prevenção. Também há que se mencionar o dever dos Estados de exigir e fiscalizar que as empresas respeitem os direitos humanos.

No que tange ao desafio estrutural da discriminação histórica, a Resolução n.01/2020 apresenta relevantes recomendações endereçadas aos grupos em especial situação de vulnerabilidade, enfatizando o dever reforçado de proteção estatal das pessoas idosas; das pessoas privadas de liberdade; das mulheres[10]; dos povos indígenas[11]; das pessoas migrantes e refugiadas; das crianças e adolescentes; das pessoas LGBTI; das pessoas afro-descendentes; e das pessoas com deficiência. Tais recomendações demandam dos Estados que, por exemplo, adotem programas de prevenção à pandemia nos idiomas tradicionais dos povos indígenas; expandam canais alternativos de denúncia e fortaleçam programas de proteção em face da violência contra as mulheres e contra as pessoas LGBTI com protocolos específicos, sob as perspectivas de gênero e de orientação sexual; reavaliem os casos de prisão preventiva (que alcançam a média regional de 40% da população carcerária) buscando sua conversão em medidas alternativas de privação de liberdade, com especial atenção às pessoas idosas e mulheres grávidas, dentre outras relevantes medidas. O impacto do sistema interamericano está justamente em tornar visíveis os invisíveis, levantar a voz daqueles que tem pouca voz.

---

10 CIDH. *La CIDH hace un llamado a los Estados a incorporar la perspectiva de género en la respuesta a la pandemia del COVID-19 y a combatir la violencia sexual e intrafamiliar en este contexto.* Comunicado de imprensa, 2020. Disponível em: <http://www.oas.org/es/cidh/prensa/comunicados/2020/074.asp>, acesso em 05 de abril de 2020.

11 CIDH. *La CIDH alerta sobre la especial vulnerabilidad de los pueblos indígenas frente a la pandemia de COVID-19 y llama a los Estados a tomar medidas específicas y acordes con su cultura y respeto a sus territorios.* Comunicado de imprensa, 2020. Disponível em: <http://www.oas.org/es/cidh/prensa/comunicados/2020/103.asp>, acesso em 05 de abril de 2020.

Quanto ao desafio estrutural afeto aos dilemas de institucionalidade democrática, a Resolução demanda dos Estados que toda e qualquer restrição de direitos e liberdades, tenha estrita observância nos princípios da legalidade, proporcionalidade e temporalidade, no sentido de atender a finalidades legítimas de proteger a saúde. Reafirma a importância do funcionamento dos poderes, sobretudo dos procedimentos judiciais idôneos para a proteção de direitos e liberdades, bem como da garantia dos direitos à liberdade de expressão e do acesso à informação, como pilares essenciais ao regime democrático. A vigilância digital deve estar estritamente limitada à rigorosa proteção dos direitos individuais, ao princípio da não discriminação e às liberdades fundamentais[12]. Nos termos do artigo 27, parágrafo 3° da Convenção Americana, devido `a Pandemia, 12 Estados da região comunicaram ao Secretário Geral da OEA suspensão de direitos, até abril passado, a saber: Argentina, Bolívia, Chile, Colômbia, Equador, Guatemala, Honduras, Panamá, Uruguai, Perú, República Dominicana e Suriname[13].

Reitere-se: as medidas restritivas de direitos devem observar os princípios da proporcionalidade, razoabilidade, necessidade, adequação e temporariedade. O devido cumprimento dos deveres estatais em matéria de saúde pública e proteção integral deve partir dos princípios *pro persona* e na universalidade, indivisibilidade e interdependência dos direitos humanos, à luz da Convenção Americana sobre Direitos Humanos (artigo 27), do Pacto Internacional sobre Direitos Civis e Políticos (artigo 4°), e dos Princípios de Siracusa sobre as sobre as Disposições de Limitação e Revogação do Pacto Internacional de Direitos Civis e Políticos.

De um lado, a pandemia é capaz de apontar que a efetividade dos direitos civis e políticos em sua plenitude (ex: o direito à liber-

---

12 CIDH. *CIDH y su RELE expresan preocupación por las restricciones a la libertad de expresión y el acceso a la información en la respuesta de Estados a la pandemia del COVID-19.* Comunicado de imprensa, 2020. Disponível em: <http://www.oas.org/es/cidh/expresion/showarticle.asp?artID=1173&lID=2>, acesso em 05 de abril de 2020.

13 CIDH. *CIDH presenta balance, impactos y resultados alcanzados por su Sala de Coordinación y Respuesta Oportuna e Integrada a Crisis para la Pandemia de COVID-19.* Comunicado de prensa, 2020, disponível em: <http://www.oas.org/es/cidh/prensa/comunicados/2020/114.asp>.

dade de circulação; o direito de reunião; o direito de manifestação; dentre outros) está absolutamente condicionada à efetividade dos direitos sociais (no caso, o direito à saúde pública). Por outro lado, também é capaz de apontar que a efetividade dos direitos sociais está absolutamente condicionada à efetividade dos direitos civis e políticos (ex: o direito à informação é essencial ao direito à sáude – a eficaz prevenção da pandemia requer informação transparente, clara e confiável; o direito à propriedade intelectual não pode ser um obstáculo para a realização do direito à saúde, demandando cláusulas de flexibilidade). Como lembra Bachelet: "*the universality of the threat from COVID-19 creates the most compelling argument there has ever been for universal and affordable access to health care, because no-one is safe until everyone is safe*".

Com efeito, a pandemia aponta com maior solidez e evidência que os direitos são interdependentes e inter-relacionados. Ressalte-se que a Declaração Universal dos Direitos Humanos de 1948 introduziu a gramática contemporânea de direitos humanos, baseada na indivisibilidade e universalidade desses direitos, tendo como fundamento ético o valor da dignidade humana. A universalidade consiste na extensão universal dos direitos humanos, porque estes devem ser assegurados a todos e em qualquer lugar, sob a crença de que a condição de pessoa é o requisito único para a dignidade e titularidade de direitos. Indivisibilidade porque a garantia dos direitos civis e políticos é condição para a observância dos direitos sociais, econômicos e culturais e vice-versa —quando um deles é violado, os demais também o são. Os direitos humanos compõem, assim, uma unidade indivisível, interdependente e inter-relacionada, capaz de conjugar o catálogo de direitos civis e políticos ao catálogo de direitos sociais, econômicos e culturais (e, mais recentemente incorporados, os ambientais).

Nessa esteira, para que haja uma efetiva contemplação da dignidade humana, os direitos humanos devem ser lidos em conjunto e de modo integral, considerando seu intrínseco vínculo com a democracia, o desenvolvimento e a sustentabilidade. Leciona Hector Gross Espiell que "Só o reconhecimento integral de todos estes direitos pode assegurar a existência real de cada um deles, já que sem a efetividade de gozo dos direitos econômicos, sociais e culturais, os direitos civis e políticos se reduzem a meras categorias formais. Inversamente, sem a realidade dos direitos civis e políticos, sem a efetividade da liberdade entendida em seu mais amplo sentido, os direitos econômicos, sociais e culturais carecem, por sua vez, de verdadeira significação. Esta ideia da necessária integralidade, interdependência e indivisibilidade quanto ao conceito e à realidade do conteúdo dos direitos humanos, que de certa forma está implícita na Carta das Nações Unidas, se compila, se amplia e se sistematiza em 1948, na Declaração Universal de Direitos Humanos, e se reafirma definitivamente nos Pactos Universais de Direitos Humanos, aprovados pela Assembleia Geral em 1966, e em vigência desde 1976, na Proclamação de Teerã de 1968 e na Resolução da Assembleia Geral, adotada em 16 de dezembro de 1977, sobre os critérios e meios para melhorar o gozo efetivo dos direitos e das liberdades fundamentais (Resolução n. 32/130)"[14].

Por fim, a Resolução n.01/2020 apresenta recomendações concernentes à cooperação internacional e ao intercâmbio de boas práticas são lançadas, eis que desafios globais requerem respostas globais, com maior articulação e coordenação de políticas públicas na esfera global. Faz-se fundamental a criação e o desenvolvimento de espaços colaborativos para viabilizar diálogos transnacionais eficientes, com o objetivo de consolidar canais de intercâmbio de informações e boas práticas. A disseminação de estratégias bem-sucedidas e a adoção de políticas públicas com enfoque em direitos humanos é também essencial para enfrentar os desafios no combate à crise atual.

Além desta Resolução, citem-se outros estandares apontados pelo sistema interamericano. A Organização dos Estados Americanos (OEA) publicou o "Guia Prático de Respostas Inclusivas e com Enfoque de Direitos perante o COVID-19 nas Américas", que oferece ferramentas para que os Estados membros adotem respostas que levem em conta a situação particular dos grupos em situação de vulnerabilidade[15]. Destaca-se, ainda, a Declaração nº1/20 emitida pela Corte In-

---

14 ESPIELL, H. G. *Los derechos económicos, sociales y culturales en el sistema interamericano.* San José, Libro Libre. 1986, p. 16 e 17.

15 OEA. *OEA publica Guia Prático de Respostas Inclusivas e com Enfoque de Direitos perante o COVID-19 nas Américas.* Nota à Imprensa, 2020. Disponível em: <https://www.oas.org/pt/centro_midia/nota_imprensa.asp?sCodigo=P-032/20>, acesso em 06 de abril de 2020.

teramericana (Corte IDH), intitulada "COVID-19 e Direitos Humanos: os problemas e desafios devem ser abordados com a perspectiva de direitos humanos e respeitando as obrigações internacionais"[16], a qual insta os Estados a adotar e implementar medidas que estejam dentro do marco do Estado de Direito, com o pleno respeito aos instrumentos interamericanos de proteção aos direitos humanos e aos estandares elaborados pela jurisprudência do Tribunal.

A Comissão Interamericana e sua Relatoria Especial sobre Direitos Econômicos, Sociais, Culturais e Ambientais (REDESCA) assinalaram que o COVID-19 traz desafios expressivos aos sistemas de saúde, à rotina das pessoas e à proteção dos direitos em sistemas democráticos. A pandemia exige respostas locais e globais para salvaguardar os direitos humanos, uma vez que "as pandemias têm um impacto desproporcional nas populações com maiores dificuldades em acessar sistemas de saúde e tecnologias nos países. Esses grupos incluem os povos indígenas, agricultores e trabalhadores rurais, migrantes, pessoas privadas de liberdade, pessoas que vivem nas regiões periféricas, e pessoas negligenciadas pelas redes de seguridade social, como trabalhadores informais, pessoas que vivem na pobreza e os sem-teto"[17]. Com base nisso, expressaram grande e profunda preocupação com relação à falta de atenção e investimento a alguns sistemas de saúde, que devem incluir uma estrutura adequada e o fornecimento de equipamentos médicos básicos, além de uma equipe médica qualificada[18].

Há, nesse contexto de pandemia, um claro apelo para que todos os Estados adotem medidas urgentes para garantir a saúde e a inte-

---

16 Corte IDH. *Declaração da Corte Interamericana de Direitos Humanos nº1/20, de 9 de abril de 2020.* Disponível em: <http://www.corteidh.or.cr/tablas/alerta/comunicado/declaracion_1_20_ESP.pdf>, acesso em 05 de abril de 2020.

17 CIDH. A CIDH e sua REDESCA instam a assegurar as perspectivas de proteção integral dos direitos humanos e da saúde pública frente à pandemia do COVID-19. Comunicado de Imprensa, 2020. Disponível em: < http://www.oas.org/pt/cidh/prensa/notas/2020/060.asp>, acesso em 21 de março de 2020.

18 CIDH. *La CIDH y su REDESCA manifiestan profunda preocupación por los efectos de la pandemia COVID-19 en Venezuela y llaman a garantizar derechos de las personas venezolanas en la región.* Comunicado de imprensa, 2020. Disponível em: <http://www.oas.org/es/cidh/prensa/comunicados/2020/064.asp>, acesso em 05 de abril de 2020.

gridade das populações. Adicionem-se também diversas declarações e estandares elaborados pelo Alto Comissariado das Nações Unidas, além de uma constante emissão de relatórios, a exemplo do relatório da FIAN sobre o direito à alimentação e nutrição, que visa a criar uma rede de fortalecimento e de boas práticas em âmbito internacional. Mencione-se, ainda, instituições que estão realizando estudos comparativos das medidas tomadas para conter a propagação do vírus, como a Oxford, que compilou e comparou uma ampla gama de respostas à pandemia de coronavírus em todo o mundo para elaborar um rastreador de respostas governamentais ao COVID-19[19].

Em 27 de julho de 2020, a Comissão Interamericana adotou a Resolução n. 4/2020, com enfoque nos "Direitos Humanos das Pessoas com COVID-19", endossando as obrigações jurídicas dos Estados relativamente ao respeito e garantia dos direitos humanos das pessoas com COVID-19, mediante uma perspectiva interseccional e multidisciplinar, que reconheça e afirme a dignidade humana, a eliminação de todas as formas de discriminação, assim como a indivisibilidade e interdependência dos direitos humanos.

A Resolução n.4/2020 enuncia diretrizes para a proteção do direitos das pessoas com COVID-19, com destaque ao direito à saúde; ao direito ao consentimento livre, prévio e informado; ao direito à igualdade e não discriminação; à prioridade à vida nas políticas públicas, recursos e cooperação; direitos em relação a intervenção de atores privados ou empresas no âmbito da saúde; ao acesso à informação; à confidencialidade, à privacidade e ao uso de dados pessoais; aos direitos das pessoas trabalhadoras da saúde que atendem pessoas com COVID-19; à proteção de outros direitos econômicos, sociais, culturais e ambientais; ao direito ao acesso à justiça; e ao direito ao luto por parte de familiares de vítimas falecidas por COVID-19.

Em 05 de fevereiro de 2021, a Comissão Interamericana de Direitos Humanos, em conjunto com a Relatoria Especial para Direitos Econômicos, Sociais, Culturais e Ambientais, adotou um Comunicado público clamando para que os Estados da região priorizem o

---

19 Universidade de Oxford. *Coronavirus Government Response Tracker*. Disponível em: <https://www.bsg.ox.ac.uk/research/research-projects/coronavirus-government-response-tracker>, acesso em 05 de abril de 2020.

enfoque de saúde púbica e de obrigações internacionais em matéria de direitos humanos nas decisões e políticas sobre a aprovação, aquisição, distribuição e acesso à vacina contra o COVID-19.

O Comunicado reconhece que o acesso universal a vacinas e a imunização extensiva em face do COVID-19 constituem um bem de saúde público universal. Nesse sentido, as políticas públicas relativas à vacinação devem incorporar um enfoque integral e interdependente de direitos humanos, em especial dos direitos à vida, à saúde e ao gozo dos benefícios dos avanços científicos, com observância dos princípios da igualdade e proibição da discriminação; participação social; acesso à justiça; acesso à informação e prestação de contas; bem como as perspectivas de gênero e interseccionalidade.

Devem os Estados garantir o acesso universal a vacinas com prioridades baseadas em critérios de saúde pública, considerando os critérios de disponibilidade, aceitabilidade e qualidade relativos ao direito à saúde. Devem, ainda, garantir o acesso à informação e à comunicação pública efetiva, bem como o cumprimento de obrigações em matéria de empresas de direitos humanos. Por fim, uma vez mais, clama-se pelo fortalecimento da cooperação internacional e dos mecanismos existentes mediante ações regionais centradas na solidariedade internacional.

3. CONCLUSÃO

O dramático impacto da COVID-19 e sua natureza multidimensional fomentam um tempo de profunda transformação e reinvenção, marcado por escolhas cruciais. Haverá um mundo pré-COVID e um mundo pós-COVID.

A pandemia de coronavírus (SARS-CoV-2) constitui o maior desafio enfrentado pela humanidade desde a Segunda Guerra Mundial, de acordo com a chanceler alemã Angela Merkel[20]. Segundo o

---

20 Sem autor. *Merkel: Coronavirus is Germany's greatest challenge since World War II*. DW News, 2020. Disponível em: <https://www.dw.com/en/merkel-coronavirus-is-germanys-greatest-challenge-since-world-war-ii/a-52830797>, acesso em 20 de abril de 2020.

Secretário-Geral das Nações Unidas (ONU), António Guterres, "Por un lado, es una enfermedad que representa una amenaza para todos en el mundo y, por otro, tiene un impacto económico que traerá una recesión sin paralelos probablemente en el pasado reciente"[21].

Para a Comissão Interamericana de Direitos Humanos, desafios globais requerem respostas globais, com maior articulação e coordenação de políticas públicas na esfera global, sob o enfoque de direitos humanos e da solidariedade internacional. Conforme enfatizado por Yuval Noah Harari, "Se escolhermos a solidariedade global, será uma vitória não apenas contra o coronavírus, mas contra todas as futuras epidemias e crises que a humanidade possa enfrentar no século XXI"[22]. No mesmo sentido, realça Bachelet "No one will be safe until everyone is safe".

Em sua essência, a pandemia adverte que compartilhamos das mesmas ameaças, medos e riscos; mas também adverte que compartilhamos da mesma humanidade e da capacidade resiliente de construir e reconstruir sociedades mais includentes, sustentáveis, justas e solidárias, em que todos e todas sejam livres e iguais em dignidade e direitos.

---

21 Sem autor. *ONU: "El coronavirus es la crisis global más difícil desde la Segunda Guerra Mundial"*. CNN Chile, 2020. Disponível em: <https://www.cnnchile.com/coronavirus/onu-coronavirus_20200401/>, acesso em 04 de abril de 2020.

22 HARARI, Yuval Noah. *The world after coronavirus.* Financial Times, 2020. Disponível em: <https://www.ft.com/content/19d90308-6858-11ea-a3c9-1fe6fedcca75>, acesso em 25 de março de 2020.

"Próxima generación UE": recuperación post-Covid y transformación económica y social como política federal europea

MERCEDES GUINEA LLORENTE[1]
Profesora titular interina de Relaciones Internacionales.
Universidad Complutense de Madrid.

1. CONSIDERACIONES GENERALES

El año 2020 ha sido uno de los años más aciagos a escala planetaria, caracterizado por una pandemia, la COVID-19 considerada la primera de la globalización, que se ha cobrado un alto precio tanto en términos de vidas humanas como en desarrollo económico y social. La humanidad se ha enfrentado a esta pandemia con más medios científicos y tecnológicos que en ninguna de las anteriores pandemias. De hecho, las vacunas y remedios se están desarrollando en

---

[1] mmguinea@ucm.es. Todas las páginas web han sido consultadas por última vez el 20 de noviembre de 2021.

un tiempo récord, pero la respuesta política global y la cooperación internacional no han estado a la altura y no han conseguido evitar su rápida expansión y sus efectos destructores. La experiencia de la COVID-19 es la historia de un éxito científico a la vez que de un fracaso político[2].

La Unión Europea (UE), espacio integrado física y económicamente, se ha visto fuertemente golpeada por la misma, no sólo en número de fallecidos y de enfermos, sino específicamente en lo que se refiere a su integración económica, base de su modelo político, y su bienestar social[3]. Las primeras semanas de la pandemia en la UE se caracterizaron por una desbandada de los Estados miembros (EEMM), que se volcaron en hacer políticas nacionales, cerrando fronteras y olvidando sus obligaciones como EEMM y, especialmente, su deber de solidaridad como europeos[4].

Después de unas bochornosas primeras semanas, tan pronto como el 10 de marzo de 2020, las instituciones europeas reaccionaban decidiendo, en primer lugar, coordinar las respuestas nacionales y adoptando un conjunto de medidas políticas, cada una desde sus atribuciones y capacidades, para dar una respuesta unificada tanto a los aspectos sanitarios como económicos, sociales e internacionales de la pandemia[5]. Tras ese primer paso, se adoptarían multitud de

---

2 HARARI, Y.N., "Lessons from a year of COVID", *Financial Times,* 26 February 2021, disponible en: https://www.ft.com/content/f1b30f2c-84aa-4595-84f2-7816796d6841.

3 Azoulai llama la atención sobre la paradoja de que la integración en el seno de la UE ha funcionado en un doble sentido: en primer lugar como un difusor del virus, y, en segundo, como el rescatador de las comunidades más vulnerables. AZOULAI, L., "Editorial. Infrastructural Europe: EU Law and human life in times of the covid-19 pandemic", *Revista de Derecho Comunitario Europeo,* nº 66, 2020, pp. 343-359, p. 345.

4 Como defiende Barbé, en el primer momento se impuso la narrativa de "mi país primero" y la reafirmación total de la lógica nacional. BARBÉ, E., "El invierno que no llegó: el orden internacional en tiempos de pandemia", *Revista Española de Derecho Internacional,* vol. 72, nº 2, 2020, pp. 15-31, p. 23.

5 Véase a este respecto: MICHEL, Ch. (PRESIDENTE DEL CONSEJO EUROPEO), *Conclusiones tras la videoconferencia sobre la COVID-19,* Bruselas, 10 de marzo de 2020, disponible en: https://www.consilium.europa.eu/es/press/press-releases/2020/03/10/statement-by-the-president-of-the-european-council-following-the-video-conference-on-covid-19/.

medidas políticas, y hay que subrayar que en un tiempo récord, para lo lentos que son los procedimientos de decisión de la UE[6]. Así se ha calificado la respuesta de la UE a la pandemia, en comparación con crisis precedentes, como rápida y de una ambición considerable[7]. Sin embargo, la importancia de las medidas europeas no ha alcanzado a las opiniones públicas de los EEMM, que las han percibido como marginales, e incluso, en algunos casos de menor importancia que la asistencia china o rusa[8]. Indudablemente el déficit no ha sido de actuación política sino de comunicación y percepción de lo que la UE hace, en línea con el desprecio habitual que esta obtiene[9].

Se puede hacer un listado exhaustivo de las medidas políticas adoptadas, y su número y ambición asombran[10]. Yo aquí quiero

---

6 Como subraya Van Middelaar la UE fue concebida como un sistema político para aprobar normas pero se encuentra muy mal dotada de estructuras institucionales y políticas que le permitan hacer frente a acontecimientos políticos y crisis. De ahí que sus procedimientos de decisión no son los adecuados para una reacción rápida y ejecutiva. VAN MIDDELAAR, L., *Alarums and Excursions. Improving Politics on the European Stage,* Newcastle upon Tyne, Agenda, 2019, pp. 10-14.

7 VERWEY, M., LANGEDIJK, S. y KUENZEL, R., "Next Generation EU: A Recovery Plan for Europe", *VoxEU,* 9 June 2020, disponible en: https://voxeu.org/article/next-generation-eu-recovery-plan-europe. Véase en el mismo sentido: FONSECA MORILLO, F., "Tras la gran recesión: ¿la gran fragmentación?", *Revista General de Derecho Europeo,* nº 51, 2020; MANZANO, C., "3. The Political Reaction: how did the European Institutions Respond to the Crisis", en: VV.AA., *A Yearbook on the Euro in 2021,* Madrid, Fundación de Estudios Financieros y Fundación ICO, 2021, pp. 95-116.

8 RUSSACK, S. y BLOCKMANS, S., "How is EU cooperation in tackling the Covid-19 crisis perceived in member states", en: RUSSACK, S. (Ed.), *EU crisis response in tackling Covid-19. Views from the member states,* EPIN Report, 20 April 2020, pp. 1-4, disponible en: https://www.clingendael.org/sites/default/files/2020-04/Report_EU_crisis_response_April_2020.pdf.

9 Así, Moravcsik afirma con mucha razón que el coronavirus es solo uno de los muchos ejemplos de la tendencia generalizada de periodistas, analistas, diplomáticos y políticos de subestimar a la Unión Europea. Véase: MORAVCSIK, A., "Why Europe Wins", *Foreign Policy,* 24 September 2020, disponible en: https://foreignpolicy.com/2020/09/24/euroskeptic-europe-covid-19-trump-russia-migration/.

10 Para una visión general y de conjunto, véase: UTRILLA FERNÁNDEZ-BERMEJO, D. y SHABBIR, A., *EU law in times of pandemic: the EU's legal response to COVID-19,* Madrid, EU Law Live Press, 2021.

destacar cuatro por desarrollar el modelo político europeo. Todas responden al valor europeo de solidaridad, son políticas redistributivas que apoyan más a los EEMM más golpeados por la crisis y constituyen una profundización de la UE. La primera de ellas es el programa del Banco Central Europeo —Programa de Compra de Deuda por Pandemia—, por el cual esta institución compra deuda pública de los Eurozona en los mercados secundarios, en función de su afectación por la COVID-19 con el fin de garantizarles liquidez para que puedan afrontar las necesidades extra de financiación, derivadas de la pandemia[11]. Se consolida así el rol iniciado con la crisis del euro de 2012 del Banco Central Europeo como prestatario de último recurso.

En segundo lugar destacaría el Programa SURE de la Comisión Europea, consistente en la obtención de liquidez a través de bonos sociales, fondos que luego se transfieren a los EEMM para que financien sus programas de sostenimiento temporal de empleo, lo que en España conocemos como ERTEs[12]. Desde la institucionalidad común europea se apoyan las políticas sociales de los EEMM para mitigar los efectos de la crisis económica sobre el empleo y garantizar unos ingresos básicos a los ciudadanos europeos.

La tercera medida que identificaría es el aprovisionamiento conjunto por parte de la Comisión Europea de suministros médicos específicos y, más concretamente, la adquisición centralizada de vacunas contra la COVID-19[13]. Esto supone dar el paso adelante de

---

[11] Decisión (UE) 2020/440, del Banco Central Europeo, de 24 de marzo de 2020, sobre un programa temporal de compras de emergencia en caso de pandemia (BCE/2020/17), *DO* L 91, de 25.2.2020, p. 1.

[12] Reglamento (UE) 2020/672 del Consejo, de 19 de mayo de 2020, relativo a la creación de un instrumento europeo de apoyo temporal para atenuar los riesgos de desempleo en una emergencia (SURE) a raíz del brote de COVID-19, *DO* L 159, de 20.5.2020, p. 1.

[13] Desde la anterior pandemia de Gripe A, ya existía un Acuerdo para el Aprovisionamiento Conjunto de suministros médicos críticos para la gestión de riesgos sanitarios transnacionales, con la finalidad de, haciendo una oferta conjunta, conseguir suministros fiables y mejores precios. Se ha empleado plenamente durante la pandemia. Puede encontrarse información sobre este marco de cooperación en: https://ec.europa.eu/health/security/preparedness_response_en. Además, el 17 de junio de 2020, la Comisión

declarar la salud de los europeos un bien público a proteger por parte de la UE, dando un paso adelante en la integración y en lo que hacemos juntos. Finalmente, la cuarta medida es la que vamos a analizar en este trabajo: el Programa "Próxima Generación UE", el gran fondo aprobado en el verano de 2020 para financiar la recuperación económica y social de la UE y la transformación de su modelo productivo para ser más sostenible, competitivo y equitativo[14]. Este programa constituye un paso adelante en la federalización de la UE, en la medida en que la COVID-19 se ha identificado como un problema común y se ha formulado una política federal para darle respuesta.

En este artículo nos proponemos analizar el programa "Próxima Generación" como un paso adelante en la federalización de la UE, siendo una profundización de la integración europea sin reforma de Tratados. Examinaremos cómo y por qué fue posible el avance de una respuesta común europea al impacto económico y social de la pandemia; las características principales del Programa "Próxima Generación UE" (PGUE), especialmente su dimensión federal y federalizadora. Estudiaremos específicamente las dos dimensiones del Programa: el Mecanismo de Recuperación y Resiliencia, el principal vehículo para canalizar los fondos europeos a los Estados miembros, y la acción mediante programas comunitarios. Teniendo en cuenta que nos encontramos en una fase muy temprana de la implementación de este instrumento, nuestro análisis se centrará en los marcos jurídicos adoptados, siendo aún prematuro estudiar su implementación.

---

presentó la Estrategia de Vacunas de la UE, para acelerar el desarrollo, la producción y la distribución de vacunas contra la COVID que se entregan a los EEMM. Esto no solo garantiza contratos únicos a escala europea, un suministro seguro y a buenos precios, sino que también son parcialmente financiadas con cargo al presupuesto comunitario. Véase: COMISIÓN EUROPEA, *Comunicación al Parlamento Europeo, al Consejo Europeo y al Banco Europeo de Inversiones "Estrategia de la UE para las vacunas para la COVID-19"*, Bruselas, 17.6.2020, (COM(2020) 245 final).

14 CONSEJO EUROPEO, *Conclusiones de la Presidencia*, Bruselas, 17-21 de julio de 2020, (EUCO 10/20).

2. EL IMPACTO DE LA COVID-19 EN LA UNIÓN EUROPEA: LA MAYOR CRISIS DESDE LA SEGUNDA GUERRA MUNDIAL

El impacto de la COVID-19 en la UE ha sido impresionante tanto desde el punto de vista de la pérdida en vidas humanas como en sus consecuencias socioeconómicas. En el momento en que cerramos estas líneas, el mes de noviembre de 2021, en la UE se han producido un total de 20 297 778 casos, con un número global de 269 268 fallecidos[15]. Los Estados miembros más afectados por la enfermedad hasta este momento han sido Francia (7 287 645 casos reportados), España (5 047 156), Alemania (5 045 076) e Italia (4 860 061). Los países que han perdido a un mayor número de ciudadanos por causa directa de la enfermedad han sido también los Estados grandes, y por este orden, Italia (132 775 fallecidos), Francia (118 154), Alemania (97 715) y España (87 673).

En estos datos ha influido muy directamente el momento de afectación por la enfermedad y el grado de preparación del sistema público de salud, siendo Italia y España las más golpeadas en la primera fase. Los números globales, indudable y desgraciadamente se incrementarán, dado que empieza a reportarse la incidencia de una nueva ola en Europa que llega de la mano del invierno, y de una nueva mutación, la ómicron, pero que se estima menos grave en letalidad y morbilidad por la incidencia de la vacunación[16]. La UE en sus más de sesenta años de vida nunca ha experimentado una crisis

---

15 Todos los datos se han recogido de la página web del Centro Europeo para la Prevención y el Control de Enfermedades, a fecha de 14 de noviembre de 2021. Datos disponibles en: https://qap.ecdc.europa.eu/public/extensions/COVID-19/COVID-19.html#eu-eea-daily-tab.

16 Así el 4 de noviembre de 2021 el director de la OMS para Europa anunciaba que Europa, junto a Asia, son el nuevo epicentro de la enfermedad con un crecimiento alarmante en Europa aunque de consecuencias menos preocupantes por la alta tasa de vacunación de la población. Véase: KLUGE, H.P. (WHO REGIONAL DIRECTOR FOR EUROPE), *Statement "Update on COVID-19: Europe and central Asia again at the epicentre of the pandemic,* 4 November 2021, disponible en: https://www.euro.who.int/en/health-topics/health-emergencies/coronavirus-covid-19/statements/statement-update-on-covid-19-europe-and-central-asia-again-at-the-epicentre-of-the-pandemic.

de salud pública y dimensión transnacional de estas dimensiones. Las pandemias aparecían mencionadas en sus Estrategias de Seguridad, pero nunca se había sufrido una, y apenas existía preparación política para abordarla, salvo un mecanismo sanitario de alerta[17]. Estas Estrategias han funcionado como profecías pero no nos han servido para enfrentarnos a las mismas.

La afectación de la economía europea también ha sido muy relevante y muy desigual. La caída del PIB en la UE de 27 Estados miembros durante el año 2020 ha sido de un 5,9%, mientras que en la Eurozona la media de reducción del PIB ha sido de un 6,4%[18]. Entre los países más afectados económicamente hablando en 2020 se encuentran España (-10,8), Grecia (-9) e Italia (-8,9). Entre los que han resistido mejor la crisis económica en términos de decrecimiento es preciso citar a Lituania (-0,1), Luxemburgo (-1,8), Polonia (-2,5) o Suecia (-2,8). Las diferencias que se dan entre Estados miembros, como puede verse, son enormes. Este impacto asimétrico se explica, fundamentalmente, por la estructura económica de cada país, por su grado de apertura y, muy especialmente, por la importancia del sector turístico. También han resultado muy relevantes las debilidades generadas por la crisis anterior, que habían dejado en los países del Sur la factura de una gran deuda pública, baja productividad y competitividad y desempleo crónico[19].

---

17 La Estrategia Solana de 2003 advertía sobre la posibilidad de expansión de nuevas enfermedades que podrían convertirse en "amenazas globales". CONSEJO EUROPEO, *"Una Europa segura en un mundo mejor". Estrategia Europea de Seguridad*, Bruselas, 12 de diciembre de 2003. La Estrategia vigente se propone trabajar a escala global para lograr una mayor eficacia en la prevención y detección de pandemias y en la manera de responder a las mismas. CONSEJO EUROPEO, *"Una visión común, una actuación conjunta: una Europa más fuerte", Estrategia Global para la política exterior y de seguridad de la Unión Europea*, Bruselas, 19 de junio de 2016, p. 34.

18 EUROSTAT, *GDP and main componentes (output, expenditure and income)*, última actualización 21-10-2021, disponible en: https://ec.europa.eu/eurostat/databrowser/view/NAMA_10_GDP__custom_78848/bookmark/table?lang=en&bookmarkId=7681260e-2f75-4cd7-a153-02fc89543f2c.

19 Para un análisis del diferente impacto de la crisis en los Estados miembros, véase: ESCARIO, J. L., "El fondo de recuperación Nueva Generación UE: el año de su puesta en marcha", en: LÓPEZ GARRIDO, D. (Dir.), *Informe sobre el estado*

En términos de empleo, el impacto de la COVID a escala de la UE-27 fue una reducción de un 1,4%, mientras que la Eurozona perdió una décima más llegando al 1,5%[20]. Los países que más empleo destruyeron fueron España (-4,1), Estonia y Malta (-2,7), Bulgaria (-2,3), o Finlandia (-2,1). Entre los menos afectados, en términos de empleo, hay que citar a Bélgica que no destruyó empleo o a Polonia (-0,1), Países Bajos (-0,5) o a Eslovenia y Chipre (-0,6). El menor impacto en la destrucción de empleo, comparativamente con la anterior crisis de 2008, se explica por el efecto de los esquemas de apoyo temporal al empleo, respaldados por el programa SURE de la Comisión Europea. Hay que subrayar aquí que se ha producido un cierto aprendizaje desde la crisis anterior y que se ha priorizado desde la UE la protección del bien público que supone el empleo.

En términos económicos, la UE ha sufrido un golpe mucho mayor que el resto del mundo y se recuperará mucho más tarde, no antes de la primera mitad de 2022[21]. **E, incluso, aunque para finales de 2022** haya recuperado los niveles precrisis, no hay que olvidar que estos ya se caracterizaban por un crecimiento muy lento, teniendo la UE un problema de baja competitividad internacional. Además, del impacto económico global, otras dimensiones de la integración se han visto fuertemente afectadas por las restricciones a la movilidad, de cese de la actividad económica y de limitaciones a los intercambios impuestas. El gran afectado, en este sentido, es el Mercado Interior, la joya de la corona europea, que ha conocido un impacto sin precedentes en la producción, consumo, intercambios de mercancías y viajes de personas[22]. Con el cierre de fronteras se han visto especialmente afectadas las cadenas transnacionales de producción y suministro y

---

de la Unión Europea 2021. Europa en un periodo de transición, Madrid, Fundación Alternativas y Friedrich Ebert Stiftung, 2021, pp. 53-62.

20 EUROSTAT, *Employment*, última actualización 21-10-2021, disponible en: https://ec.europa.eu/eurostat/databrowser/view/NAMA_10_A10_E__custom_85496/bookmark/table?lang=en&bookmarkId=0d3c5276-dfb4-4342-9834-a4fbec282768.

21 DE VET, J. M., NIGOHOSYAN, D. *et alia*, *Impacts of the COVID-19 on EU industries*, Brussels, European Parliament Research Service, March 2021, (PE 662.903), p. 12

22 MARCUS, J S., POITIER, N. F., *et alia*, *The Impact of COVID-19 in the Internal Market*, Brussels, European Parliament Study, February 2021, (PE 658.219), p. 17.

algunos sectores se han visto dramáticamente golpeados, como el turismo, el transporte aéreo, la hostelería y el entretenimiento, mientras que otros se han visto impulsado como los servicios digitales.

La pandemia también está afectando muy notablemente a las diferencias económicas y sociales entre EEMM: los del Sur han sufrido un impacto mucho mayor que los del Norte y el Este[23]. Y tiene repercusiones en la cohesión social, teniendo mayores efectos negativos sobre las mujeres que han asumido las cargas familiares y que, junto a los jóvenes, se han visto más golpeados en términos de empleo, ya que mujeres y jóvenes trabajan más en el sector servicios que los hombres, sector este mucho más dañado por las restricciones adoptadas durante la pandemia[24].

La pandemia se suma al rosario de crisis que está sufriendo la UE. No obstante, es la peor de todas ellas. Y no solo afecta a EEMM y ciudadanos, sino que deshace los esfuerzos de décadas de políticas comunitarias de generar integración, cohesión y convergencia entre EEMM, ciudadanos y regiones. Por eso, como sostiene el Parlamento Europeo, "este es un momento de la verdad para la Unión que determinará su futuro, y que solo podrá superar esta crisis si los Estados miembros y las instituciones europeas están unidos en la solidaridad y la responsabilidad"[25].

3. DEBATES Y NEGOCIACIONES SOBRE LA RESPUESTA COMÚN: CÓMO LA UE DA UN GIRO DE 180º

En las primeras semanas de la pandemia, aunque le costó al sistema institucional europeo comenzar a poner en marcha respuestas políticas en áreas nuevas, pronto comenzó a abrirse camino la idea de que sería necesaria una ambiciosa respuesta económica común.

---

23 *Ibidem*, pp. 16-19.

24 *Ibidem*, pp. 81-82.

25 PARLAMENTO EUROPEO, *Resolución sobre la acción coordinada de la Unión para luchar contra la pandemia de COVID-19 y sus consecuencias*, Bruselas, 17 de abril de 2020, (P9_TA (2020)0054), Considerando L.

Se abrió un debate entre EEMM y fuerzas políticas sobre las distintas soluciones para hacer frente a tan delicado contexto.

Así el 25 de marzo de 2020 nueve Estados del euro dirigieron una carta al Presidente del Consejo Europeo, Charles Michel, respaldando la idea de que la UE emitiera eurobonos para recaudar dinero con una garantía común para hacer frente a un shock asimétrico e involuntario que afecta a todos[26]. Los eurobonos ya se habían barajado en la crisis de 2012 y fueron fuertemente rechazados por los ordoliberales frugales —Alemania, Países Bajos, Austria o Finlandia— por temor a poner en marcha una unión de transferencias. Se volvió a abrir en el seno del Eurogrupo y del Consejo Ecofin una discusión "agria", entre los frugales que acusaban a los partidarios de la deuda de hipócritas, y los del sur que defendían una necesidad de solidaridad, advirtiendo el riesgo de que se alimentara el discurso populista antieuropeísta[27]. No obstante, terminó por imponerse el hecho de que el impacto de la crisis no podía achacarse a errores de política económica de ningún Gobierno o Estado[28].

En abril, el Parlamento Europeo, en una Resolución presentada de manera mancomunada por los cuatro grandes grupos políticos —PPE, S&D, Renew y Verdes—, saldría con una propuesta alternativa, pidiendo a la Comisión Europea que propusiera un "paquete de recuperación y reconstrucción a gran escala destinado a realizar inversiones en apoyo de la economía europea después de la crisis"[29]. Para el Parlamento, ese paquete debía tener como ejes el Pacto Verde Europeo, la transformación digital para impulsar la economía, mejorar su resiliencia y crear empleo[30]. Y debía ser un fondo especial,

---

[26] Los nueve Estados eran Bélgica, Francia, Italia, Luxemburgo, España, Portugal, Grecia, Eslovenia e Irlanda. Véase al respecto: MICHALOPOULOS, S., "Nine member states ask for eurobonds to face coronavirus crisis", *Euractiv,* 25 March 2020, disponible en: https://www.euractiv.com/section/economy-jobs/news/nine-member-states-ask-for-eurobonds-to-face-coronavirus-crisis/.

[27] RUSSACK, S. y BLOCKMANS, S., "How is EU cooperation in tackling the Covid-19...", *op. cit.,* p. 2.

[28] ESCARIO, J. L., "El fondo de recuperación Nueva Generación UE...", op. cit., p. 54.

[29] PARLAMENTO EUROPEO, *Resolución sobre la acción coordinada..., op. cit.,* pto. 19.

[30] *Ibidem,* pto. 20.

con una finalidad y duración determinada, financiado con recursos propios y deuda pública europea, que se sumara a un Marco Financiero Plurianual renovado[31].

En el mismo sentido, el 19 de abril de 2020, el Gobierno de España llevó al Consejo Europeo una estrategia de recuperación para la UE, en forma de un gran Plan Marshall, financiado con deuda perpetua[32]. En estas nuevas propuestas, el modelo cambiaba: ya no eran fondos obtenidos por el nivel europeo y garantizados por todos los Estados miembros para hacer políticas nacionales, sino una única política europea de recuperación, definida bajo el método comunitario, financiada con deuda pública común y ejecutada por los EEMM.

El 18 de mayo de 2020 se hacía público un documento conjunto de los Gobiernos francés y alemán sobre la recuperación postpandemia, que asumía este nuevo signo de propuestas[33]. Respaldaban un esfuerzo común para salir de la crisis sostenido en torno a cuatro ejes: reforzar la soberanía sanitaria estratégica de la UE; crear un fondo europeo ambicioso para la solidaridad y el crecimiento; acelerar las transiciones ecológica y digital; y reforzar la soberanía y resiliencia económica e industrial europea relanzando el mercado interior. El rol del eje francoalemán es siempre clave para el avance de cual-

---

31 *Ibidem*, pto. 22. El Parlamento Europeo en una Resolución un mes más tarde desarrollaría de manera más detallada las características que ha de tener este Fondo de Recuperación: un apoyo a la inversión sustancial y creíble, que aporte fundamentalmente subvenciones, que se gestione por la Comisión, que no suponga una carga adicional para los presupuestos de los Estados miembros, que incluya un plan viable de devolución de la deuda y que responda a todos los objetivos políticos y sociales que vinculan a la UE. Véase al respecto: PARLAMENTO EUROPEO, *Resolución sobre el nuevo marco financiero plurianual, los recursos propios y el plan de recuperación*, Bruselas, 15 de mayo de 2020, (P9_TA (2020)0124), ptos. 14-23.

32 CUÉ, C.E. y DE MIGUEL, B, "España propone un fondo europeo de 1,5 billones con deuda perpetua", *El País*, 20 de abril de 2020, disponible en: https://elpais.com/espana/2020-04-19/espana-propone-un-fondo-europeo-de-15-billones-con-deuda-perpetua.html.

33 MACRON, E. (PRÉSIDENT DE LA RÉPUBLIQUE FRANÇAISE) et MERKEL, A. (CHANCELIÈRE DE LA RÉPUBLIQUE FÉDÉRALE D'ALLEMAGNE), *Initiative franco-allemande pour la relance européenne face à la crise du coronavirus*, Paris, 18 mai 2020, disponible en: https://www.elysee.fr/admin/upload/default/0001/07/d4fe338244d28de018c5bf0c538c83c337285d0e.pdf.

quier iniciativa profundizadora, pero además en este momento su importancia aparece redoblada por ostentar Alemania la Presidencia semestral del Consejo en la segunda mitad de 2020.

El giro de Alemania apoyando el fondo común de reconstrucción, y por tanto transferencias, venía causado por la toma de conciencia de que el impacto de la crisis en el Mercado Interior no sólo amenaza las ventas alemanas, sino que existe también un riesgo de ruptura de cadenas de valor y pone en peligro las inversiones alemanas en otros EEMM. Tres factores más explican este giro del Gobierno Merkel: las enseñanzas del "austericidio" de la crisis de 2008-12, el hecho de que la cartera de Finanzas la ostentara un miembro del SPD —Scholz— en el Gobierno de Coalición y la Sentencia del Tribunal Constitucional alemán de unos días antes, declarando que las políticas extraconvencionales del Banco Central Europeo exceden su marco de competencias[34].

La Comisión pocos días después presentaba una propuesta de recuperación global, el Programa "Próxima Generación Unión Europea", entendido como un "nuevo instrumento de recuperación" con la finalidad de "ayudar a relanzar la economía y garantizar que Europa sale adelante"[35]. Su nombre responde a la idea de invertir ahora en un bien común para garantizar un futuro que beneficie a la próxima generación de europeos. Se parte de la concepción de que si la recuperación se dejara en manos de los Estados, esta sería incompleta, irregular e injusta, ya que no podría alcanzar a las interdependencias existentes. Este Programa se piensa como un instru-

---

34 En este sentido, la Sentencia del Tribunal Constitucional alemán obligó al Gobierno alemán a cambiar su posición: al denunciar que la función de prestatario de último recurso de Banco Central excede sus competencias no deja de señalar las limitaciones de la constitución económica europea y la necesidad de que se creen otros instrumentos con la función de garantizar la estabilidad y viabilidad de la eurozona. Esto presiona a Alemania de alguna manera para apoyar otras soluciones. Sobre la Sentencia del Tribunal Constitucional alemán, véase: MARTÍN RODRÍGUEZ, P., "Y sonaron las trompetas a las puertas de Jericó… en forma de Sentencia del Bundesverfassungsgericht", *Revista General de Derecho Europeo*, nº 52, 2020.

35 COMISIÓN EUROPEA, *Comunicación de la Comisión al Parlamento Europeo, al Consejo Europeo, al Consejo, al Comité Económico y Social Europeo y al Comité de las Regiones*, Bruselas, 27 de mayo de 2020, (COM(2020) 456 final), p. 2.

mento coyuntural de 750 000 millones de euros, que se integra en el presupuesto a largo plazo, el Marco Financiero Plurianual (MFP), sumando la totalidad del esfuerzo europeo propuesto 1,85 billones de euros[36].

Siguiendo las líneas trazadas por el Parlamento, la Comisión propone una recuperación a través de tres líneas de acción: apoyar a los Estados en sus inversiones y reformas para salir de la crisis y transformar los modelos económicos; incentivar la inversión privada; y extraer las enseñanzas de la crisis, creando un nuevo Programa EU4Health y reforzando la financiación de la cooperación para el desarrollo[37]. La filosofía del programa es reparar los daños del corto plazo, invirtiendo en la transformación de los modelos productivos para conseguir tres transformaciones en paralelo: el Pacto Verde, la digitalización de la economía europea y una economía más competitiva, justa e inclusiva. Junto al fondo, el plan incluye también un programa de reparación y relanzamiento del mercado interior, extrayendo las enseñanzas de la crisis. Así se plantea la necesidad de revisar legislación, estrategias y medidas para conseguir que el mercado único vuelva a funcionar adecuadamente, enfrentando nuevos desafíos como la necesidad de asegurar determinados suministros, materias primas críticas o de controlar inversiones extranjeras en sectores estratégicos.

Igualmente la Comunicación plantea la necesidad de reforzar en este proceso los valores del Estado de Derecho y la protección de los derechos fundamentales, habida cuenta que la crisis ha presentado vulnerabilidades para la democracia procedentes tanto del interior, con medidas de gestión de la crisis en los EEMM poco garantistas, como del exterior, en forma de desinformación. Y, como no puede ser de otra manera, la recuperación se entiende de una manera abierta, que entraña también la misión de cooperar en los foros multilaterales para encontrar soluciones mundiales.

En el modelo de un plan común europeo para la recuperación, su contenido, finalidad y funciones convergían, por tanto, las dos instituciones comunes y el eje francoalemán. Había ahora que conseguir su

---

36 *Ibidem*, p. 1.

37 *Ibidem*, p. 2.

aprobación por la totalidad de los veinticinco restantes EEMM, donde se constataba una seria división, no coyuntural, sino arrastrada desde la crisis de 2008[38]. Por una parte, tenemos una coalición a favor de compartir riesgos fiscales, conformada por los Estados del Sur, a los que ahora se suma Alemania. Por otro lado, los reacios eran los que se autodenominan "frugales", Estados liberales, donantes netos al presupuesto de la UE, opuestos a una Unión de transferencias. Estos, liderados por los Países Bajos, agrupan a Dinamarca, Finlandia, Austria y Suecia más algunos apoyos puntuales de países de Europa del Este.

El Consejo Europeo extraordinario, celebrado a mitad del mes de julio de 2020, logró tras densas y complejas negociaciones, el acuerdo político entre Estados miembros[39]. La transacción final se logró con concesiones como modificar el porcentaje de subvenciones a favor de incrementar el de préstamos, someter el acceso a los fondos a cumplir con los requisitos del Estado de Derecho y cumplir con las recomendaciones del Semestre Europeo —esto es, la implementación de reformas estructurales en las economías necesitadas de ello— y dar la voz definitiva en la aprobación de la ejecución al Consejo, esto es, a los EEMM.

Jugó a favor de este acuerdo tan rápido, tanto la presión de los calendarios como el giro de Alemania, que ostentaba la Presidencia semestral, con su comprensión de las exigencias del nuevo contexto, y sus habilidades negociadoras[40]. La UE daba, frente a la mayor crisis económica conocida desde la Segunda Guerra Mundial, un paso sin precedentes en profundización y en un tiempo récord, para la estructura de gobernanza que tiene. Esto contrasta muy llamativa-

---

38 MIRÓ, J., "Debating Fiscal Solidarity in the EU: Interests, Values and Identities in the Legitimation of the Next Generation EU Plan", *Journal of European Integration*, 2021, pp. 1-19, DOI: 10.1080/07036337.2021.1977292.

39 CONSEJO EUROPEO, *Conclusiones de la Presidencia, op. cit.*

40 Es preciso subrayar cómo en el pasado las distintas negociaciones entre Estados miembros sobre solidaridad transnacional ante adversidades económicas habían resultado infructuosas. En este momento, la gravedad de los efectos de la pandemia se impone y el discurso de los líderes políticos progresivamente se va moderando, bajo la clara influencia de Angela Merkel que trabaja dedicadamente en conseguir la cohesión de los Estados miembros ante esta crisis existencial. Véase: FERRERA, M., MIRÓ, J. y RONCHI, S., "Walking the Road Together? EU Polity Maintenance during the COVID-19 crisis", *West European Politics*, vol. 44, nº 4-5, 2021, pp. 1329-1352.

mente con la falta de dinamismo del resto de instituciones y organizaciones internacionales, que se han caracterizado por una parálisis política durante la crisis de la COVID-19[41].

4. "PRÓXIMA GENERACIÓN UE": ESTRUCTURA Y CARACTERÍSTICAS

El Consejo Europeo presentaba su acuerdo como "un esfuerzo sin precedentes y un planteamiento innovador que impulsen la convergencia, la resiliencia y la transformación en la Unión Europea"[42]. Esa reunión aprobaba el MFP previsto para el septenio 2021-27, consistente en 1,1 billones de euros, junto con el Programa "Próxima Generación UE" (PGUE), dotado con 750 000 millones de euros[43]. El presupuesto general de la UE, programado mediante el MFP, tiene también una finalidad orientada a apoyar la transformación de la UE, la recuperación de su economía frente al impacto de la COVID y su competitividad y resiliencia futuras. Así la exposición de motivos de su Reglamento regulatorio afirma "Las repercusiones económicas de la crisis de la COVID-19 requieren que la Unión disponga de un marco financiero a largo plazo que allane el camino para una transición justa e integradora a un futuro ecológico y digital, apoye la autonomía estratégica a largo plazo de la Unión y la haga resistente a las crisis futuras"[44].

---

41 Como estima acertadamente Pons, el sistema multilateral, en términos políticos, se ha limitado a "simples generalidades y consensos de mínimos cuando lo necesario hubiera sido una respuesta más coordinada, reforzada, rápida y efectiva ante una crisis sanitaria mundial". Véase al respecto: PONS RAFOLS, X., "La COVID-19, la salud global y el Derecho Internacional: una primera aproximación de carácter institucional", *Revista Electrónica de Estudios Internacionales,* nº 39, 2020, DOI: 10.17103/reei.39.06, p. 28.

42 CONSEJO EUROPEO, *Conclusiones de la Presidencia, op. cit.*p. 1.

43 Estas cifras son precios de 2018 y son las aprobadas por el Consejo Europeo que son las que vamos a utilizar a efectos de este análisis, pero si tenemos en cuenta las cifras en precios corrientes, el MFP cuenta con 1 211 billones de euros, mientras que el PGUE 806,9 millones de euros. Estas cifras obligaron a elevar el techo de gasto de la UE a un 2% del PIB.

44 Reglamento (UE/Euratom) 2020/2093, del Consejo, de 17 de diciembre de 2020, por el que se establece el marco financiero plurianual para el periodo 2021-27, *DO* L 433 I, de 22.12.2020, p. 11.

El PGUE, que es el que nos ocupa, es un instrumento de estímulo, excepcional y temporal, llamado a completar la financiación de la UE con la finalidad de abordar la recuperación post-COVID y la transformación de la economía europea para ganar en competitividad. Ambos, que han de ser concebidos como un conjunto, tienen dos finalidades complementarias: reparar el coste económico y social causado por la crisis de la COVID-19 y conducir "una transición hacia una Europa moderna, sostenible y resiliente"[45]. Es, por tanto, "un instrumento para promover un cambio de modelo económico y productivo en los países"[46]. Más que un instrumento antishock, es una extensión excepcional del presupuesto de la UE, en la medida en que los fondos van vinculados a la consecución de los objetivos de la agenda común y atienden, no sólo al impacto de la pandemia, sino más bien a la debilidad de las economías nacionales[47].

Tras meses de negociación entre Consejo y Parlamento finalmente veía la luz el Reglamento sobre el Instrumento de Recuperación, instrumento jurídico que regula el conocido por el nombre político de Programa "Próxima Generación UE"[48]. El Reglamento juridifica, en sus líneas generales, la propuesta de la Comisión, con algunas modificaciones, entre ellas, la lamentable eliminación del apoyo a la cooperación exterior, consolidándose el PGUE como un instrumento de recuperación interior. Sus objetivos son, a tenor del artículo 1 del Reglamento: el restablecimiento del empleo y de los puestos de trabajo; reformas e inversiones para revitalizar el crecimiento sostenible y el empleo con el objeto de reforzar la cohesión entre Estados miembros y su resiliencia; apoyo a las empresas, especialmente las PYMES, y sus necesidades de inversión; refuerzo de la investigación y

45 EUROPEAN COMMISSION, *The EU's 2021-2027 long-term budget and Next Generation EU. Facts and Figures,* Luxembourg, Publications Office of the European Union, 2021, p. 6.

46 ESCARIO, J. L., "El fondo de recuperación Nueva Generación UE…", *op. cit.*, p. 60.

47 ALCIDI, C. y GROS, D., "Next Generation EU: A Large Common Response to the COVID-19 Crisis", *Intereconomics*, vol. 55, n°4, 2020, pp. 202-203. Disponible en: https://www.intereconomics.eu/contents/year/2020/number/4/article/next-generation-eu-a-large-common-response-to-the-covid-19-crisis.html.

48 Reglamento (UE) 2020/2094, de 14 de diciembre de 2020, por el que se establece un Instrumento de Recuperación de la Unión Europea para apoyar la recuperación tras la crisis de la COVID-19, *DOUE*, L 433I, de 22.1.2020, p. 23.

la innovación; preparación de la UE para crisis futuras; transición hacia una economía climáticamente neutra; y el abordaje de los efectos de la COVID en la agricultura y el desarrollo rural.

La filosofía del PGUE, por tanto, no es solo apoyar la inversión nacional para la recuperación y ayudar a los actores económicos para restaurar la economía europea a su situación prepandemia, sino la de financiar las grandes transformaciones en las que ya se había embarcado la UE, la ecológica y la digital, y apoyar la cohesión social para reforzar la resiliencia y la competitividad internacional. El PGUE, en consecuencia, no supone un giro de la agenda política europea, sino su refuerzo, poniéndose como objetivo que la crisis de la COVID-19 no impida a la UE alcanzar los objetivos que previamente se había fijado en su agenda política[49]. Supera el enfoque de ofrecer solidaridad para reparar los daños de la crisis actual, para proponer un pacto generacional para el futuro (de ahí su nombre), realizando inversiones en una escala sin precedentes que pretenden cosechar beneficios en los años venideros. "La inversión será un bien público europeo", porque su razón de ser es demostrar que existe un valor añadido en ser parte de la UE ya que es preciso "redescubrir el poder de la idea de una Europa unida"[50].

---

49 Las tres instituciones europeas encargadas de fijar la agenda política europea —Consejo Europeo, Parlamento y Comisión— se habían fijado para el quinquenio 2019-24 los siguientes objetivos para la acción política europea: el Pacto Verde Europeo; una economía que funcione en pro de las personas; la digitalización; la protección del modo de vida europeo; una Europa más fuerte en el mundo y un nuevo impulso a la democracia europea. Como se verá, el PGUE destina fondos a apoyar todos ellos, directa o indirectamente, con la única excepción de impulsar la democracia europea. Véase: VON DER LEYEN, U. (PRESIDENTA DE LA COMISIÓN EUROPEA), *"Una Unión que se esfuerza por lograr más resultados. Mi agenda para Europa". Orientaciones políticas para la próxima Comisión Europea 2019-2024,* Bruselas, 16 de julio de 2019. Hemos analizado el proceso de negociación y fijación de la agenda política europea en: GUINEA LLORENTE, M., "La Agenda del nuevo ciclo político de la Unión Europea (2019-2024): ¿ambiciones a la altura de los desafíos?", en: GONZÁLEZ DEL MIÑO, P. (dir.), *El sistema internacional del siglo XXI. Dinámicas, actores y relaciones internacionales,* Valencia, Tirant lo Blanch, 2020, pp. 171-188.

50 VON DER LEYEN, U. (PRESIDENTA DE LA COMISIÓN EUROPEA), *Speech at the European Parliament Plenary on the EU Recovery Package,* Brussels, 27 May 2020, disponible: https://ec.europa.eu/commission/presscorner/detail/en/speech_20_941.

El PGUE está compuesto de dos partes diferenciadas, tanto en su filosofía como en su modo de gestión. La primera parte es un gran fondo destinado a financiar las inversiones de los EEMM, y que se trasladará a estos para que sea aplicado a través de sus presupuestos públicos y gestionado por ellos. La segunda parte, supone una ampliación temporal, entre 2021 y 2023, de algunos de los programas de la UE y será, por ello, gestionado directamente por la Comisión Europea. Puede verse su desglose, finalidad e instituciones encargadas en la siguiente tabla.

PROGRAMA	CUANTÍA	FINALIDAD	GESTIÓN
PGUE	750 000 meuros (806 900) *	Reparar el coste económico y social de la crisis Promover transición hacia una Europea sostenible, moderna y resiliente	
Mecanismo de Recuperación y Resiliencia	672 500 (723 800) de los cuales 312 500 (338 000) subvenciones 360 000 (385 800) préstamos	Promover reformas e inversiones en los EEMM para conducir las tres transiciones: ecológica, digital y hacia una mayor cohesión social. Mediante Planes Nacionales	Estados miembros
REACT-EU	47 500 (50 600)	Recuperación de la cohesión entre territorios europeos tras la crisis en los primeros años	Comisión Europea
Fondo de Transición Justa	10 000 (10 900)	Para garantizar que la transición hacia la neutralidad climática funciona para todos	Comisión Europea
Desarrollo Rural	7 500 (8 100)	Apoyo a agricultores y ganaderos	Comisión Europea
INVEST-EU	5 600 (6 100)	Apoyo a inversiones de los negocios	Comisión Europea
HORIZONTE EUROPA	5 000 (5 400)	Financiación de la investigación	Comisión Europea
RESC-EU	1 900 (2 000)	Mecanismo de Protección Civil de la UE para responder a emergencias de gran escala	Comisión Europea

Fuente: Elaboración propia a partir del Reglamento del Instrumento de Recuperación y la documentación de la Comisión Europea.

* Las primeras cuantías citadas son a precios constantes de 2018, que son los que figuran en los Reglamentos aprobados, mientras que las cantidades entre paréntesis han sido ajustadas a precios de 2021, tal y como aparece en la publicación de la Comisión Europea, *The EU's 2021-2027 long-term budget and Next Generation EU, op. cit.*

4.1. El Mecanismo de Recuperación y Resiliencia: financiar la reactivación y transformación de los Estados miembros

La mayor parte del Programa (un 89%) se ejecuta mediante el Mecanismo de Recuperación y Resiliencia (MRR), que financia el apoyo a las reformas e inversiones de los EEMM, con la finalidad de recuperar economías, reforzar la cohesión social y reformar sus modelos productivos en la senda de las transiciones ecológica y digital[51]. Los objetivos del MRR, a tenor de su artículo 4, son numerosos, pero todos responden a las necesidades identificadas previamente por las instituciones comunes. Estos serían: "fomentar la cohesión económica, social y territorial de la Unión mejorando la resiliencia, la preparación frente a las crisis, la capacidad de ajuste y el potencial de crecimiento de los Estados miembros, mitigando el impacto social y económico de dicha crisis, en particular en las mujeres, contribuyendo a la aplicación del pilar europeo de derechos sociales, apoyando la transición ecológica (...) y de transición digital, contribuyendo así al proceso de convergencia económica y social al alza, a la restauración y a la promoción del crecimiento sostenible y la integración de las economías de la Unión, fomentando la creación de empleo de calidad, y contribuyendo a la autonomía estratégica de la Unión junto con una economía abierta y generando valor añadido europeo".

El MRR es lo que conocemos vulgarmente como "fondos europeos de recuperación", que la UE pone a disposición de sus Estados miembros. Asigna a estos, en función de su debilidad estructural y su afectación por la pandemia[52], una cuantía de fondos destinados a reformas e inversiones nacionales, parte en subvenciones y parte en préstamos, que se implementan a través de un Plan Nacional de Re-

---

[51] Reglamento (UE) 2021/241 del Parlamento Europeo y del Consejo, de 12 de febrero de 2021, por el que se establece el Mecanismo de Recuperación y Resiliencia, *DOUE*, L 57, de 18.2.2021, p. 17.

[52] El propio Reglamento establece, en su artículo 11, el método de cálculo para asignar los recursos máximos a los Estados miembros, lo que se especifica en el anexo 2, recogiéndose en tablas específicas. El 70% tiene en cuenta el tamaño de la población del país, los resultados económicos y la situación socioeconómica, medida por el índice de paro. El 30% restante tiene, además, en cuenta los efectos de la crisis, atendiendo a la disminución del PIB real en 2020 y del cambio acumulado del PIB real entre 2020 y 2021.

cuperación y Resiliencia (PNRR), diseñado por el Estado miembro y aprobado por las instituciones comunes[53]. Estos fondos no pueden asignarse, salvo excepciones justificadas, a financiar gastos corrientes del Estado y se rigen por el principio de adicionalidad, es decir, puede asignarse a cofinanciar una misma inversión recursos procedentes de diferentes fuentes comunitarias, nacionales, públicas y privadas[54].

El Estado miembro no es libre de plantear cualquier plan sino que debe articular sus inversiones en torno a los seis pilares establecidos en el Reglamento: a) transición ecológica (al menos un 37% del total de los fondos); b) transformación digital (al menos un 20% del total); c) crecimiento inteligente, sostenible e integrador, que incluya la cohesión económica, el empleo, la productividad, la competitividad, la investigación, el desarrollo y la innovación, y un mercado interior que funcione con pymes sólidas; d) cohesión social y territorial; e) salud y resiliencia económica, social e institucional, con objeto, entre otros, de aumentar la preparación y la reacción ante crisis; y f) políticas para la próxima generación, la infancia y la juventud, tales como la educación y el desarrollo de capacidades[55].

Como compensación a los "frugales", obtener financiación del MRR se subordinó a una buena "gobernanza económica", en lo que

---

53 En un principio, una serie de Estados, entre ellos España, ya han anunciado que solo están interesados en las transferencias aprobadas y es lo que incluyen en sus PNRR. Renuncian a los préstamos, para no recargar aún más unas deudas públicas que ya han resultado incrementadas enormemente por efecto de la pandemia. Aún así, la posibilidad de recurrir a ellos está abierta, si los EEMM se ven en esa necesidad, ya que la solicitud de préstamos está abierta hasta diciembre de 2023 hasta un máximo del 6,8% de la RNB. De hecho, solo siete Estados miembros han solicitado préstamos, y solo Grecia, Italia y Rumanía hasta la totalidad de los fondos disponibles. Puede encontrarse un análisis comparativo de los diferentes PNRR de los Estados miembros en la siguiente página web del Instituto Bruegel: https://www.bruegel.org/publications/datasets/european-union-countries-recovery-and-resilience-plans/.

54 Véanse los artículos 5 y 9 del Reglamento (UE) 2021/241.

55 En un documento de trabajo, destinado a ayudar a los EEMM en la redacción de los PNRR, la Comisión Europea ha elaborado un listado de posibles actuaciones dirigidas a alcanzar esos objetivos generales en el marco de cada uno de los pilares. Véase: EUROPEAN COMMISSION, *Commission Staff Working Document "Guidance to Member States Recovery and Resilience Plans"*, Brussels, 22 January 2021, (SWD (2021) 12final), pp. 4-7.

se conoce como condicionalidad económica. En este sentido, los PNRR han de contribuir a la consecución de los objetivos y reformas propuestos en el marco del Semestre Europeo de coordinación de políticas económicas de los EEMM[56]. El Reglamento, en su artículo 10, dispone que la Comisión podrá proponer, y el Consejo aprobar, suspender la percepción total o parcial de los fondos en el caso de que el Estado incurra en un procedimiento de déficit excesivo, de desequilibrios excesivos o no cumpla con sus programas de ajuste macroeconómico. Se pretende, así, vincular el derecho a la solidaridad común a ser un "buen Estado", respetuoso de sus compromisos y se penaliza a aquel Estado que pone al conjunto de la UE en una situación de riesgo por una gestión irresponsable de su economía. Esta obligación condiciona los fondos de recuperación a que los Estados emprendan las reformas necesarias en sus economías para asegurar la competitividad económica y la cohesión social.

Por ello, según el artículo 17 y 18, los PNRR han de ser coherentes con los retos y prioridades establecidos para cada país en el marco del Semestre Europeo, los planes nacionales de reforma, los planes nacionales de energía y clima, los planes territoriales de transición justa y los planes de aplicación de la Garantía Juvenil. Nos encontramos así que la recuperación nacional financiada con cargo al MRR también debe abordar las reformas nacionales identificadas en las recomendaciones dirigidas a cada país. Dados los últimos desarrollos

56 De facto, la Recuperación y el Semestre Europeo se entienden como dos políticas complementarias, que se integran la una en la otra. Los EEMM no tienen la obligación de presentar los Planes Nacionales de Reforma, de Estabilidad o Convergencia del Semestre Europeo, sino que basta con el PNRR. No obstante, algunos EEMM han decidido presentar los dos. Dada la integración de ambos marcos políticos, la Comisión Europea propuso en 2020 que los PNRR incluyeran una serie de iniciativas dirigidas a promover las dos transiciones: tecnologías limpias y renovables; eficiencia energética de edificios; transporte sostenible y estaciones de recarga eléctrica; despliegue de servicios de banda ancha rápida; digitalización de la administración pública; nube de datos y procesadores sostenibles; y educación y formación para apoyar competencias digitales. Véase: EUROPEAN COMMISSION, *Communication to the European Parliament, the European Council, the Council, the European Central Bank, the European Economic and Social Committee, the Committee of Regions and the European Investment Bank "Annual Sustainable Growth Survey 2021"*, Brussels, 17 September 2020, (COM(2020) 575 final).

de la política europea, el PNRR también ha de incluir hitos y metas sociales, con el objetivo de ser el vehículo nacional para implementar el Pilar Europeo de Derechos Sociales[57] y muy específicamente, ha de abordar y justificar su contribución al logro efectivo de la igualdad de género. Es relevante también señalar que los PNRR han de justificar su elaboración de acuerdo con un proceso amplio de consultas que implique a autoridades regionales y locales, interlocutores sociales, organizaciones de la sociedad civil, asociaciones juveniles y otras colectividades que se identifiquen como interesadas.

En relación a la aprobación y gestión del procedimiento, la Comisión es la institución encargada de evaluar los PNRR (o sus necesarias modificaciones), en colaboración con el Estado miembro concernido, de acuerdo con los criterios de pertinencia, eficacia, eficiencia y coherencia[58]. Eleva una recomendación al Consejo, que es la institución encargada de aprobar los PNRR, con sus planes de inversión y reformas, hitos y objetivos, y establecer las contribuciones financieras destinadas al Estado miembro[59]. En caso de que cambien las circunstancias objetivas de ejecución del PNRR, puede presentarse por el Estado miembro una modificación del Plan que será nuevamente evaluada por la Comisión y sometida a aprobación por el Consejo.

---

57 EUROPEAN PARLIAMENT, COUNCIL AND COMMISSION, *European Pillar of Social Rights*, Brussels, Publications Office, 2017. Se considera así que esta condicionalidad que exige que el Semestre Europeo y los PNRR incluyan objetivos sociales dota de obligatoriedad jurídica y contenido efectivo a lo que antes solo era una obligación política. HACKER, B., "La Europa social en acción: una nueva prioridad en la pandemia tras una década perdida", en: LÓPEZ GARRIDO, D. (Dir.), *Informe sobre el Estado de la Unión 2021…, op. cit.*, pp. 75-86, p. 83.

58 El artículo 13 dispone también que, desde el momento en que el Estado miembro presenta su PNRR, puede solicitar si lo desea, de la Comisión, que le adelante hasta un 13% de la contribución financiera y/o del préstamo en calidad de prefinanciación.

59 En noviembre de 2021, veintiséis de los veintisiete Estados miembros han presentando sus PNRR, faltando sólo los Países Bajos. Han sido aprobados por el Consejo todos, salvo Polonia y Hungría por las razones que se verán más adelante. Pueden encontrarse todos los PNRR en la siguiente página web de la Comisión Europea: https://ec.europa.eu/info/business-economy-euro/recovery-coronavirus/recovery-and-resilience-facility_en#national-recovery-and-resilience-plans.

Para la valoración del cumplimiento de la totalidad de los hitos, objetivos y condiciones del PNRR y el pago de las contribuciones totales a los Estados miembros se ha aprobado un procedimiento complejo de gobernanza, también a petición de los Estados "frugales". Esta ejecución de fondos debe estar cumplimentada a más tardar a fecha de 31 de diciembre de 2026. Como se dispone en el artículo 24, una vez que el Estado miembro considere que ha alcanzado los hitos y objetivos, someterá a la Comisión su evaluación. Los EEMM pueden dos veces al año solicitar una evaluación de consecución de hitos y objetivos e ir recibiendo progresivamente los fondos. Si la valoración de esta sobre dicho cumplimiento es positiva, la Comisión presentará su posición al Comité Económico y Financiero, quien ha de emitir un dictamen, que se tendrá en cuenta en la evaluación final de la Comisión. Este Comité es un órgano de trabajo del Consejo, por tanto, donde tienen un representante todos los Estados miembros.

Con la introducción de este Comité se intergubernamentaliza parcialmente la gestión del MRR, dado que es necesario el visto bueno de todos los Estados miembros a la ejecución del PNRR para que el Estado miembro sea "aprobado" por la Comisión. En la exposición de motivos —que no en el articulado— se dispone que el Comité debe aprobar su dictamen por consenso, y que si no lo logra, un Estado miembro podrá remitir al Consejo Europeo la discusión para que este debata el asunto. Es un procedimiento complejo, que intenta satisfacer a los que quieren un control nacional sobre la ejecución de los fondos por los demás EEMM, pero que abre interrogantes sobre cómo se implementará en la realidad, dado que la intervención del Consejo Europeo no está regulada en el articulado y, por tanto, este procedimiento no es jurídicamente vinculante.

Si la evaluación de la Comisión sobre el cumplimiento del PNRR estima que no se han alcanzado total o parcialmente los hitos y objetivos establecidos, se podrá suspender el pago, total o parcial, de la subvención o del préstamo. Se establece entonces un plazo de un mes de alegaciones y un periodo de seis meses extra para que el Estado miembro pueda reconducir la situación y proceder al cumplimiento de sus obligaciones, lo que le daría derecho a percibir la totalidad de las sumas concedidas. Este fondo, como hemos visto, se gestiona de acuerdo con la filosofía europea de la corresponsabilidad, de manera que la ejecución incorrecta de los planes supone la no percepción de los fondos. Por tanto, contra lo que piensa la opinión pública la recepción de la totalidad de los fondos concedidos no es algo garantizado, sino que queda condicionada a la ejecución perfecta y completa del proyecto diseñado. Aquí es donde entrará en juego la solidez institucional y la coordinación entre Administraciones de los Estados y su capacidad para ejecutar los proyectos definidos.

Desde el punto de vista institucional, se puede criticar la limitada intervención del Parlamento Europeo, dado que solo está previsto que sea informado de los PNRR, de su cumplimiento así como de la aplicación global del MRR, siendo el destinatario de un informe de revisión, previsto para julio de 2022. También se prevé que pueda solicitar de la Comisión que acuda cada dos meses a debatir sobre los aspectos que considere pertinentes relativos a la recuperación y resiliencia, en un procedimiento calcado del "diálogo monetario". No obstante, es un rol con escaso impacto y decepcionante desde el punto de vista democrático, toda vez que el MRR implementa fondos comunes de la UE. El Parlamento, como representante de la ciudadanía europea, debería tener voz en el destino de los fondos y la rendición de cuentas, dado que la presupuestaria ha sido la primera de las competencias de cualquier parlamento occidental.

En la negociación del Consejo Europeo de julio de 2020, los Estados "frugales" también exigieron que se vinculara la percepción de fondos comunitarios por parte de los EEMM al cumplimiento de los valores del artículo 2 del TUE y, en concreto, a las obligaciones en materia de Estado de Derecho[60]. No obstante, ni el Reglamento del Instrumento de Recuperación, ni el del MRR, hacen mención expresa a ninguna condicionalidad de esta naturaleza. Pero, en cumplimiento de ese compromiso, se adoptó un Reglamento específico relativo a la protección del presupuesto de la Unión en caso de vulneración de los principios del Estado de Derecho en los EEMM[61]. En

60 CONSEJO EUROPEO, *Conclusiones de la Presidencia, op. cit.*, pto. 22.

61 Reglamento (UE/Euratom) 2020/2092 del Parlamento Europeo y del Consejo, de 16 de diciembre de 2020, sobre un régimen general de condicionalidad para la protección del presupuesto de la Unión, *DO* L 433I, de 22.12.2020, p. 1. Este Reglamento no ha sido valorado de una manera muy positiva, ya que se considera que en los criterios priman los aspectos formales y procedimentales del Esta-

este Reglamento se establece que actuaciones como poner en peligro la independencia de los jueces, no impedir, corregir o sancionar decisiones arbitrarias de las autoridades públicas, retener recursos financieros o humanos, no evitar conflictos de interés, o limitar el acceso a los recursos judiciales, ponen en peligro la buena gestión del presupuesto o los intereses financieros de la UE. Se regula un procedimiento por el cual la sanción puede ser la suspensión de pagos debidos o la no contracción de nuevos compromisos jurídicos. Finalmente este procedimiento no es tanto una sanción política por violación de los valores del artículo 2 del TUE, sino un procedimiento dirigido a proteger los intereses financieros de la UE frente a una administración nacional defectuosa o corrupta.

En aplicación de esta condicionalidad política, la aprobación de los PNRR de Polonia y Hungría se encuentra en la actualidad paralizada en el seno de la Comisión hasta que no se obtengan más garantías de respeto del Estado de Derecho[62], exigiendo el Parlamento Europeo, en el caso de Polonia, que no se apruebe su Plan de Recuperación hasta que adecúe su comportamiento a las Sentencias del Tribunal de Justicia[63].

4.2. El reforzamiento temporal de distintos Programas estratégicos comunitarios

El 11% de los fondos restantes del PGUE está destinado a reforzar la financiación de programas europeos, unos excepcionales anticrisis y otros permanentes, que son ejecutados entre la Comisión, los

---

do de Derecho en detrimento de los sustantivos. LASA LÓPEZ, A., "Regímenes híbridos, Estado de Derecho y buena gestión financiera: efectos del equilibrio disfuncional en el régimen general de condicionalidad para la protección de los intereses financieros de la Unión·, *Revista Unión Europea Aranzadi,* nº 2, 2021.

62 EURACTIV, "EU mulls approving Hungary, Poland recovery plans, with conditions", *Euractiv,* 1 October 2021, disponible en: https://www.euractiv.com/section/economy-jobs/news/eu-mulls-approving-hungary-poland-recovery-plans-with-conditions/.

63 PARLAMENTO EUROPEO, *Resolución sobre la crisis del Estado de Derecho en Polonia y la primacía del Derecho de la Unión,* Estrasburgo, 21 de octubre de 2021, (P9_TA(2021)0439), pto. 12.

Estados miembros y, en ocasiones, las regiones. El Programa REACT-UE (Ayuda a la Recuperación para la Cohesión y los Territorios de Europa) aprueba recursos excepcionales para dar continuidad a las medidas anticrisis aprobadas por la UE durante la pandemia para transferir fondos a los Estados para enfrentar las actuaciones requeridas por la COVID-19[64]. REACT-UE "presta asistencia para favorecer la reparación de la crisis en el contexto de la pandemia de COVID-19 y sus consecuencias sociales y para preparar una recuperación verde, digital y resiliente de la economía"[65]. Está llamado a completar las partidas asignadas a los Fondos Estructurales de manera temporal para apoyar a los Estados y las regiones más afectados. En ese sentido, REACT-EU es, en su totalidad, un programa temporal y excepcional

---

64 Entre marzo y abril de 2020, la Comisión Europea lanzó dos paquetes de medidas: la Iniciativa de Inversión en Respuesta al Coronavirus y la Iniciativa de Inversión en Respuesta al Coronavirus Plus. Ambas consistían en un redireccionamiento de los fondos estructurales sin gastar (FEDER, FSE y Fondo de Cohesión) para financiar cualquier necesidad de los Estados miembros en su respuesta a la crisis de coronavirus, inicialmente dirigida a la financiación del sector sanitario y luego al apoyo de otros sectores productivos y personas desfavorecidas. La finalidad de estas medidas es actuar con la máxima flexibilidad, con el objeto de apoyar a unos Estados miembros en una situación crítica, permitiendo apoyar una variedad de medidas anticrisis, llegando incluso a financiar el 100% de la intervención. Están regulados en los siguientes instrumentos jurídicos: Reglamento (UE) 2020/460 del Parlamento Europeo y del Consejo, de 30 de marzo de 2020, por el que se modifican los Reglamentos (UE) nº 1301/2013, (UE) nº 1303/2013 y (UE) nº 508/2014, en lo relativo a medidas específicas para movilizar inversiones en los sistemas de atención sanitaria de los Estados miembros y en otros sectores de sus economías, en respuesta al brote de COVID-19 (Iniciativa de inversión en respuesta al coronavirus), *DO* L 99, de 31.3.2020, p. 5 y Reglamento (UE) 2020/558 del Parlamento Europeo y del Consejo, de 23 de abril de 2020, por el que se modifican los Reglamentos (UE) nº 1301/2013 y (UE) nº 1303/2013, en lo que respecta a medidas específicas para ofrecer una flexibilidad excepcional en el uso de los Fondos Estructurales y de Inversión Europeos en respuesta al brote de COVID-19, *DO* L 130 de 24.4.2020, p. 1.

65 Artículo 1 del Reglamento (UE) 2020/2221 del Parlamento Europeo y del Consejo, de 23 de diciembre de 2020, por el que se modifica el Reglamento (UE) nº 1303/2013, en lo que respecta a los recursos adicionales y las disposiciones de ejecución a fin de prestar asistencia para favorecer la reparación de la crisis en el contexto de la pandemia de COVID-19 y sus consecuencias sociales y para preparar una recuperación verde, resiliente y digital de la economía (REACT UE), *DO* L 437, de 28.12.2020, p. 30.

anticrisis. Al igual que el MRR, se extiende hasta 31 de diciembre de 2023 y la Comisión realiza una asignación de recursos de este programa destinados a los Estados miembros en función de su prosperidad relativa y los efectos de la crisis en sus tejidos económico y social.

El Fondo de Transición Justa es un nuevo fondo de la política de cohesión, consecuencia de la adopción del Pacto Verde Europeo, que pretende evitar que se incrementen las diferencias entre territorios europeos como consecuencia de la transición climática[66]. Creado en 2021, presenta la finalidad de compensar a aquellas regiones especialmente afectadas por la neutralidad climática. Es un instrumento nuevo pero permanente mientras se esté aplicando el Pacto Verde europeo. Apoya las medidas que han de adoptar Estados y regiones para su transición apoyando iniciativas de diversificación económica, digitalización, apoyo social y reconversión. Se gestiona en régimen compartido entre la Comisión, el Estado miembro y la autoridad regional, bajo planes de transición territorial, siguiendo el sistema de los Fondos Estructurales. Su complemento temporal por parte del Instrumento de Recuperación tiene la finalidad de evitar que la concentración de esfuerzos por la crisis de COVID-19 en otras prioridades ralentice la reestructuración que tienen que emprender estas regiones y territorios.

Igualmente se ha aprobado una partida temporal en el PGUE para el desarrollo de zonas rurales, que se sumará al Fondo Europeo Agrícola de Desarrollo Rural, con la finalidad de paliar el hecho de que agricultores y empresas del sector se han visto afectados por las consecuencias de la COVID de un modo sin precedentes. Ese apoyo temporal, previsto para los años 2021 y 2022, se integra en la política de desarrollo rural comunitaria, aplicando sus mecanismos, y pretende ofrecer recursos adicionales para que los afectados puedan avanzar en su camino a una recuperación económica, resiliente, sostenible y digital[67].

---

66 Reglamento (UE) 2021/1056 del Parlamento Europeo y del Consejo, de 24 de junio de 2021, por el que se establece el Fondo de Transición Justa, *DO* L 231, de 30.6.2021, p. 1.

67 En este sentido, el Reglamento que lo regula establece que, al menos, el 37% de los recursos adicionales del PGUE asignados a los Programas de Desarrollo Rural de los Estados miembros deben destinarse a medidas de medioambiente,

El PGUE, además, está llamado a completar el programa de inversiones de la UE-INVEST, creado en 2015 por Juncker, y que se mantiene e incrementa en este periodo financiero[68]. Ese apoyo temporal asciende a una cuantía de 5 600 millones de euros, con la que se intentará paliar el déficit en inversión privada consecuencia de la crisis económica, así como la dependencia de inversión extranjera. Pretende, por tanto, contribuir a la recuperación económica, la competitividad futura de la economía europea, su sostenibilidad y la emergencia de cadenas de valor propias, con el fin de apostar por la autonomía industrial europea.

El PGUE también suma más fondos para el programa marco de investigación europea, financiado por el Programa Horizonte Europa, que apoya la creación, difusión y transmisión de la investigación y la innovación a escala europea[69]. La política de investigación europea se fundamenta en dotar de una base estructural al tejido económico europea y ayudar al sistema en su conjunto en la consecución de sus desafíos políticos y sociales. Sin embargo, este apoyo temporal no va dirigido a apoyar cualquier investigación sino aquellas acciones

---

clima, bienestar animal y la Iniciativa comunitaria de desarrollo rural. Es una medida coherente con el propio MRR. Y al menos el 55% de esos recursos, deben dirigirse a medidas de desarrollo económico y social en zonas rurales, en concreto, inversiones en activos físicos, desarrollo de explotaciones agrícolas y empresas, ayuda a servicios básicos y renovación de poblaciones en zonas rurales y cooperación. Véase: Reglamento (UE) 2020/2220 del Parlamento Europeo y del Consejo, de 23 de diciembre de 2020, por el que se establecen determinadas disposiciones transitorias para la ayuda del Fondo Europeo Agrícola de Desarrollo Rural (FEADER) y del Fondo Europeo Agrícola de Garantía (FEAGA), en los años 2021 y 2022, y por el que se modifican los Reglamentos (UE) nº 1305/2013, (UE) nº 1306/2013 y (UE) nº 1307/2013, en lo que respecta a sus recursos y a su aplicación en los años 2021 y 2022 y el Reglamento (UE) nº 1308/2013 en lo que respecta a los recursos y distribución de dicha ayuda en los años 2021 y 2022, *DO* L 437, de 28.12.2020, p. 1.

68 Reglamento (UE) 2021/523 del Parlamento Europeo y del Consejo, de 24 de marzo de 2021, por el que se establece el programa Invest-EU y se modifica el Reglamento (UE) 2015/1017, *DO*, L 107, de 26.3.2021, p. 30.

69 Reglamento (UE) 2021/695 del Parlamento Europeo y del Consejo, de 28 de abril de 2021, por el que se crea el Programa Marco de Investigación e Innovación "Horizonte Europa", se establecen sus normas de participación y difusión, y se derogan los Reglamentos (UE) nº 1290/2013 y (UE) nº 1291/2013, *DO* L 170, de 12.5.2021, p. 1.

destinadas a abordar las consecuencias de la crisis de COVID-19, en particular sus consecuencias en la salud y sus consecuencias económicas y sociales en la senda de las transformaciones económica, digital y climática[70].

Por último, el PGUE está dirigido a apoyar el Mecanismo de Protección Civil de la UE, con 1 900 millones de euros adicionales. Este Mecanismo, existente desde 2001, coordina la respuesta de los EEMM para hacer frente a crisis, tanto de origen natural como humano, incluyendo la creación de una reserva de capacidades y la previsión de equipos humanos para ser desplegados. En este sentido, en 2017 fue complementado con la iniciativa RescEU, una reserva de nivel europeo, dirigida a completar las capacidades nacionales de protección civil, como aviones de extinción de incendios, bombas de agua, equipos de búsqueda y rescate, hospitales de campaña o equipos médicos[71]. Principalmente se ha empleado en el exterior de la UE, pero en los dos últimos años ha tenido un importante protagonismo como mecanismo intraUE para hacer frente a la pandemia. La financiación extra del PGUE debe destinarse a aumentar el nivel de preparación de la Unión y permitir una respuesta rápida y eficaz en caso de emergencias graves, como el almacenamiento de suministros y material médico esencial y la adquisición de las infraestructuras necesarias para una respuesta rápida[72].

Se establece, además, que el periodo para la concesión de todas estas cuantías se extiende para 2021 y 2022; por lo que el PGUE, globalmente, se piensa como un estímulo masivo a la economía europea en los primeros años del periodo presupuestario, complementando los presupuestos normales del MFP. No obstante, hay que tener en cuenta que, en su práctica totalidad, el MFP sigue los mismos pará-

---

[70] En este sentido, el artículo 13 del Reglamento Horizonte Europa destina en partes iguales un 25% de esos fondos a "salud", "mundo digital, industria y espacio", "clima, energía y movilidad" y "Consejo Europeo de Innovación".

[71] COMISIÓN EUROPEA, *Comunicación al Parlamento Europeo, al Consejo y al Comité de Regiones "Reforzar la gestión de catástrofes de la UE: rescEU Solidaridad con Responsabilidad"*, Bruselas, 23 de noviembre de 2017, (COM(2017)73 final).

[72] Reglamento (UE) 2021/836 del Parlamento Europeo y del Consejo, de 20 de mayo de 2021, por el que se modifica la Decisión nº 1313/2013/UE relativa a un Mecanismo de Protección Civil de la Unión, *DO*, L 185, de 26.5.2021, p. 1.

metros y objetivos, promover la recuperación y competitividad económica europea, impulsar las dos transiciones —ecológica y digital— e impulsar la cohesión social.

5. "PRÓXIMA GENERACIÓN UE" COMO RESPUESTA KEYNESIANA Y PROFUNDIZACIÓN FEDERAL

Los documentos institucionales repiten una y otra vez que la cuantía de la respuesta europea al coronavirus no tiene precedente en su alcance y ambición[73]. Tienen razón, nunca se había creado un fondo común de tal tamaño con la finalidad superar una crisis, nunca se había alcanzado el 2% del PIB en gasto de la UE, y nunca se habían puesto tantos recursos al servicio de los Estados miembros para apoyar su desarrollo económico y social[74]. El PGUE supone una profundización del modelo político europeo, en la medida en que los Estados asumieron que los efectos socioeconómicos de la pandemia eran un problema común y le han dado una respuesta común, utilizando para ello las instituciones e instrumentos europeos, y no mecanismos intergubernamentales como se hizo en la crisis financiera de 2008[75]. Por todas estas razones ha transformado el modelo político europeo, que experimenta una transformación sin que se toquen los Tratados.

---

[73] Véase, a título de ejemplo: EUROPEAN COMMISSION, *The EU's 2021-2027 long-term budget and Next Generation EU…, op. cit.*

[74] El PGUE ratifica una de las características tradicionales más significativas del presupuesto comunitario: sirve a la vez para generar bienes públicos europeos y para financiar políticas nacionales de los Estados miembros. Véase a este respecto: LEHNER, S., "The Dual Nature of the EU Multiannual Financial Framework", en: LAFFAN, B. y DE FEO, A., (Eds.), *EU Financing for Next Decade. Beyond the MFF 2021-2027 and the Next Generation EU,* Florence, European University Institute, 2020, pp. 21-42.

[75] En otro lugar hemos valorado políticamente cómo el hecho de la desintegración que supone de facto el impacto de la COVID-19 ha sido respondido con una dinámica política de integración: GUINEA LLORENTE, M., "La Unión Europea entre desintegración e integración: Brexit y pandemia", *Confluências. Revista Interdisciplinar de Sociologia e Direito,* vol. 23, nº2, 2021, pp. 157-177. Disponible en: https://periodicos.uff.br/confluencias/article/view/50672.

El PGUE supone una innovación política que cambia y transforma el modelo político de la UE en el sentido en que los líderes nacionales deciden atribuir una nueva misión y nuevas competencias a las instituciones comunes para que estas desarrollen tareas que nunca se habían realizado con carácter previo en el seno de la UE[76]. Se ha repetido en los medios de comunicación hasta la saciedad el calificativo de que este es el momento "hamiltoniano" de la UE, comparándolo con el momento fundador de un Tesoro público en Estados Unidos[77]. Aún cuando no queremos utilizar metáforas que entendemos que no responden plenamente a la realidad europea[78], estamos de acuerdo en considerar el PGUE un paso delante de gran magnitud en la senda de la federalización europea[79].

---

76 Coincidimos con Rhodes en que la UE ha mostrado con la pandemia su capacidad de innovar y crear nuevas instituciones en aplicación de solidaridad. RHODES, M., "`Failing Forward´: a critique in light of covid-19", *Journal of European Public Policy*, vol. 28, nº 10, 2021, pp. 1537-1554.

77 ALDECOA LUZÁRRAGA, F., "El nuevo ciclo político en la UE", en: ALDECOA LUZÁRRAGA, F. (Dir.), *La Unión Europea y la pandemia mundial,* Madrid, La Catarata, 2020, pp. 19-36, p. 29; MANZANO, C., "3. The Political Reaction…", *op. cit.,* pp. 95-116, p. 101.

78 En ese sentido, compartimos la idea de Jonás Fernández de que, en la medida en que el PGUE en este momento es un instrumento temporal y excepcional no podemos hablar de "momento hamiltoniano", a diferencia de si la mutualización de riesgos se generalizara y la UE se financiara solo con recursos propios. Considera, por ello, que cabe con mayor propiedad hablar de una aproximación hamiltoniana por etapas. FERNÁNDEZ, J., "The Fiscal Response: A Step forward towards Debt Mutualization?", en: VVAA., *A Yearbook on the Euro in 2021, op. cit.*, pp. 77-94, pp. 93-94.

79 Son muchos los autores y analistas que coinciden en calificar el PGUE en un gran paso adelante o hito en la construcción europea. Entre ellos, a modo de ejemplo, ha sido considerado un "acuerdo histórico sin precedentes" (DE CASTRO RUANO, J.L., "Un acuerdo histórico para una Unión Europea más federal", *Revista Unión Europea Aranzadi,* nº 8-9, 2020); "un paso de gigante en la construcción europea" (ESCARIO, J. L., "El fondo de recuperación Nueva Generación UE…", *op. cit.*, p. 54 y MANZANO, C., "3. The Political Reaction…", *op. cit.*, p. 96); un "salto adelante" (GALIANO, M. y ORDIALES, I., "El desigual impacto de la pandemia: ¿perspectivas para una recuperación de la UE convergente y resiliente?" en: LÓPEZ GARRIDO, D. (Dir.), *Informe sobre el Estado de la UE 2021…, op. cit.,* pp. 87-100, p. 88); "un momento seminal, *game-changer*" (LAFFAN, B., "Forward", en: LAFFAN, B. y DE FEO, A., (Eds.), *EU Financing for Next Decade…, op. cit.*, pp. i-vi, p. iii)

Supone un desarrollo del modelo federal de la UE en la medida en que con este programa se generan nuevas capacidades financieras, se desarrolla la Unión Económica y Monetaria (UEM), se crea una nueva política —por el momento parece que temporal— y se decide que los nuevos fondos sean asignados en función de las necesidades de los destinatarios, es decir, en aplicación del principio de solidaridad federal.

5.1. Endeudamiento conjunto para financiar la UE

La pandemia ha actuado como un revulsivo en unos de los ámbitos más descuidados de la integración europea: su financiación. Ha permitido así romper tres tabúes tradicionales relativos a la financiación de la UE y elevar el techo de gasto, permitir una deuda pública europea y considerar la posibilidad de crear nuevos recursos propios[80].

La primera dimensión de la profundización es la recaudación de fondos en los mercados financieros, de manera masiva, a través de la emisión de deuda pública europea por parte de la Comisión Europea que se coloca en los mercados internacionales. Es un paso adelante que supera la tradicional financiación de la UE mediante —ahora exiguos— recursos propios, contribuciones de los Estados miembros y, puntual y excepcionalmente, mediante bonos emitidos por algunas de las instituciones europeas[81]. La financiación de la recupera-

---

80 Véase sobre esta cuestión: LAMASSOURE, A., "The Awakening of the Sleeping Beauty?", en: LAFFAN, B. y DE FEO, A., (Eds.), *EU Financing for Next Decade...*, *op. cit.*, pp. 15-20.

81 Hay que recordar que en el pasado se han emitido deuda mutualizada con carácter excepcional y coyuntural por la Comisión, en nombre de la UE. Así se generó por ejemplo el Mecanismo Europeo de Estabilización Financiera, programa de financiación de emergencia con el que se pagaron los primeros rescates de 2010 y 2011 o programas de asistencia a terceros Estados. Lo mismo puede decirse del Programa SURE al que hemos hecho referencia más arriba. Ambos han sido financiados con cargo a bonos emitidos por la Comisión Europea. En el marco habitual de sus operaciones, tanto el Banco Europeo de Inversiones como el Mecanismo Europeo de Estabilización (MEDE), también se financian emitiendo bonos mutualizados. La totalidad de esta deuda mutualizada paneuropea, garantizada por los Estados miembros, en la actualidad, llega al 6%

ción mediante endeudamiento conjunto, evita recargar las deudas públicas nacionales, ya de por sí muy elevadas, para hacer frente a la recuperación postpandemia.

La emisión de bonos europeos, que se hará de manera estructural por primera vez, supone un paso adelante en la federalización de la UE, que gana autonomía respecto a sus Estados miembros[82]. Esa deuda pública está garantizada por el presupuesto comunitario y, por tanto, indirectamente por los Estados miembros, limitándose esa responsabilidad a una fórmula fija de contribución, en un modelo híbrido[83]. Resulta, además, una manera más asequible y barata para los Estados miembros de financiar políticas comunes, dado que los bonos europeos han recibido la calificación de la triple A e, incluso, han sido colocados a interés negativo[84]. Por el momento es una financiación coyuntural reducida a los 750 000 millones de euros necesarios para la recuperación, pero si es una opción política que se revela positiva, será replicada una y otra vez, por lo que consideramos con muchos autores que esta innovación ha llegado para

del PIB. Véase al respecto: DELGADO-TÉLLEZ, M., KATARYNIUK, I, LÓPEZ-VICENTE, F. y PÉREZ, J. J., "Endeudamiento supranacional y necesidades de financiación en la Unión Europea", *Documentos ocasionales del Banco de España,* nº 2021, 2020, pp. 15-16; disponible en: https://www.bde.es/f/webbde/SES/Secciones/Publicaciones/PublicacionesSeriadas/DocumentosOcasionales/20/Fich/do2021.pdf.

82 Esto es especialmente significativo si tenemos en cuenta que los presupuestos de la UE y, especialmente, su forma de financiación, se aprueban por unanimidad del Consejo Europeo. Específicamente la Decisión sobre Recursos Propios, es decir, la forma de financiación, ha de ser ratificada por la totalidad de los Parlamentos de los Estados miembros. Esta forma de decisión, sometida a un "doble cerrojo", obliga a complejas transacciones entre Estados miembros y, en ocasiones, a políticas contradictorias.

83 Se considera un modelo híbrido, porque en la deuda europea convergen tanto una garantía europea, a través de los recursos propios, como nacional, mediante la responsabilidad última de los Estados miembros. Véase: CABRAL, N. DA COSTA, "Borrowing in the European Union: from a pure national model to the antechamber of a European fiscal federal solution", *Journal of European Integration,* DOI: 10.1080/07036337.2021.1881499.

84 Escario califica la primera emisión de deuda europea en junio de 2021 como un éxito completo, ya que la demanda fue siete veces superior a la oferta. ESCARIO, J. L., "El fondo de recuperación Nueva Generación UE...", *op. cit.*, p. 55.

quedarse[85]. El declararla una medida coyuntural y temporal ha sido necesario para poder conseguir la aquiescencia de los Estados "frugales", reacios a las transferencias fiscales, pero una vez que perciban el beneficio generalizado de esta fórmula, apoyarán su estabilización.

La deuda generada por los 750 000 millones de euros para la recuperación podrá ser devuelta hasta 2058. Se ha previsto, además, la próxima creación de nuevos recursos propios para incrementar los ingresos de la UE y poder contribuir a la devolución de la deuda. Entre ellos, la Comisión ya había propuesto, como nuevos recursos propios, la extensión del esquema de comercio de inversiones, un impuesto de CO_2 en frontera, un impuesto a las digitales, la tasa sobre transferencias financieras, una tasa sobre las multinacionales en el mercado interior o una base común sobre el impuesto de sociedades[86]. Estas se sumarían al impuesto sobre plásticos no reciclables, creado en enero de 2021, que ya cuenta como nuevo recurso propio europeo[87].

Aunque, como regla general, el debate sobre la creación de nuevos recursos propios ha generado resistencias entre los Estados miembros, en este caso no parece que vaya a ser tan difícil. Es lógico pensar que los Estados serán más favorables a permitir que la UE se financie directamente por esta vía impositiva, que tener que pagar ellos de sus presupuestos nacionales esa parte de la deuda[88]. El hecho

---

85 DELGADO-TÉLLEZ, M., KATARYNIUK, I, LÓPEZ-VICENTE, F. y PÉREZ, J. J., "Endeudamiento supranacional...", *op. cit.;* ESCARIO, J. L., "El fondo de recuperación Nueva Generación UE...", *op. cit.;* RUBIO BARCELÓ, E., "El fondo de recuperación de la UE: ¿un primer paso hacia la Unión Fiscal?, en: VVAA, *Anuario Internacional CIDOB 2021,* 7/2021, p. 1, disponible en: https://www.cidob.org/es/articulos/anuario_internacional_cidob/2021/el_fondo_de_recuperacion_de_la_ue_un_primer_paso_hacia_la_union_fiscal.

86 Véase: COMISIÓN EUROPEA, *Comunicación al Parlamento Europeo, al Consejo Europeo, al Consejo, al Comité Económico y Social Europeo y al Comité de las Regiones "Un presupuesto moderno para una Unión que proteja, empodere y vele por la seguridad. El marco financiero plurianual para el periodo 2021-2027,* Bruselas, 2 de mayo de 2018, (COM(2018) 321final).

87 Decisión (UE/Euratom) 2020/2053 del Consejo, de 14 de diciembre de 2020, sobre el sistema de recursos propios de la Unión Europea y por la que se deroga la Decisión 2014/315/UE, Euratom, *DO,* L 424, de 15.12.2020, p. 1.

88 Escario subraya el hecho de que los Estados más reticentes a dar el salto en materia impositiva son los contribuyentes netos al presupuesto, por lo que el hecho de que si no se crean nuevos recursos propios tengan ellos que asumir en

de que se puedan consolidar nuevos recursos propios para financiar la UE daría a las políticas de esta mayor autonomía respecto a las transacciones necesarias entre Estados miembros.

La capacidad de endeudamiento propio también supone una mayor independencia de la UE de sus Estados miembros, incrementando su lógica federal. Así, como sostiene José María Gil-Robles, "como el que paga es el que decide, en el momento en que paguen los ciudadanos europeos, serán las instituciones europeas las que manden"[89]. Quiere esto decir que un presupuesto basado cada vez en más recursos propios y una UE con capacidad de endeudamiento refuerza la autonomía financiera y decisoria del nivel supranacional respecto a sus Estados miembros, equilibrándose la dinámica puramente intergubernamental con otra de naturaleza comunitaria. No obstante, ese paso adelante en la federalización de la UE en esta etapa es parcialmente insatisfactorio, dado que el Parlamento Europeo no participa en la adopción de la decisión sobre Recursos Propios.

5.2. *Desarrollo de la Unión Económica y Monetaria: capacidad fiscal y reforzamiento de la gobernanza económica*

El PGUE presenta, además, un efecto político, en buena medida inesperado inicialmente, que es el desarrollo de la Unión Económica y Monetaria, promovido por dos de sus características: la emisión de deuda pública europea y la condicionalidad macroeconómica.

En primer lugar, la financiación de políticas comunes mediante mutualización de deuda mejora la financiación y la posición de la deuda nacional de los Estados miembros, lo que es especialmente relevante en el caso de la Eurozona[90]. Además, implica un impulso a la confianza

---

mayor proporción el repago de la deuda puede ser un poderoso incentivo para que cambien de posición. ESCARIO, J. L., "El fondo de recuperación Nueva Generación UE...", *op. cit.*, p. 55.

89 GIL-ROBLES, J.M., *Intervención en la Conferencia "El camino hacia el sistema fiscal en la Unión Europea"*, Madrid, Consejo Federal Español del Movimiento Europeo, 26 de mayo de 2021, disponible en: http://www.movimientoeuropeo.org/id-la-nueva-generacion-de-la-ue/.

90 Véase al respecto: DELGADO-TÉLLEZ, M., KATARYNIUK, I, LÓPEZ-VICENTE, F. y PÉREZ, J. J., "Endeudamiento supranacional...", *op. cit.*, pp. 17-19.

de la construcción de la Unión Monetaria, ya que la emisión de deuda común es un avance en integración fiscal. Contribuye, también a profundizar la integración financiera y a facilitar la unión de los mercados de capitales, al reforzar los mecanismos de compartición de riesgos, reducir el impacto de shocks y promover la estabilidad económico. Ello también impulsará el papel del euro como moneda de reserva internacional. Además, una oferta suficiente de activos seguros contribuye a la estabilidad financiera al reducir la presión sobre los tipos de interés, sobre todo en momentos de crisis. Permite reducir el vínculo banco-soberano y reducir el efecto de arrastre de las crisis al sector bancario. Finalmente, un activo seguro de esta naturaleza tendrá efectos sobre la eficacia de la conducción de efectos de la política monetaria.

En definitiva, la mutualización que implica la deuda impulsa la confianza en la construcción de la Unión Monetaria, ya que la emisión de deuda para financiar el presupuesto comunitario supone un avance sin precedentes en integración fiscal. Actualmente el endeudamiento europeo solo se permite con carácter excepcional para financiar este PGUE, pero "la UE se ha otorgado la prerrogativa de pedir prestado para afrontar las consecuencia de graves crisis y no cabe duda de que dicha prerrogativa se pondrá de nuevo sobre la mesa en el futuro"[91]. Así, son muchos los autores que consideran que el endeudamiento conjunto es un embrión de Tesoro de la Eurozona, que abra la puerta a una futura Unión Fiscal[92]. La posibilidad de crear un Tesoro del euro es un largo debate que se arrastra desde el Informe de los Cinco Presidentes de 2015[93]. Se constata así que se ha roto un tabú existente durante la crisis de 2008 y ahora se ha entendido que la UEM no sólo debe articularse mediante un conjunto de normas, como una institución regulatoria, sino también que las transferencias fiscales son necesarias[94].

En segundo lugar, el PGUE constituye un paso adelante en términos de desarrollo de la dimensión Unión Económica de la UEM. La

---

91 RUBIO BARCELÓ, E., "El fondo de recuperación de la UE…", *op. cit.*, p. 1.

92 Véase entre otros: FERNÁNDEZ, J., "The Fiscal Response…", *op. cit.*, p. 78; y CABRAL, N. DA COSTA, "Borrowing in the European Union…", *op. cit.*, p. 13.

93 JUNCKER, J-C., TUSK, D., DIJSSELBLOEM, J., DRAGHI, M. y SCHULZ, M., *Completing Europe's Economic and Monetary Union,* Brussels, 22 June 2015.

94 LADI, S. y TSAROUHAS, D., "EU Economic Governance and Covid-19: Policy Learning and Windows of Opportunity", *Journal of European Integration,* vol. 42, nº 8, 2020, pp. 1041-1056.

condicionalidad macroeconómica y su vinculación al Semestre Europeo, aunque inicialmente sirviera para convencer a los "frugales" de que la mutualización no generaría riesgo moral, ayuda a desarrollar aspectos de la UEM que estaban pendiente. Así, la financiación común de reformas estructurales nacionales, pactadas bajo "contrato", ya había sido propuesta en varios documentos relativos a la compleción constitucional de la UEM, como el Plan de los Cuatro Presidentes[95], o la Comunicación de la Comisión de 2017[96]. En este caso, los PNRR no tienen solo esa finalidad, pero apuntan también a este objetivo.

Se considera que esta condicionalidad puede conseguir de una vez lo que no ha obtenido el Semestre Europeo, que no ha funcionado en la práctica para imponer una disciplina presupuestaria a los Estados miembros y una dirección a su gasto público. De facto, a través del PGUE ya se está reformando el Semestre Europeo y reforzándolo, ya que ahora sus objetivos no aparecen respaldados solo por una posible sanción que sabemos que el Consejo luego no aprobará, sino por una mecánica de condicionalidad positiva, que vincula el respeto a la obtención de fondos. No es menos importante que ahora la condicionalidad del Semestre Europeo se haya extendido para incluir los objetivos sociales del Pilar Europeo de Derechos Sociales, lo que dota de obligatoriedad y contenido a lo que antes era solo un compromiso político[97]. Así, "la pandemia podría marcar un punto de inflexión en la política social y de empleo europeas"[98].

A pesar de su potencial para corregir las debilidades de las economías nacionales, las instituciones comunes han de ser precavidos con la exigencia de condicionalidad en los PNRR, ya que puede tener sus

---

95 VAN ROMPUY, H. (PRESIDENTE DEL CONSEJO EUROPEO) en colaboración con BARROSO, J.M. (PRESIDENTE DE LA COMISIÓN EUROPEA), JUNCKER, J.C. (PRESIDENTE DEL EUROGRUPO) y DRAGHI, M. (PRESIDENTE DEL BANCO CENTRAL EUROPEO), *Hacia una auténtica Unión Económica y Monetaria,* Bruselas, 5 de diciembre de 2012, p. 9.

96 COMISIÓN EUROPEA, *Comunicación de la Comisión al Parlamento Europeo, al Consejo Europeo, al Consejo y al Banco Central Europeo "Nuevos instrumentos presupuestarios para una zona del euro estable dentro del marco de la Unión"*, Bruselas, 6 de diciembre de 2017, (COM(2017) 822final), p. 5.

97 HACKER, B., "La Europa social en acción...", *op. cit.,* p. 83.

98 *Ibid.,* p. 75.

efectos negativos al retrasar la realización de las inversiones. Y aquí el tiempo resulta clave para iniciar la recuperación de las economías y limitar el impacto social de la crisis. Luego deben equilibrarse los objetivos de coordinación macroeconómica de la Eurozona con los de inversión para la recuperación y transformación. En definitiva, los PNRR se convierten en poderosos instrumentos de coordinación de políticas económicas de los Estados miembros de la Eurozona, desarrollando la Unión Económica.

5.3. Política de recuperación, desarrollo y transformación económica común

La tercera innovación en términos de modelo político que entraña el PGUE es declarar la crisis socioeconómica producida por la pandemia un asunto de interés común y formular en respuesta una política supranacional y global de inversión con una finalidad transformadora[99]. Algo así sólo se había producido con anterioridad de manera muy puntual y limitada, siendo ejemplo la puesta en marcha del "Plan Juncker", y dentro de este del Fondo Europeo de Inversiones Estratégicas, que pretendían sacar a la UE de su crisis de crecimiento[100].

---

99 Se ha argumentado con sentido que, dado que los Tratados europeos, no contienen una base jurídica para dotar de una arquitectura jurídica de conjunto a un programa como el plan de recuperación, ha sido necesario recurrir a bases jurídicas diferentes (el presupuesto, la coordinación de políticas económicas, la cohesión económica y social) lo que explica la pluralidad de instrumentos jurídicos utilizados. SÁNCHEZ-BARRUECO, M. L. "El nuevo marco presupuestario de la Unión Europea para la recuperación postpandemia", *Revista de Derecho Comunitario Europeo,* nº 69, 2021, pp. 555-599, p. 561.

100 Reglamento (UE) 2015/1017 del Parlamento Europeo y del Consejo, de 25 de junio de 2017, relativo al Fondo Europeo de Inversiones Estratégicas, al Centro Europeo de Asesoramiento para la Inversión y al Portal Europeo de Proyectos de Inversión, y por el cual se modifican los Reglamentos (UE) 1291/2015 y 1316/2013, *DO* L 169, de 1.7.2017, p. 1. Hemos analizado el alcance de este programa comunitario de relanzamiento de la economía en: GUINEA LLORENTE, M. y DÍAZ LAFUENTE, J., *El cumplimiento de la Comisión Europea con sus ciudadanos. Un balance de resultados de la VIII legislatura del Parlamento Europeo y recomendaciones para el futuro,* Madrid, Marcial Pons, 2019, pp. 52-54.

Resulta verdaderamente innovador que se atribuya a la UE la misión de formular un plan de recuperación frente a la pandemia y de transformación del modelo económico, de acuerdo con las transiciones ecológica y digital, y de mejora de la cohesión social. Resultan evidentes las ventajas de una respuesta fiscal coordinada a la crisis, que permite que todos los EEMM se beneficien de los esfuerzos, perdiéndose en el exterior una menor parte[101]. Desde la UE nunca se había promovido financiándola una política común de desarrollo económico en torno a un mismo modelo, que implementa los parámetros de la economía social de mercado del artículo 3.3 del TUE.

Teniendo en cuenta las características del PGUE, se supera con mucho el modelo de la "política económica que se basará en la estrecha coordinación de las políticas económicas de los Estados miembros", establecido en el artículo 119 del TFUE. La concepción, dirección y características de la recuperación y transformación son comunes, iguales para todos. Han sido aprobadas mediante Reglamentos adoptados por el procedimiento legislativo ordinario, bajo el método comunitario. Y ha recibido la misión de implementar la agenda política europea consensuada entre Consejo Europeo, Parlamento Europeo y Comisión[102]. De manera que si, un Estado miembro no compartiera el modelo o los parámetros de este plan, sólo le queda la salida de no presentar un Plan de Recuperación y Resiliencia y no beneficiarse de la financiación común.

---

[101] En este sentido Picek argumenta la respuesta singular y aislada de un Estado miembro no beneficiaría en su totalidad a este, sino que parte se desviaría hacia el exterior. Sin embargo, la respuesta coordinada común hace que los beneficios se transfieran también hacia las otras economías europeas, perdiéndose una menor parte hacia países terceros. PICEK, O., "Spillover Effects From Next Generation EU", *Intereconomics*, vol. 55, nº 5, 2020, pp. 325-331, disponible en: https://link.springer.com/content/pdf/10.1007/s10272-020-0923-z.pdf.

[102] Hay que recordar que el programa de la Comisión Von der Leyen no hace más que concretar la agenda estratégica aprobada por el Consejo Europeo en junio de 2019, y que es ratificado como contrato de legislatura por el Parlamento Europeo al votar positivamente la elección de la Presidenta y la investidura de su Comisión. Véase a este respecto: GUINEA LLORENTE, M., "La Agenda del nuevo ciclo político de la Unión Europea (2019-2024)...", *op. cit.*

5.4. *La asignación de fondos: política redistributiva federal*

Finalmente, el PGUE refuerza la dimensión federal de la UE por su carácter de política redistributiva, que implementa el principio de solidaridad federal, aplicándolo, en este caso, al retraso socioeconómico y a la afectación por la crisis. Así, uno de los autores clásicos del carácter federal de la UE, Dusan Sidjanski, subraya como uno de los rasgos federales de la UE la existencia de fondos comunes para redistribuir las ganancias de los más ricos hacia políticas de desarrollo para los Estados más pobres[103]. Como sostiene Eulalia Rubio, con el PGUE se ha roto el tabú de las transferencias fiscales explícitas[104].

En el caso del PGUE, todos los Estados miembros garantizan, en función de su desarrollo relativo, la obtención de fondos mediante deuda pública, de manera que los más ricos asumen más responsabilidad. La distribución de los fondos, en cambio, se ha hecho en función de una serie de parámetros: la afectación económica por la pandemia, renta per cápita, población y desempleo[105]. En definitiva, esta distribución asegura más fondos a aquellos Estados con mayor número de habitantes afectados por un retraso económico estructural y los efectos económicos de la pandemia.

El resultado es que se ha aplicado el principio de solidaridad federal, generando una redistribución, ya que reciben más fondos aquellos Estados menos desarrollados que más daño han sufrido por la crisis. No resulta, por tanto, inesperado que el Estado miembro que más dinero reciba del MRR sea España, con 69 528 050 millones de euros, seguido de cerca por Italia, con 68 895 833 millones de euros.

---

103 SIDJANSKI, D., *El futuro federalista de Europa. De los orígenes de la Comunidad a la Unión Europea*, Barcelona, Ariel, 1998, p. 323.

104 RUBIO BARCELÓ, E., “El fondo de recuperación de la UE…”, *op. cit.*, p. 1.

105 El Reglamento del MRR dispone en su artículo 11 que la contribución máxima destinada a cada Estados miembro se calcula de la siguiente manera. El primer 70% de acuerdo con la población, la inversa del PIB per cápita y la tasa de desempleo relativa. El siguiente 30% teniendo en cuenta la población, la inversa del PIB per cápita y, en igual proporción, el cambio del PIB real en 2020 y el cambio acumulado del PIB real durante el periodo 2020-21, de acuerdo con las previsiones de la Comisión, y con algunos correctores que se recogen en el anexo I. Aplicando estos parámetros el propio Reglamento recoge, en el anexo IV, los importes máximos correspondientes por Estado miembro.

A mucha mayor distancia, les sigue Francia, con 39 377 074 millones de euros y Alemania con 25 619 175 millones de euros. Polonia, siendo también un Estado grande, se encuentra a mucha mayor distancia con 23 856 987 millones de euros, al haber resultado menos afectado por la pandemia y tener una baja tasa de desempleo. El país con menos asignación de fondos es Luxemburgo, con solo 93 526 millones de euros, debido a su tamaño pero especialmente a su riqueza. El desarrollo comparativo y la afectación por la pandemia explican que otros países con similar población reciban mucho más, como Malta (316 474) o Chipre (1 006 170). Con estos datos podemos ver que la UE invierte más en la recuperación y resiliencia de aquellos Estados con mayor necesidad estructural y más afectados socioeconómicamente por la pandemia.

El PGUE es una herramienta de solidaridad, pero también es cierto que las razones para la solidaridad no se entienden de igual manera entre los Estados del Norte y los del Sur y así lo han transmitido los Gobiernos a sus opiniones públicas[106]. Para los del Norte esta solidaridad fiscal es sólo excepcional y temporal y se justifica por la necesidad de proteger el Mercado Interior. Para los del Sur, y la propia Alemania, la solidaridad busca reforzar la cohesión política interna de la UE y conseguir que los Estados menos desarrollados se acerquen a los más prósperos. Diferencias aparte, el Mecanismo existe y está capacitado para producir beneficios en todos esos sentidos que no son excluyentes sino complementarios.

6. A MODO DE CONCLUSIÓN

Frente a los destructivos efectos socioeconómicos de la pandemia, la UE ha sido capaz de poner en marcha una impresionante respuesta política. Es así la excepción dentro del panorama internacional, en que la cooperación multilateral sigue brillando por su ausencia. Con el PGUE, los europeos lanzan al mundo un mensaje potente: en un momento en que la cooperación internacional pasa por sus momentos más bajos, la UE está dispuesta a enfrentar la crisis de una manera contundente con

---

106 MIRÓ, J., "Debating Fiscal Solidarity in the EU…", *op. cit.*, pp. 11-13.

más integración y con solidaridad entre sus miembros. La UE se eleva así como la excepción al actual panorama internacional.

Es preciso subrayar, además, que esta respuesta anticrisis se ha concretado en un corto periodo de tiempo, para lo que son los procedimientos decisorios de una entidad de naturaleza regulatoria, que no cuenta con estructuras adecuadas para enfrentarse a lo desconocido, a lo que no está previsto en un Tratado. El consenso sobre un mecanismo ambicioso e innovador solo pudo lograrse por estar amenazado el corazón de la integración europea, el Mercado Interior, demostrándose, una vez más, la resiliencia de la integración, en que, puestos contra la pared, los Estados miembros terminan eligiendo proteger las interdependencias creadas en el seno de la UE. Igualmente también influyó decisivamente la experiencia de la gestión de las crisis financiera, económica y monetaria de 2008 a 2014, en que tanto la gestión nacional como las políticas de austeridad se revelaron como un profundo error, con dañinos efectos económicos y sociales para el conjunto que aún se hacen sentir.

La política común puesta en marcha por el PGUE es inédita tanto en su alcance económico como en sus objetivos y finalidad, en que no sólo apuesta por la recuperación sino que completa aspectos de la UEM, financia las transformaciones del modelo productivo necesarias para asegurar la competitividad futura y la sostenibilidad, y prioriza la cohesión social. Es una medida temporal y excepcional, pero con elementos que muestran que la pandemia ha cambiado radicalmente la forma en que los Estados miembros ven la UE y las políticas que esta puede hacer. Inaugura así una nueva forma de hacer política federal de la UE, que perfecciona su integración económica y social. Es posible que el PGUE, en su actual dotación, estructura y configuración no sea suficiente para hacer frente a una crisis que puede que sea muy larga, y que requiera de más estímulos keynesianos, pero aún así es un paso muy relevante en lo que tiene de nuevo instrumento y nueva filosofía, que puede ser extendido en el futuro.

Ahora es preciso tomarse en serio la implementación de los programas nacionales, y su supervisión por las instituciones comunes, para hacer que, en palabras de la Presidenta Von der Leyen, esta gran crisis se revele también como una enorme oportunidad para Europa, que beneficie a las próximas generaciones.

La Unión Europea y la gestión de los flujos migratorios irregulares: securitización, gobernanza y diferentes crisis

PALOMA GONZÁLEZ GÓMEZ DEL MIÑO
Profesora de Relaciones Internacionales
Universidad Complutense de Madrid

1. INTRODUCCIÓN

Las migraciones suponen uno de los rasgos distintivos del mundo globalizado y vienen ocupando un lugar destacado en la agenda internacional y en la de los Estados. Conforme a los datos de la Organización Internacional de las Migraciones (OIM) en el año 2020 había en el mundo 281 millones de migrantes internacionales, lo que representa el 3,6% de la población mundial, acogiendo el continente europeo 82 millones. Teniendo en cuenta las tendencias en las migraciones internacionales y como punto de partida se tiende a identificar este tema en cifras que señalan el aumento experimentado durante la última década recayendo el liderazgo en Europa y América del Norte como receptores, según señala los informes de la ONU, al igual que su incremento en términos globales se ha producido más rápido que los pronósticos y estudios contemplaban.

Los flujos migratorios constituyen uno de los mayores desafíos para la Unión Europea (UE) que subraya han de abordarse de manera global, análoga e integradora en el corto y medio plazo por su especial relevancia, máxime al haber aumentado sustancialmente las migraciones irregulares. Sin embargo, el modelo de gobernanza de esta política, que adquiere forma en la primera década de este siglo y mayor consistencia en la segunda, otorga prioridad a la reducción de los movimientos migratorios irregulares mediante dos tipos de actuaciones: la defensa y fortalecimiento de las fronteras y la externalización del control migratorio. Por su parte, la OIM señala que el hecho de que las personas migren de forma irregular no significa que los Estados queden eximidos de la obligación de proteger sus derechos.

Pese a ser la cuestión migratoria un tema relevante en la construcción comunitaria no se ha logrado una política migratoria[1] armonizada en cuanto a regulación y gestión. La UE ha ido diseñando esta política a través de un nutrido grupo de instrumentos políticos y jurídicos, acuerdos de cooperación, programas operacionales y de fomento de la capacidad en los que participan muchos agentes diferentes[2]. La política de inmigración y asilo afecta a los diversos Estados miembros de manera conjunta e individual, a la UE y a otras políticas, entre ellas la política exterior e interior, pero también al propio proyecto europeo como potencia normativa coherente con una identidad y unos valores (solidaridad, cooperación, libre circulación, derechos humanos) que respaldan su crédito, en una fase como la actual era de la mundialización donde el fenómeno migratorio va a seguir en expansión.

1 Se utiliza política migratoria en un sentido amplio, conforme a los tres pilares del Título II, dedicado al Espacio de Libertad, Seguridad y Justicia (ELSJ) y, en concreto, al Capítulo II del Tratado de Funcionamiento de la Unión Europea (TFUE) que hace referencia a la libre circulación de fronteras y el control de las fronteras externas, a la política de asilo y a la gestión de la inmigración regular e irregular.

2 ATTINA, A., "Tackling the migrant wave: EU as a source and a manager of crisis", *Revista Española de Derecho Internacional*, núm. 70-2, 2018, pp. 49-70.

Las estructuras de gobernanza, tanto del sistema internacional como de la propia UE, muestran la falta de capacidad para responder adecuadamente al desafío migratorio en una etapa como la que atraviesa la sociedad internacional cargada de inestabilidad, inseguridad y cambios, además de importantes desplazamientos del poder mundial que afectan a la UE como actor global. El aumento descontrolado de estos flujos humanos (migrantes y refugiados) mediante grandes movilidades de personas que cruzan las fronteras y su gestión desborda a la UE y a los países miembros afectados que han afrontado de manera disímil este reto, aunque hayan traducido sus reivindicaciones en demandar mayor solidaridad intracomunitaria, un esfuerzo equitativo entre los socios y respuestas más contundentes por parte de la UE. Estos países receptores mantienen un difícil equilibrio entre la seguridad nacional, su propia legislación y la de la UE en materia migratoria, los principios del régimen internacional de los derechos humanos y el acervo comunitario.

Las crisis migratorias que se producen en cadena en la UE desde 2014-2021 (crisis del Mediterráneo, crisis de Ceuta, crisis de Polonia) confirman una nueva realidad migratoria que incentiva el debate político y el de la opinión pública; verifican la falta de consenso entre los Estados miembros de esta organización sobre la manera de gestionar las crisis, principalmente entre los que se ven afectados y los que no; condiciona a las instituciones europeas a tomar medidas en un contexto complejo tanto para muchos Estados como para la propia UE inmersa en una crisis económica, política y de liderazgo; y revitalizan posiciones populistas-nacionalistas que repercuten en el antieuropeismo. Estos flujos migratorios, que se agudiza en 2015 con una situación humanitaria crítica pero que se sigue reproduciendo con picos de desplazamientos descontrolados hacia la UE, congrega a refugiados, solicitantes de asilos, migrantes económicos y otros migrantes en condiciones de vulnerabilidad.

La gestión de estas crisis fuerza diversas respuestas con un marcado enfoque securitario en la lucha contra la inmigración irregular, contribuyendo, en primer lugar, a paliar el número de migrantes y refugiados hacia la UE y, en segundo lugar, a avanzar en unas políticas de blindaje fronterizo, de medidas y programas específicos, de cooperación con terceros países y de repatriaciones expeditas con una legalidad cuestionada. Desde la aplicación del espacio de Schengen se pasa a un modelo de desaparición de fronteras internas para establecer controles en las externas. En esta lógica, la UE generaliza un modelo de gestión migratoria asentado en una política instrumental, defensiva y desarticulada ante el inmigrante irregular que se inscribe en la falta de consenso comunitario, mientras que las "reacciones nacionales para recuperar las fronteras han estado marcadas por iniciativas que son más bien parches, y que dan por resultado una reestabilización"[3].

Si bien se ha conseguido disminuir la entrada en la UE de estos flujos migratorios irregulares desde 2017[4] mediante el refuerzo de la "Europa fortaleza", más inaccesible no solo para los migrantes, incluso para las personas que necesitan protección internacional dado que el derecho de asilo se revoca de *facto* por algunos Estados miembros debido a la parálisis administrativa o de *iure* (como en el caso de Grecia). Tampoco en la nueva agenda para los próximos años recogida en el Nuevo Pacto sobre Migración y Asilo, aprobado el 23 de septiembre de 2020, la hoja de ruta que guiará la política migratoria de la UE, y reconociendo que en los últimos cinco años el sistema no funciona la Comisión Europea propone una mejora del sistema global mediante una gestión de la inmigración previsible y fiable encontrando equilibrio entre responsabilidad y solidaridad, así como el cambio de paradigma de la cooperación con los países de origen y tránsito[5].

---

3 MAIHOLD, G., "Migración, control de fronteras y acuerdos migratorios de la Unión Europea con terceros países", *Revista Mexicana de Política Exterior*, núm. 112, enero-abril, 2018, p. 172.

4 COMISIÓN EUROPEA, *Estadísticas sobre la emigración a Europa*, 2021. En 2020, los cruces irregulares a la UE suponen una disminución del 12% en comparación con el año anterior, representando la cifra más baja en los últimos 7 años, siendo 125.100. Esta cifra comprende 86.300 cruces por mar y 38.800 por las fronteras terrestres. https://ec.europa.eu/info/strategy/priorities-2019-2024/promoting-our-european-way-life/statistics-migration-europe_es#illegalbordercrossings.

5 EUROPEAN COMMISSION, *Migration and Asylum Package: New Pact on Migration and Asylum documents adopted on 23 September 2020*. https://ec.europa.eu/info/publications/migration-and-asylum-package-new-pact-migration-and-asylum-documents-adopted-23-september-2020_en.

El doble objetivo de este capítulo es analizar la evolución de la política migratoria de la UE que ha ido reforzando un enfoque securitario y un estudio de casos, teniendo como eje central las crisis migratorias acontecidas desde 2015 a 2021. En primer lugar, se parte de considerar el concepto de securitización y su relación con el tema migratorio en la UE. En segundo lugar, se examina el marco regulador e institucional del proceso de conformación de la política migratoria comunitaria. En tercer lugar, se plantean tres estudios de casos migratorios como son la crisis en el Mediterráneo, la crisis en Ceuta y la crisis en Polonia, que se revelan como crisis de seguridad, gobernanza y protección. Por último, se abordan las respuestas implementadas por parte de la UE y su incidencia en el propio proyecto de integración europeo.

Cabe preguntarse, al menos, dos cuestiones: si en estas crisis lo que ha fallado es la gestión migratoria, que desemboca en crisis de protección y si esta gestión de las crisis contribuye, todavía más, a la securitización de la política migratoria comunitaria al incidir, prioritariamente, entorno a la defensa de las fronteras y la externalización del control migratorio. En esta lógica, el estudio se asienta en tres planteamientos: a) la política migratoria de la UE ha mostrado fuertes debilidades, en parte, aunque no sólo, por estar las competencias compartidas; b) para combatir estos flujos migratorios masivos e irregulares se opta por un enfoque securitario frente al humanitario debido a la falta de consenso entre los miembros de la UE que adoptan políticas proteccionistas de interés nacional; c) la gobernanza de estas migraciones que han desembocado en crisis se alejan del ideal programático de una "migración segura, ordenada y regular".

2. EL NEXO SEGURIDAD-MIGRACIONES EN LA UE

El incremento de las migraciones es un proceso demográfico natural. Las cifras de inmigrantes han crecido sustancialmente en los últimos 20 años, adaptándose a un nuevo contexto en el que las migraciones irregulares representan el mayor porcentaje. En este sentido, se trata de una dinámica en aumento que responde a diversas causas (conflictos, violencia, desigualdad, pobreza, cambio climático, etc.) que empujan a la persona a abandonar su país de nacimiento.

No se puede descontar que la UE seguirá siendo un polo de atracción migratorio. En 2018 un estudio de la Comisión Europea predecía que, asumiendo que se mantendrán las tendencias actuales en la UE, el número de inmigrantes en 2050 supondrá 2,8 millones anuales, frente a los 1,4 millones en el año mencionado cuando se realiza este informe[6].

Aunque las migraciones irregulares hacia la UE suponen una constante, con picos más o menos elevados, no será hasta 2015, cuando se produzca la mayor crisis migratoria del siglo XXI en el ámbito comunitario[7] con la denominada "crisis de los refugiados" o "crisis migratoria del Mediterráneo", impactando en el espíritu europeo, en la compleja cohesión entre los Estados miembros y en la dividida opinión pública. En esta lógica, se revive el debate institucional y de los Estados miembros respecto a cuál ha de ser la gestión de la política migratoria en esta crisis y la responsabilidad de los Estados afectados en su ejecución. La UE como un actor político global con intereses, voluntad creadora y capacidad de acción debe responder a lo que Van Middelaar denomina como la "política del evento", en el sentido de que ante una situación imprevisible (como son estas crisis migratorias) es necesario un ejercicio político de intervención que puede desarrollarse en el *limes* legal que marcan los tratados comunitarios[8].

Los análisis académicos sobre la política migratoria de la UE y su nexo con la seguridad abren un interesante debate que pone de relevancia la complejidad de este fenómeno ligado a la globalización, donde ningún Estado puede afrontarlo de manera individual. Sin embargo, no existe consenso sobre este tema. Partiendo del carácter multidimensional que comporta el concepto seguridad y analizando la literatura científica, que no se caracteriza por la abundancia de

---

6 COMISIÓN EUROPEA, *Many more to come? Migration from and Africa*, Joint Research Center, Oficina de Publicaciones de la Unión Europea, Luxemburgo, 2018, p. 27.

7 La primera crisis del siglo XXI en materia migratoria se produce en 2006 con la denominada Crisis de los Cayucos, afectando a las islas Canarias con la llegada de 30.000 migrantes irregulares.

8 VAN MIDDELAAR, L., *Quand l'Europe improvise. Dix ans de crises politiques*, Paris, Gallimard,2018, p. 17.

estudios empíricos al respecto, nos topamos con autores que mantienen el argumento de que la UE ha ido virando hacia una política migratoria securitaria (Huysman[9], Bigo[10], Sanahuja[11]), frente a otros autores que adoptan la postura contraria (Boswell, Neal). Pero las crisis objeto de este estudio muestran la vinculación de la inmigración con la seguridad tanto por parte de la UE como de sus Estados miembros. Incluso, como pone de manifiesto Pinyol, se aprecia el tratamiento en paralelo y fragmentado de la normativa migratoria, donde se señalan políticas públicas de integración para los migrantes regulares frente a otras políticas de seguridad, control de fronteras y retorno para los migrantes irregulares[12].

Independientemente de las limitaciones estructurales de la política de inmigración y asilo de la UE, en la que no se pueden descontar ciertos avances en su evolución mediante el establecimiento de un conjunto de disposiciones normativas, las sucesivas crisis migratorias (del Mediterráneo, de Ceuta y de Polonia) han mostrado la debilidad de los mecanismos comunitarios y de su gobernanza multinivel. En parte se debe a la intrincada repartición de competencias entre la UE y los Estados miembros en materia de soberanía, que propicia cierto oportunismo a la hora de invocar más o menos Europa en función de los intereses nacionales[13]. La soberanía estatal, como competencia

---

9 HUYSMANS, J., The European Union and the Securitization of Migration, *Journal of Common Market Studies,* 2000, núm. 38(5), pp. 751-777. http://heinonline.org.ezproxy.javeriana.edu.co/HOL/Page?handle=hein.journals/jcmks38&div=47
HUYSMANS, J., *The politics of insecurity: fear, migration and asylum in the EU,* London, Routledge, 2000.

10 BIGO, D., "When Two Become One: Internal and External Securitization in Europe", en M. Kelstrup y M. C. Williams (eds.), *International Relations Theory and the Politics of European Integration: Power, Security and Community,* London, Routledge, 2001, pp. 171-204.

11 SANAHUJA, J. A., "La Unión Europea y la crisis de los refugiados: fallas de gobernanza, securitización y diplomacia de chequera", en MESA, M., (Coord.) *Retos inaplazables en el sistema internacional*, Anuario CEIPAZ (2015-2016), 2016, pp. 71-105.

12 PINYOL, G., "Hacia una política europea de inmigración integral: ¿reto o mito?", en CLOSA, C. y MOLINA, I., (Coords.), *El futuro de la Unión Europea,* Informe Elcano, núm. 23, 2028, pp. 75-90.

13 ROLDÁN BARBERO, F. J., "El reparto de competencias entre la Unión Europea y sus Estados miembros en materia de inmigración y asilo", en PORRAS RAMÍ-

nacional perteneciente al núcleo duro —high politics— se convierte en un punto de resistencia que condiciona el desarrollo de esta política migratoria caracterizada por ser anárquica, dispersa y defensiva[14], además de contar los Estados con estatus jurídicos diferentes.

Los Estados nacionales como agentes de soberanía son reacios a ceder cuotas en este tema tan sensible a nivel político-social y para la opinión pública que en muchos casos percibe los flujos migratorios masivos e irregulares como una amenaza que pone en riesgo la cohesión social. Aunque la UE y los Estados comunitarios comparten competencias en política migratoria como ponen de manifiesto los artículos 79 y 80 del Tratado de Funcionamiento de la UE, básicamente, la gestión migratoria se encuentra regulada por la combinación de leyes nacionales, legislación comunitaria y otras obligaciones internacionales contraídas por los Estados miembros de la UE, lo que genera un cumplimiento muy desigual por su parte y obstaculiza el camino para llegar a una política común.

La política europea de inmigración y asilo, que afecta a los Estados de manera individual y conjunta, se ha visto reforzada por el esquema de cooperación intergubernamental que si bien favorece el consenso entre los Estados provoca serias resistencias a comunitarizar, explicando la fragmentación e insuficiencia de las decisiones alcanzadas, aunque desde el Tratado de Lisboa no sea imprescindible la unanimidad. Así mismo, esta política de características mixtas también ha ido evolucionando de un paradigma de cooperación intergubernamental hacia un mayor protagonismo de las instituciones comunitarias en pro de la armonización y de aumentar su margen de maniobra política en un período como el actual de cambios institucionales, políticos y socioeconómico como el que atraviesa la UE.

No solamente las distintas crisis migratorias acontecidas en la UE en el período 2015-2021 han mostrado la escasa solidaridad entre los países comunitarios, sino, también el giro securitario adoptado fren-

---

REZ, J. M. (Coord.), *Migraciones y asilo en la Unión Europea*, Thomson Reuters Aranzadi, 2020, pp. 115-143.

14 MERCADER URQUINA, J.R. y MUÑOZ RUÍZ, A. B. "El tratamiento de la política migratoria de la Unión Europea", *Revista del Ministerio de Trabajo y Asuntos Sociales*, 2001, *núm.* 32, pp. 36-37.

te a otras medidas de carácter humanitario. Ahora bien, los Estados de la UE vieron sobrepasados su capacidad de acogida y están obligados a velar por la integridad de las fronteras comunitarias. Siguiendo el marco teórico de la Escuela de Copenhague (Buzan, Waever y Wilde)[15] se puede observar cómo los Estados miembros y la UE a través de las instituciones refuerzan, todavía más a partir de abril de 2015, el factor seguridad en las migraciones irregulares[16] debido a la percepción de vulnerabilidad de la soberanía europea, a la vez que entraban en el debate público desde la óptica securitaria.

Para la Escuela de Copenhague, una de las tres escuelas que engloba los estudios críticos de seguridad[17], esta puede ser abordada desde un punto de vista subjetivo en términos de percepción u objetivo, amenazas reales. Por tanto, un tema se convierte en una cuestión securitaria cuando se presenta como amenaza para el referente o actor securitizador, que generalmente es el Estado, justificando la toma de medidas extraordinarias de cara a su protección. En el ámbito de las Relaciones Internacionales el marco teórico de la securitización denomina así el proceso de transformación de temas políticos ordinarios que pasan a adquirir naturaleza diferente y específica, es decir, al considerarse como una amenaza para la seguridad mediante las construcciones sociales derivadas del conocimiento y de los discursos que las representan como tales[18].

La política migratoria de la UE ha ido derivando hacia la securitización de las migraciones irregulares, cuyo aumento sin preceden-

---

15 BUZAN, B., WAEVEWR, O., de WILDE, J., *Security. A New Framewok for Analysis,* London, Lynner Rienner, 1998.

16 Esta escuela identifica las migraciones como una de las potenciales amenazas para la seguridad societal junto a las de carácter militar, político, económico y medioambiental. También, es necesario diferenciar tres componentes esenciales: el objeto referente que es visto como una amenaza y requiere ser protegido; los actores securitizadores que consideran que el objeto referente se encuentra bajo una amenaza existencial; y los actores funcionales que poseen una influencia significativa en las dinámicas en un sector de la seguridad ya sea militar, económica, política, societal y medioambiental.

17 Además de la Escuela de Gales y la Escuela de Paris.

18 VERDES-MONTENEGRO ESCÁNEZ, F. J., "Securitización: agendas de investigación abiertas para el estudio de la seguridad", *Relaciones Internacionales,* núm. 29, junio-septiembre 2015, pp. 11-131.

tes se verifica durante la crisis de 2015 al tener que afrontar estos movimientos migratorios y demandantes de asilo, con un número superior a 1.300.000 personas más del doble que el año anterior, procedentes de diez países en conflicto y siendo la mayoría refugiados. La trayectoria de la UE en este tema muestra también su carácter disfuncional y su naturaleza incompleta. En este sentido y desde sectores críticos, debido a las medidas securitarias adoptadas, se emplea el término "Europa fortaleza", cuyas bases se remontan al Trarado de Schengen estableciendo la libre circulación dentro de las fronteras de la UE frente al refuerzo de las fronteras externas, creando una única frontera exterior, y de los controles fronterizos, no siempre fáciles de implementar por la inversión económica y tecnológica que requieren. Tras la puesta en marcha de Schengen la gestión de las fronteras exteriores de la UE comienza a ser una necesidad, instaurando las llamadas medidas compensatorias para mejorar la cooperación policial y judicial de cara a proteger la seguridad interior de los Estados.

2.1. La politización de la cuestión migratoria

La crisis migratoria de 2015 y la debilidad del sistema de Dublín contribuye a que el denominado Grupo de Visegrado o V4 (Eslovaquia, Hungría, Polonia y República Checa) y los partidos políticos nacionalistas, antinmigración y populistas movilicen a sectores sociales que consideran que las migraciones afectan a la identidad nacional exclusiva y a los valores de soberanía del Estado-nación, respondiendo a lo que el postfuncionalismo denomina la politización de la cuestión migratoria en la agenda europea, impidiendo tanto la mayor integración como adoptar acuerdos supranacionales que comprometan su relación con las opiniones públicas nacionales y dificulten acuerdos con los Estados miembros de la UE[19]. Sin embargo, esto no es razón para que vulneren el cumplimiento de decisiones

[19] BÖRZEL, A. & RISSE, T., "From the Euro to the Schengen Crises: European Integration Theories, Politicization and Identity Politics", *Journal of European Public Policy*, núm. 25 (1), 2018, pp. 83-109.

adoptadas en el seno de la UE[20], aunque su rechazo a la acogida de solicitantes de asilo o la admisión en su territorio de inmigrantes con diferentes cánones socioculturales a los suyos sea una muestra de un proyecto societal distinto al comunitario asentado en la igualdad, la multiculturalidad, la apertura y la diversidad.

Por otro lado, los países del denominado V4, una alianza entre Estados de naturaleza informal, sin cooperación intitucionalizada y sin estructuras organizativas, mantienen un discurso anti migratorio. Este grupo subregional se consolida protegiendo intereses comunes estratégicos, afinidades políticas compartidas de carácter neoconservador y una populista carga ideológica, todo ello reforzado por el impacto de la crisis financiera internacional de 2008. Se han convertido en un grupo de rebeldía política o de oposición interna en materias de competencias soberanas, teniendo entre otros nexos comunes la posición restrictiva en materia migratoria y de asilo, sustentada en leyes y reglamentos nacionales securitizadores y fortalecedores de una política dura de rechazo que no encaja con la legislación de la UE.

Teniendo en común las políticas restrictivas hacia las migraciones, las diferencias entre los miembros del V4 se centran en el tipo de medidas estrictas implementadas en sus territorios, reforzadas por un discurso populista, xenófobo, euroescéptico y anti musulmán que refuerza su identidad nacional y como una estrategia política defensiva contra el centralismo europeo. A pesar de la influencia que su política anti migratoria ejerce en otros países y partidos políticos, la UE no puede permitirse perder a estos socios que amenazan los principios fundacionales comunitarios, en un período complicado para la UE por el daño que causaría después del Brexit. Hungría constituye el caso más extremo de este eje anti migración por la firmeza de las medidas adoptadas[21] que se traducen desde la construcción de un

---

20 DÍAZ LAFUENTE, J., "A coerência das políticas migratórias, de asilo e de gestao das fronteras da Uniao Europeia: entre a retórica e a práctica na defesa do Estado de Dereito", Confluências. Revista Interdisciplinar de Sociología e Direito, núm. 23 (2), 2021, pp. 36-57. https://periodicos.uff.br/confluencias/article/view/50669.

21 El referéndum en Hungría en 2016 no consiguió en 50% de participación, aunque el 43% mostró su rechazo a la reubicación de refugiados. En ese mismo año, se aprueba la ley que restringe los derechos de los solicitantes de asilo y en

muro en su frontera con Serbia y Croacia tras la crisis de 2015, cuando cruzaron unas 400.000 personas con destino a Europa occidental; la movilización del ejército a los campos de refugiados con permiso de disparar balas o gas lacrimógeno en caso de "puesta en peligro de la seguridad de la ciudadanía húngara o de las fronteras"[22]; o la propuesta de un referéndum que se inscribe en cambios legislativos relativos a las cuotas en el sistema de asilo, aunque no supuso su legalización debido a la baja participación.

Además, algunos partidos políticos han ido elaborando el relato de un interior "seguro" frente al exterior "inseguro"[23] ante el temor

---

julio de este año se legaliza las devoluciones de los inmigrantes irregulares a Serbia. Un año después, se refuerza tanto las vallas de sus fronteras y la presencia de fuerzas de seguridad, además de la reforma de 5 leyes relativas a las detenciones automáticas a los solicitantes de asilo en las dos zonas de tránsito. Así mismo, se aprueba una legislación contra las ONG que atenten contra la soberanía y la seguridad nacional. Un año después, en junio de 2018, se penaliza a las ONG que apoyen a refugiados y solicitantes de asilo con un impuesto que supone el 25% de sus ingresos. En abril de 2018, tras la Victoria de Orbán, se continua con esta política mediante un paquete legislativo para contrarrestar la inmigración ilegal que afecta a cualquier individuo u organización nacional o extranjera. Tampoco, Hungría firma el Pacto Mundial para la Migración Segura, Ordenada y Regular.

22 BAUEROVÁ, H., "Migration Policy of the V4 in the Context of Migration Crisis", *Politics in Central Europe,* núm. 14 (2), 2018, pp. 107.

23 Resulta significativa la construcción de muros en el ámbito internacional en las últimas décadas. En el mundo hay más de 70 muros, la mayoría construidos tras el final de la guerra fría. Los Estados miembros de la UE y del Espacio Schengen han construido más de 1.000 km de muros en sus fronteras desde la década de 1990 con la intención de frenar las migraciones irregulares, es decir, lo que equivaldría a 6 muros como el de Berlín. En 2017 los países de la UE habían incrementado notablemente estas construcciones pasando de 2 muros en los años noventa del pasado siglo a 15 en el año señalado, siendo precisamente el año 2015 cuando se produce el mayor incremento pasando de 5 a 12. De los Estados pertenecientes a Schengen, 10 de los 28 Estados miembros (España, Grecia, Hungría, Bulgaria, Austria, Eslovenia, Reino Unido, Letonia, Estonia y Lituania) han erigido muros en sus fronteras, exceptuando Bulgaria y el Reino Unido que no forman parte de este Espacio y tampoco de la UE este último país, cuya salida se produce el 1 de febrero de 2020. Noruega, que no es miembro de la UE y si del Espacio Schengen ha construido un muro para evitar la inmigración. Austria y Reino Unido han alzado muros en sus fronteras compartidas con países del Espacio Schengen (Eslovenia y Francia respectivamente). Macedonia, que no forma parte de la UE, pero sí de la denominada ruta de los Balcanes tam-

a estos flujos migratorios, donde los migrantes adquieren el papel de catalizador de los miedos colectivos, con un impacto negativo en la cohesión social de los Estados miembros y en la UE en su conjunto. Las migraciones, máxime las irregulares, son percibidas por estos partidos euroescépticos y/o de extrema derecha como un riesgo securitario y un reto a las políticas migratorias de los países receptores. Estos actores de ámbito nacional, que han aumentado su presencia en el panorama político europeo accediendo al gobierno en cinco Estados de la UE además de 39 partidos políticos populistas y de extrema derecha los que en algún período de su historia han obtenido algún escaño ya sea a nivel nacional o en el Parlamento Europeo, enfatizan en clave de seguridad y en una narrativa tóxica nacionalista, anti migratoria, populista y xenófoba en un contexto de difícil coyuntura económica.

3. LA POLÍTICA EUROPEA DE INMIGRACIÓN. UN PROCESO EN CONSTRUCCIÓN CONTROVERTIDO.

La política de inmigración de la UE muestra un camino no exento de tensiones y complicado al menos en cuatro sentidos: por ser un tema poliédrico y muy polémico, por estar las competencias compartidas entre la UE y los Estados miembros, por la propensión que tienen los Estados a defender su soberanía y por las disimilitudes migratorias entre los distintos Estados de la UE. El Tratado de Schengen supone un cambio de paradigma en la gestión fronteriza y será desde comienzos de la década de 1990 cuando las autoridades comunitarias van reiterando la necesidad de desarrollar una política en materia de asilo e inmigración, aunque la comunitarización tropieza con numerosas dificultades. El procedimiento comunitario respecto a este tema presenta una doble dimensión: la integración del inmigrante en situación legal y el tratamiento de la inmigración irregular, siendo estos dos ejes la base para diseñar un marco coherente e integrado entre las políticas nacionales de los Estados y las comunitarias.

---

bién ha construido un muro para impedir la inmigración. RUIZ BENEDICTO, A., BRUNET, P., *Levantando muros. Políticas del miedo y securitización en la Unión Europea*, Centre Delàs d'Estudis per la Pau, 2018, p. 6-7.

Su origen se inscribe en una política de mínimos orientada a favorecer la coordinación para su desarrollo[24]. En este sentido, responde a un mecanismo de cooperación entre los socios comunitarios en un contexto de integración para homogenizar las diferentes estrategias de los países miembros. Así, "ha sido caracterizada por algunos autores como una política de características mixtas, en la que tradicionalmente las instituciones europeas se han limitado a la gestión de un marco jurídico basado en la identificación de los aspectos más operativos de la cooperación entre Estados y la cesión de su ejercicio a éstas, dejando amplio margen a los Estados para regular sus propios sistemas de asilo y de gestión de fronteras. Sin embargo, la política migratoria de la Unión ha experimentado un progresivo cambio que ha llevado a mayor protagonismo de sus instituciones, pasando progresivamente de un modelo de cooperación intergubernamental a uno de armonización legal mínimo y, posteriormente, a uno en el que se ha visto progresivamente ampliado el espacio de maniobra política de la Unión"[25].

Esta política, que al principio respondía a un carácter intergubernamental y eminentemente disperso, se va marcando como objetivo final abordar el fenómeno migratorio de manera global, mediante un enfoque equilibrado y solidario tanto de la inmigración regular como de la irregular, dado que ningún Estado por sí sólo puede gestionar eficazmente este tema. Pese a "los intentos por parte de la Comunidad de adoptar cierta concertación en la materia, hasta el Acuerdo Schengen de 1985, y el Convenio de Dublín, la política migratoria fue considerada como un asunto interno de los Estados, aun tratándose de una materia que podría haber permitido una acción común, al constituir la inmigración un elemento susceptible de alterar el mercado de trabajo"[26].

---

[24] GONZÁLEZ VEGA, J.A., "¿Pero realmente existe una política europea de inmigración? Dificultades y retos para su concreción", *Eikasia. Revista de Filosofía*, año II, 2007, núm. 10, pp. 49-7.

[25] CARRASCO ÁLVAREZ, A., "Responsabilidad, solidaridad y fronteras: ¿hacia la cuadratura del círculo en la reforma de la política de asilo de la Unión Europea. Un análisis político-jurídico del Reglamento de Dublín a la luz de la nueva política migratoria Europa", *Cuadernos de la Escuela Diplomática*, diciembre de 2019, núm. 66, pp. 96-97.

[26] GOIG MARTÍNEZ, J.M., "La política común de inmigración en la Unión Europea en el sesenta aniversario de los Tratados de Roma (o la historia de un fracaso)", *Revista de Derecho de la Unión Europea*, enero-junio 2017, núm. 32, pp. 76.

Partiendo de un recorrido histórico, el Acta Única Europea (28 de febrero de 1986) en su artículo 13 establece que "el mercado interior implicará un espacio sin fronteras interiores en el que la libre circulación de mercancías, personas, servicios y capitales estará garantizada... (sin perjuicio) del derecho de los Estados miembros de adoptar aquellas medidas que estimen necesarias en materia de control de la inmigración de terceros países". Así, los "Estados retienen su poder de controlar la inmigración en su territorio y a la vez tienen que cooperar para que dentro de las fronteras comunitarias la Comunidad pueda ejercer poderes de concertación. Esto parece venir a explicitar que en el momento del Acta Única los Estados no estaban en disposición de hacer transferencias de competencias, si bien reconocían la imposibilidad real de mantener el problema de la inmigración bajo su control absoluto, porque ello contradecía el objetivo relevante del Acta Única: crear el mercado interior como un espacio sin fronteras interiores"[27].

Posteriormente el Consejo Europeo de Estrasburgo (8 y 9 de diciembre de 1989) adopta como objetivo la armonización de las políticas de asilo y de gestión de fronteras, teniendo como resultados dos acuerdos internacionales adicionales: el Convenio de Aplicación de Schengen (19 de junio de 1990), que incluye la gestión de fronteras exteriores, y el Convenio de Dublín (15 de junio de 1990) como piedra angular del sistema de asilo y que posteriormente se sustituye por la Regulación de Dublín II en 2003 —poniéndose en marcha el Sistema de Información European Dactyloscopy (EURODAC)— y Dublín III en 2013, catalogado como un sistema que no funciona equitativamente, eficientemente y que vulnera derechos de los refugiados[28].

Aunque con un tratamiento intergubernamental, el período comprendido entre los tratados de Maastricht (7 de febrero de 1992) y de Ámsterdam (2 de octubre de 1997) representa una fase de avance en materia de migración y asilo. El Tratado de Maastricht supone la reformulación del modelo de integración europea, abriendo el

---

27 ESPADAS RAMOS, M. L., "Asilo e inmigración en la Unión Europea", *Revista de Estudios Políticos* (Nueva Época), núm. 86, octubre-diciembre 1994, p. 79.

28 GARCÉS-MASCAREÑAS, B., ¿Por qué Dublín no funciona?, *Notes Internacionals CIDOB*, núm. 135, noviembre 2015.

camino para formular una nueva política migratoria y se reconoce el interés de los Estados miembros en materia de asilo e inmigración que no pueden ser gestionado de manera individual. Se incorpora en un tratado constitutivo la gestión de las fronteras, la cooperación en materia civil y la lucha contra la inmigración irregular. Los Estados miembros introducen, bajo el procedimiento de la cooperación intergubernamental, la política migratoria subsumida en los ámbitos de Justicia y Asuntos de Interior. Esto supone encuadrarla en un modelo mixto al quedar institucionalizada pero limitada, al no abarcar la jurisdicción del entonces Tribunal de Justicia de la Comunidad Europea. En suma, sería una política migratoria asentada en instrumentos intergubernamentales, pero de mayor institucionalización.

En el Tratado de Ámsterdam se recoge la necesidad de impulsar una política de inmigración encuadrada en el objetivo comunitario de crear un espacio común de Libertad, Seguridad y Justicia (ELSJ), así como la asunción de ciertas competencias en materia de inmigración que se habían iniciado con el Tratado de la Unión Europea (TUE), aunque las normas vinculantes se aprobaran por la vía intergubernamental. Esto supone pasar del marco de la cooperación intergubernamental al comunitario, estableciendo las bases para una política común. Ante el establecimiento de un espacio sin fronteras internas los Estados ven a necesidad de adoptar instrumentos que refuercen las fronteras externas. Así pues, el Tratado de Ámsterdam desde su entrada en vigor (1 de mayo de 1999) supone en primer lugar una trasformación profunda de la política migratoria al incluirla en el ELSJ, en segundo lugar, permite mantener o introducir disposiciones internas a los Estados sobre esta materia que sean compatibles con el tratado, en tercer lugar, otorga competencias a las instituciones europeas a través del método comunitario y, en cuarto lugar introduce políticas de cooperación con terceros en asuntos de migración y gestión fronteriza.

En el Consejo Europeo de Tampere (15 y 16 de octubre de 1999) se pone en marcha la política de inmigración y asilo común mediante un enfoque global, abordando los asuntos políticos, los relativos a los derechos humanos y al desarrollo en los países y regiones de origen y tránsito (artículo 11). Tampere considera que la política común de inmigración y asilo no sería tal sin una buena gestión de los flujos migratorios y que para ello es necesario la colaboración estrecha con los países de origen y tránsito migratorio en cuanto a inmigración irregular, siendo de especial relevancia centrar sus esfuerzos en la trata de seres humanos y en la explotación económica de los migrantes, fijando para 2020 la legislación pertinente para sancionar estos delitos y prestando especial atención a los derechos de las víctimas.

Para implementar la agenda de Tampere la Comisión Europea efectúa un conjunto de acciones legislativas y unos instrumentos para lograr los objetivos establecidos. Tampere traza una hoja de ruta a seguir atendiendo a cuatro grandes objetivos: colaboración con los países de origen y tránsito, estandarización del sistema de asilo, confección de mecanismos para garantizar un trato justo a los migrantes y gestión eficaz de los flujos migratorios. Tampere proyecta la necesidad de la UE de enfocar de manera global el tema migratorio y desplegar esta política mediante la colaboración y la convergencia interestatal, aunque sean los Estados quienes determinen las entradas en su territorio. En esta lógica condicionante no resulta fácil establecer acuerdos explicándose así la fragmentación en las decisiones[29]. Esta agenda insiste en la seguridad y en el control de las fronteras externas para detener la inmigración irregular y combatir a las mafias que las organizan[30].

Las iniciativas emprendidas en el Consejo Europeo de Tampere serán secundadas en diversos programas de trabajo: Tampere (1999-2004), el Programa Plurianual de la Haya (2005-2009) y el Progra-

---

29 "Cuando a partir de 1999, tras la entrada en vigor del Tratado de Ámsterdam, la Comunidad Europea comenzó a gestar normas comunitarias sobre inmigración, durante el primer quinquenio (1999-2004) dichas normas fueron aprobadas por unanimidad en el Consejo; sólo a partir de 2004 las cuestiones sobre inmigración irregular y sobre asilo pasaron al procedimiento netamente comunitario que dispone la aprobación en codecisión entre Consejo y Parlamento y, además, por mayoría cualificada". GORTAZAR ROTAECHE, C. J., "El enfoque global de la migración en la Unión Europea y el derecho humano al desarrollo", *Miscelánea Comillas*, 2009, Vol. 67, núm. 130, p. 204.

30 PINYOL, G., "¿Una oportunidad perdida? La construcción de un escenario euroafricano de migraciones y su impacto en las fronteras exteriores de la Unión Europea", en ZAPATA-BARBERO, R.; GALLARDO-FERRER, X. (eds.), *Fronteras en movimiento. Migraciones hacia la Unión Europea en el contexto del Mediterráneo*, Bellaterra, p. 262.

ma de Estocolmo (2010-2014), con el objetivo de armonizar las legislaciones nacionales y con una duración de cinco años. Para los concertar los estándares de los controles fronterizos nace la Agencia Europea para la Cooperación en la Gestión de la Fronteras (Frontex), lo que supone una mayor institucionalización. Frontex se crea en 2004, aunque reforzada a partir de 2011 para ayudar tanto a los Estados comunitarios como a los asociados a Schengen para proteger las fronteras exteriores. Igualmente, el Enfoque Global de la Migración y Movilidad (noviembre de 2005) se presenta como un marco equilibrado y coherente de esta política, profundizando en combatir la inmigración irregular desde su origen y la cooperación con terceros países, principalmente los emisores y de tránsito para mejorar la organización de las migraciones regulares[31].

El Tratado de Lisboa (13 de diciembre de 2007), que incorpora el Tratado de Funcionamiento de la UE, supone abolir la estructura de pilares de Maastricht estableciendo el proceso ordinario para los asuntos de migración y asilo y la traslación normativa definitiva de la política de inmigración, recogiendo que este tema será una cuestión compartida entre los Estados miembros y la UE (artículos 79 y 80) con el objetivo de establecer un enfoque equilibrado para gestionar la inmigración legal y luchar contra la irregular, así como establecer una política de inmigración común que homogenice las legislaciones nacionales y garantice una gestión eficaz de los flujos migratorios. Aunque la política migratoria se encuadra en el ELSJ goza de marcada especificidad y autonomía, pese a que su desarrollo sea complicado al conservar los Estados miembros un control sobre su aplicación[32].

---

[31] La Comisión elabora el Enfoque Global de la Migración y la Movilidad en 2005 teniendo como objetivo presentar una estrategia global para luchar contra la inmigración legal y la trata de seres humanos, gestionando la inmigración y el asilo con los países de origen y tránsito. Se modificó en noviembre de 2011 dando lugar a la Global Approach to Migrations and Mobility (GAMM) que busca promover la migración circular y que vincula las migraciones con la cooperación al desarrollo.

[32] FERNÁNDEZ ROZAS, J. C., "Control de fronteras, asilo e inmigración en la Unión Europea: un conflicto competencial no resuelto", *Memorial para la Reforma del Estado. Estudios en homenaje al profesor Santiago Muñoz Machado*, Madrid, Centro de Estudios Constitucionales, 2016, pp. 333-378.

El Tratado de Lisboa introduce profundas reformas en la arquitectura de la integración europea, entre otras, dotando de personalidad jurídica a la UE sucesora de la Comunidad Europea. En materia migratoria refuerza la premisa de establecer un enfoque equilibrado para las migraciones legales al dotar a estos inmigrantes de derechos y obligaciones comparables a los ciudadanos comunitarios y luchar contra las migraciones irregulares. Este Tratado supone una transformación importante de la política migratoria que pasó de un período intergubernamental a uno de coordinación por la UE, para desembocar en un modelo mixto que dota de competencias legislativas de armonización y creación institucional comunitaria a otro de gobernanza no jerarquizada por parte de los Estados que mantienen prerrogativas, limitando la capacidad de la UE.

Este tratado, que no introduce cambios en cuanto a control de fronteras, asilo y migración, aunque si lo hará en su régimen jurídico, recoge por vez primera en un instrumento de derecho primario la relación entre los principios de solidaridad y responsabilidad equitativa interestatal. Así mismo, consagra el papel del Parlamento Europeo en el desarrollo legislativo de esta política de migración y asilo y también refuerza el papel institucional de la Comisión atribuyéndose la facultad de presentar recurso contra los Estados que incumplan la normativa referente a fronteras, asilo e inmigración. Por último, los principios de solidaridad o responsabilidad compartida adquieren carácter vinculante.

Fundamentado en tres ejes (prosperidad, solidaridad y seguridad) se asienta el Pacto Europeo sobre Inmigración y Asilo (24 de septiembre de 2008)[33] que adopta cinco compromisos fundamentales que ha de tratar la política migratoria: organizar la inmigración legal teniendo en cuenta las prioridades, las necesidades y la capacidad de acogida determinada por cada Estado miembro y favorecer la integración; combatir la inmigración irregular garantizando el retorno a su país de origen o de

---

33 CONSEJO DE LA UE, *Pacto Europeo sobre Inmigración y Asilo,* 24 de septiembre de 2008. CG H IB 13440/08, pp. 1-15. El Pacto contempla el compromiso de "combatir la inmigración irregular, en particular garantizando el retorno a su país de origen o a un país de tránsito de los extranjeros en situación irregular", p. 7.

tránsito a los inmigrantes en situación irregular; fortalecer la eficacia de los controles en frontera; construir una Europa de asilo y establecer una cooperación global con los países de origen y tránsito que favorezca las sinergias migración-desarrollo. Este Pacto reafirma la voluntad de los Estados comunitarios de luchar contra la inmigración irregular, resaltando que el objetivo es conjuntamente velar por los intereses del Estado y de los inmigrantes, recogiendo que se reforzará la lucha contra las organizaciones criminales de tráfico de inmigrantes y de trata de personas.

3.1. Un nuevo contexto de presión migratoria

En un contexto de fuerte presión migratoria, la Comisión Europea presenta la Agenda Europea de Migración: gestionando mejor la migración en todos sus aspectos (13 de mayo de 2015) que evidencia la falta de un planteamiento ambicioso de lo que debería ser una política comunitaria de inmigración. Sin embargo, trata de responder a la situación de crisis del Mediterráneo mediante un paquete de medidas como paradigma programático a corto plazo, centradas en cinco ejes (redoblar los esfuerzos de rescate y salvamento, perseguir a las redes delictivas, mejorar el sistema de asilo de los Estados miembros, trabajar en asociación con los terceros países para abordar la migración desde su origen y asistir a los Estados miembros en primera línea de frontera). Las medidas a medio plazo se asientan en torno a los llamados cuatro pilares para una gestión de la migración, es decir, reducción de los incentivos a la migración irregular; gestión de las fronteras: salvar vidas y proteger las fronteras exteriores; el deber de protección que incumbe a Europa: una política común de asilo sólida y una nueva política de migración legal.

La Agenda presenta una serie de reflexiones sobre el Sistema Europeo Común de Asilo (SECA), la gestión compartida de la frontera europea o un modelo de migración legal. También adopta como prioridad un conjunto de medidas centradas en reforzar la cooperación europea de manera eficaz y sostenible mediante acuerdos con terceros países de origen tránsito y destino[34] que se traducen en pro-

---

34 Desde 1999 la política de inmigración y asilo de la UE prestaba atención sustantiva a su dimensión exterior pues no es posible una gestión ordenada sin la co-

mover la readmisión de inmigrantes irregulares, el control de fronteras y la recepción de solicitantes de asilo y refugiados en materia de control migratorio concretándose este enfoque en acuerdos con Turquía, Níger, Nigeria, Senegal, Mali, Etiopía, Marruecos, Libia o Túnez. El objetivo es en primer lugar, la readmisión de los retornados por parte de los países de origen y tránsito; en segundo lugar, los "acuerdos significan también la externalización del control migratorio, es decir, que otros controlen por nosotros las fronteras (...); y finalmente, estos acuerdos buscan también externalizar el deber de protección internacional. El acuerdo con Turquía es el más explícito: la UE se comprometió a pagar 3.000 millones de euros a cambio de que Turquía acogiera a los refugiados en camino"[35].

La Agenda se presenta como una alternativa global con una redefinición securitizada de la política europea migratoria, mientras que las soluciones que recoge son respuestas coyunturales a los acontecimientos del Mediterráneo. Una de las críticas más recurrentes a esta Agenda de la Migración 2015 es la notable lentitud en su aplicación como muestra el informe publicado por la Comisión Europea en este mismo año donde se aprecia que la mayor parte de las medidas acordadas entre los Estados miembros o se acaban de iniciar o solamente se implementan parcialmente, en un tema que goza de máxima prioridad y urgencia en la consideración de las instituciones europeas y que también refleja la débil voluntad política de los Estados para llevarlas a cabo. Otra de las críticas recae en que las iniciativas propuestas por la Agencia se han desarrollado en ámbitos donde los Estados comunitarios son poco reacios a ceder soberanía o, lo que es lo mismo, en cuestiones relacionadas con la gestión interna de las migraciones[36].

---

laboración de los países de origen y tránsito. Este planteamiento no ha variado, aunque evolucionando hacia la prevención de la migración irregular.

35 GARCÉS MASCAREÑAS, B., Más externalización del control migratorio, *Opinión CIDOB*, núm. 450, diciembre 2016. file:///C:/Users/34669/Downloads/450_OPINION_BLANCA%20GARC%C3%89S_CAST%20(3).pdf.

36 PINYOL, G. "Deconstrucción de la política europea de inmigración", *Política Exterior*, núm. 187, 2019, pp. 71-72.

La Comisión Europea presenta el Nuevo Pacto sobre Migración y Asilo (PMA) de 23 de septiembre de 2020, cuyo objetivo es crear un plan rector de preparación y gestión para ofrecer una respuesta coordinada a la realidad de las migraciones en circunstancias normales y de crisis, reforzando la externalización y el retorno como herramientas de control en las fronteras[37], además de la cooperación con terceros países de origen y tránsito, el refuerzo de la lucha contra el tráfico de personas y la solidaridad con el nuevo Reglamento sobre la gestión del asilo y la migración[38]. Este Pacto sustituye al de 2008 en un contexto diferente por parte de los Estados comunitarios que se enfrentan en el dossier migratorio a un mayor número de peticiones de asilo y a flujos de inmigrantes irregulares[39], al incremento del nacional-populismo, al restablecimiento de controles fronterizos en seis países y a la divergencia de posiciones en el Pacto Mundial para la Migración Segura, Ordenada y Regular de Naciones Unidas.

El PMA supone una propuesta de mínimos mediante un conjunto de medidas para abordar la cuestión migratoria desde un enfoque integrado y de armonización de la legislación existente en la UE, superando la situación de estancamiento en el que se haya, aunque "las respuestas que se proponen demuestran, una vez más, la miopía y poca ambición de la Comisión para intentar desarrollar no ya una política, sino un mínimo marco compartido de gestión migratoria

---

37 COMISIÓN EUROPEA. *Comunicación de la Comisión relativa al Nuevo Pacto sobre Migración y Asilo*, COM (2020) 609 final, (2020 b). https://eur-lex.europa.eu/legal content/ES/TXT/HTML/?uri=CELEX:52020DC0609&from=ES.

38 FAVIERES, P. "El Nuevo Pacto Europeo sobre Migración y Asilo", *El Estado de la Unión Europea. Europa en un período de transición*, Fundación Alternativas y Friedrich-Ebert-Stiftung, 2021, pp. 11-118.

39 "En 2015 la UE registró 1.216.000 solicitudes de asilo en su territorio y 1.822.000 llegadas irregulares en sus fronteras marítimas y terrestres meridionales. Cuatro años después, en 2019, las cifras de ambas categorías fueron de 612.000 y 141.000, respectivamente. En lo que va de año 2020 (hasta noviembre de 2020) —en una coyuntura en la que la pandemia del COVID-19 ha afectado a la movilidad—, las llegadas irregulares en las rutas mediterráneas y atlántica se sitúan en torno a las 60.000 y las solicitudes de asilo en 300.000". PARDO, J. L., *El nuevo Pacto Europeo de Migración y Asilo: la posición española*, Real Instituto Elcano, ARI 125-2020. https://www.realinstitutoelcano.org/analisis/el-nuevo-pacto-europeo-de-migracion-y-asilo-la-posicion-espanola/.

entre los países de la UE"[40]. La presidenta de la Comisión en su programa asumió el compromiso de gestar un nuevo pacto sobre este tema y reanudar la reforma del Reglamento de Dublín en un ejercicio de equilibrio entre responsabilidad y solidaridad, sin embargo, en su presentación pronosticaba que el documento no iba a satisfacer a ningún Estado miembro, definiendo la propuesta como "un nuevo comienzo" de esta política migratoria y de asilo. Por el contrario, los Estados de la UE han mostrado su acuerdo en aplicar un enfoque protector de las fronteras y del control de los flujos migratorios para evitar la llegada tanto de migrantes como de solicitantes de asilo.

El PMA, se asienta en cuatro pilares: mecanismo de solidaridad obligatoria para que todos los países participen en la reducción de la presión migratoria; procedimientos de seguridad más exhaustivos; nuevos criterios para el reparto de migrantes y el incremento de la cooperación con terceros países movilizando la Comisión 70.000 millones de euros destinados a la cooperación con países en desarrollo, especialmente con aquellos donde procedan mayor número de migrantes[41]. Aunque identifica los problemas que caracteriza a esta política no supone un paradigma diferente e integral, es decir, no hay grandes novedades en relación con lo que se venía implementando, salvo algunas cuestiones de carácter técnico, prevaleciendo el consenso ante la posibilidad de quedar bloqueado por parte de algún Estado de la UE, sin atreverse la Comisión a lanzar propuesta más ambiciosas basadas en la responsabilidad aunque si contemple algunas novedades: un sistema de evaluación previo a la entrada (pre-entry screening), un nuevo mecanismo de solidaridad, la necesidad de abandonar el reglamento de Dublín y la propuesta de un Plan de preparación para crisis migratorias[42].

---

[40] PINYOL, G., "No es un pacto de migración y asilo sino de control de fronteras", *Agenda Pública*, 25 de septiembre de 2020. https://agendapublica.es/sobre-el-nuevo-pacto-de-migracion-y-asilo-sobre-control-de-fronteras/.

[41] MANCHÓN, F., El Pacto sobre Migración y Asilo ¿una nueva oportunidad para Europa?, Documento de Opinión, Instituto Español de Estudios Estratégicos, 27 de noviembre de 2020. https://www.ieee.es/Galerias/fichero/docs_opinion/2020/DIEEEO152_2020FELMAN_migraciones.pdf.

[42] PINYOL, G., *op. cit.*, nota 40. "El vicepresidente de la Comisión, Margaritis Schinas, ha definido el PMA como una casa con tres pisos: un primero centrado en la dimen-

Predomina una triple conjunción marcada por un enfoque securitario mediante el control de las fronteras, la externalización de la gestión migratoria a través de los países de origen y tránsito y se refuerzan el retorno como herramienta de lucha contra la inmigración irregular. El PMA reitera algunos errores como prestar atención a los cruces de carácter irregular en detrimento de las entradas regulares y seguras que suponen el núcleo de las políticas migratorias, la externalización que ha mostrado su carácter poco resolutivo y que deja a terceros países la gestión y el retorno que según indica el propio PMA solo se cumple en un tercio de los casos[43]. En suma, externalización, retorno, control y hotspots considerados como "la base para prestar apoyo de manera más rápida y eficaz a los Estados miembros en situaciones de crisis migratorias"[44].

4. LAS CRISIS MULTINIVEL Y SUS DERIVADAS: MEDITERRÁNEO, MARRUECOS Y POLONIA

Desde 2015 la UE se ha visto sacudida por un proceso de crisis migratorias y de asilo golpeando sus cimientos y afectando directamente a varios Estados miembros y a todos como socios. Como afirmó

---

sión exterior, en las relaciones con los países terceros; un segundo, en el control de las fronteras externas, y un último en las normas internas de solidaridad". https://agendapublica.es/sobre-el-nuevo-pacto-de-migracion-y-asilo-sobre-control-de-fronteras/.

43 PINYOL, G., *op. cit.,* nota 40. https://agendapublica.es/sobre-el-nuevo-pacto-de-migracion-y-asilo-sobre-control-de-fronteras/.

44 CHURRUCA MUGURUZA, C., "La gestión humana y eficiente de la migración: los hotspots-espacios de detención en las fronteras exteriores de la Unión Europea", en ABRISKETA, J., *Políticas de asilo de la UE: Convergencias entre las dimensiones interna y externa,* Thomson Reuters-Aranzadi, 2021, p. 40. La autora pone como ejemplos los casos de Grecia y Canarias: "En Grecia estos espacios de recepción y clasificación se han convertido en espacios de detención donde en condiciones inadecuadas e insalubres se mantiene a los migrantes y solicitantes de asilo a la espera de ser readmitidos en Turquía o deportados a sus países de origen. Son privados de su libertad, lo que, en definitiva, es una la violación de los derechos humanos y sirve como política de criminalización de los extranjeros. (…) Haciendo caso omiso del evidente fracaso de este enfoque, el modelo de los hotspots se está replicando en Canarias donde el incremento exponencial de las llegadas (23.023 en 2020, 753% de aumento desde2019) ha propiciado la creación de campamentos donde se retiene a los migrantes y solicitantes de asilo en condiciones deplorables".

el Alto Comisionado de la ONU para los refugiados de 2005-2015, Antonio Guterres, estamos ante un cambio de paradigma[45] respecto a unos movimientos de población más complejos, con flujos de movilidad forzada también denominadas por Betts como "migraciones de supervivencia", mezclados o mixtos (migrantes y refugiados), y con un impacto global anteriormente desconocido para la UE. Las respuestas de la Europa comunitaria ante estos flujos masivos irregulares y mixtos (migrantes y refugiados) reflejan su carácter poco operativo a pesar del esfuerzo realizado en la gestión de las crisis. Pero no solamente es una cuestión de gobernanza interna, sino que también afecta a su imagen como actor internacional global.

4.1. El Mediterráneo como núcleo central de crisis migratorias en la UE

El Mediterráneo se ha convertido en un núcleo de atención en la agenda migratoria internacional, en la europea y en la opinión pública debido a los flujos masivos de movilidad internacional cuyo destino es la UE y ejemplificando un patrón típico migratorio, pues conforme con la OIM el 40% de los movimientos migratorios se producen de sur a norte[46]. En este sentido, y ante el cierre de otros accesos, este mar, como zona de tránsito migratoria aglutina las tres principales vías de acceso hacia la UE por el Mediterráneo Oriental, Central y Occidental (las costas griegas y chipriotas, la vía Italia-Malta

---

45 ALTO COMISIONADO DE LAS NACIONES UNIDAS PARA LOS REFUGIADOS, *Tendencias Globales. Desplazamiento Forzado en 2014,* ACNUR, 2014.

46 El Mediterráneo se ha convertido en "la frontera migratoria más desigual del mundo —excluyendo a la que separa las dos Coreas—, con una diferencia de renta per cápita entre sus dos orillas mucho mayor que la que separa a los dos países de la otra gran frontera migratoria mundial, EEUU y México. La renta per cápita de EE. UU. equivale a 3,4 veces la de México, pero la renta per cápita española equivale a seis veces la marroquí y la italiana supone cinco veces la egipcia. Y si comparamos con los países subsaharianos, que son ahora los principales emisores de emigrantes económicos que atraviesan esa frontera mediterránea, vemos que la renta per cápita española es 16 veces la de Senegal y la italiana es 25 veces la de Malí". ARTEAGA, F., GONZÁLEZ ENRÍQUEZ, C., *La respuesta militar a la crisis migratoria del Mediterráneo,* ARI40 2015, Real Instituto Elcano, 2015. https://www.realinstitutoelcano.org/analisis/la-respuesta-militar-a-la-crisis-migratoria-del-mediterraneo/.

y la que comunica España con Marruecos a través del estrecho de Gibraltar o las islas Canarias), teniendo como años cenit 2015 y 2016.

Estas corrientes migratorias son mixtas al utilizar los migrantes las mismas rutas marítimas que los solicitantes de asilo y los refugiados, procedentes de países de Oriente Medio, África, los Balcanes Occidentales y Asia del Sur. El Mediterráneo supone la opción migratoria más arriesgada, convirtiéndose las rutas de acceso en una especie de vasos comunicantes pues al incrementarse las dificultades de entrada en alguna de las tres principales provoca el desplazamiento migratorio hacia las otras. Así mismo, existe la tendencia a identificar estas crisis como un fenómeno homogéneo e interconectado, pero cabe discernir por sus diferencias entre los países de procedencia de los emigrantes que acceden a las distintas rutas, su perfil demográfico, el número de llegadas y los mecanismos de recepción que adopta cada Estado ante la mayor crisis migratoria y solicitantes de asilo en Europa desde la II Guerra Mundial.

El primer antecedente a estas crisis migratorias es el asalto a las vallas de Melilla en 2005 y un año después la crisis de los cayucos en Canarias, junto a intentos parecidos en el Estrecho de Gibraltar. Esta "crisis sería importante por varias razones. La primera es que provocaría la primera gran misión de vigilancia aérea y marítima de Frontex. La segunda es que pondría por primera vez de relieve un fenómeno que devendría capital en el ámbito del asilo durante la crisis: la existencia de una desigualdad estructural causada por la localización geográfica de un Estado y sus condiciones fronterizas, lo que implica una asimetría entre Estados miembros en cuanto a la presión y naturaleza de los shocks migratorios. La tercera es que, por primera vez también, se revelaría la tensión inherente entre la responsabilidad de un Estado de controlar las fronteras y la necesidad de solidaridad entre Estados miembros. (...) En último lugar, la crisis de los cayucos revelaría dos realidades adicionales. Por un lado, que, en la práctica, la política migratoria funcionaba mejor de manera no jerarquizada, es decir apoyando el «saber hacer» de los Estados miembros en la gestión de sus fronteras sin suplantar su acción. Por otro lado, que la gestión de la migración empezaba fuera de las fronteras de la UE: daba así comienzo al proceso de «externalización de fronteras» de la Unión, al que sin embargo no se daría un impulso decisivo hasta la crisis migratoria de 2015"[47].

Denominada en un principio como la crisis de los refugiados "sirios" por la oferta alemana de acoger población de esta nacionalidad demandante de asilo, con posterioridad se la designa como la crisis migratoria en el Mediterráneo, representando la agudización desde 2015 del incremento de flujos descontrolados de refugiados, solicitantes de asilo y emigrantes económicos que comparten vías de desplazamiento hacia la UE. Aunque la OIM rechaza el término crisis migratoria considerando que es una crisis política de la UE, su análisis induce a aceptar este término pues estos flujos de movilidad utilizan diversas vías en sus desplazamientos por este mar, representan el mayor número de llegadas a la UE al cerrarse otras fronteras y no sólo huyen de los conflictos armados en sus Estados de origen, sino que concurren otras causas que motivaban el hecho migratorio y no solamente el asilo.

La llegada de 170.000 personas por el Mediterráneo oriental a las islas griegas en 2014 se vio superada, un año después, por el aumento de estos flujos masivos irregulares que utilizaban la misma ruta marítima o la frontera greco-turca alcanzando más de 880.000 personas cuyo destino final era Alemania o los países nórdicos europeos[48]. Aunque Grecia soportaba una importante presión de cruces irregulares no será hasta la primavera de 2015 cuando se convierta en un actor relevante en el tema migratorio al incrementar su papel geopolítico y humanitario[49] debido al cierre de las rutas terrestres de los Balcanes occidentales ante la iniciativa del V4 de blindar sus fronteras aduciendo la protección del interés nacional, razones de carácter técnico y la suspensión unilateral de Hungría del Reglamento de Dublín III. La capacidad de acogida de Grecia se ve superada pues conforme a datos de Frontex entre 2011 y 2015 se detectan 1.050.000

---

47 CARRASCO ÁLVAREZ, A., *op. cit.*, nota 26, pp. 103-104.

48 COMISIÓN ESPAÑOLA DE AYUDA AL REFUGIADO. *Atrapados en Grecia. Un año después del acuerdo* UE-Turquía, Madrid, 2017.

49 GABIAM, N., "Humanitarianism, Development and Security in the 21st Century: Lessons from the Syrian Refugees Crisis", *International Journal of Middle East Studies*, núm. 48 (May), 2021, pp. 383-396.

cruces irregulares[50], en un país con una población, en 2015, de 10.783.748 habitantes e inmersa en una profunda crisis económica custodiada por las autoridades europeas y con una cambiante situación política[51].

Alemania en solidaridad con los demandantes de asilo abre sus fronteras acogiendo mayor número de refugiados que los estipulados e instando a los socios de la UE a asumir la responsabilidad correspondiente mediante un sistema de cuotas estipuladas. Sin embargo, la respuesta negativa del V4 al no aceptar la reubicación de las cuotas asignadas suponen un triple efecto, es decir, una fractura comunitaria, conduce a Alemania a reajustar su política suspendiendo la aplicación de Dublín III y pone en riesgo el Acuerdo de Schengen. Las solicitudes de refugio en 2015 fueron 1.100.000[52] correspondiendo el 40% a sirios, seguidos de afganos e iraquíes. Esta situación supone una conmoción nacional de solidaridad por parte de la sociedad civil[53]. Desde entonces la política alemana de asilo que se denominó de "puertas abiertas" se ha endurecido ante el colapso de los mecanismos políticos y jurídicos.

Las medidas del ejecutivo griego insertadas en una política migratoria de renacionalización y el Acuerdo UE-Turquía (18 de marzo de 2016) contribuyen a trasladar el centro de gravedad migratorio al Mediterráneo central. Italia se convierte en el país de llegada, teniendo como antecedente el período comprendido entre 2014 y la primavera de 2015, cuyo epicentro es la isla de Sicilia. En realidad, esta ruta migratoria tenía una larga trayectoria al menos desde los años noventa del pasado siglo como abastecedora de mano de obra

---

50 FRONTEX, *Annual Risk Analysis,* 2016, anexo 4.

51 Sin embargo, desde 2016 esta ruta verá mermada la afluencia de cruces irregulares en parte por el acuerdo UE-Turquía que imposibilita la vía de los Balcanes occidentales y por las medidas del ejecutivo griego de control de sus fronteras en una política migratoria de renacionalización.

52 El ministro del Interior alemán, el cristiano demócrata Thomas de Maiziére, reconoció que en esta cifra señalada menos de la mitad han presentado la solicitud de asilo político. Así mismo admitió que esta cifra de 1,1 millones puede incluir registros repetidos en varios Estados federados y personas que habrían abandonado Alemania hacia otros países europeos.

53 PRIES, L., "Entre la bienvenida y el rechazo: la crisis de los refugiados en Europa", *Polis,* núm. 2, vol. 14, julio-diciembre 2018.

migrante irregular, aunque el acuerdo entre Italia y Libia (2010) restringe significativamente las llegadas. La segunda fase de la crisis del Mediterráneo que comprende el período 2016-2018 tiene a la Isla de Sicilia como zona de llegada a Europa con "una media de 16.000 llegadas al mes entre abril de 2016 y marzo de 2017, sin embargo, no admitían comparación alguna con lo que había estado sucediendo en Grecia pocos meses atrás"[54].

Siguiendo el Informe anual elaborado por la Guardia Costera italiana en el año señalado, la ruta del Mediterráneo central marca un récord respecto a las operaciones de salvamento con 180.000 personas socorridas, lo que representa un 55% más que en el año anterior, es decir, 2015. En cuanto al número de fallecimientos en esta ruta se eleva a 4.646 personas, es decir, algo más de 1.000 que en 2015 (3.522 personas), debido al deterioro de las condiciones de la travesía y a las de partida de los migrantes desde Libia. En relación con los cruces, serán 179.624 personas con mayor predominio de hombres (127.500). A diferencia del año anterior, en 2016 llegaron más menores (28.019) que mujeres (23.932), suponiendo uno de los mayores problemas la duplicación de llegadas de estos menores no acompañados que fueron 12.360 en 2015[55].

Desde octubre de 2013 Italia activa la operación Mare Nostrum con un coste mensual de 9 millones de euros, imposible de mantener unilateralmente si no se cuenta con financiación comunitaria. Esta misión será sustituida por la operación internacional Tritón (noviembre 2014) en el Mediterráneo central, supervisada por Frontex y rebajando el importe económico a tres millones, así como su equivalente Poseidón en el Egeo. Este dispositivo se amplía con la operación militar EUNAVFOR MED (Fuerza Naval de la Unión Europea en el Mediterráneo), teniendo como objetivo principal combatir a las redes de traficantes y mafias que actúan en el Mediterráneo. Ade-

---

54 D'ANGELO, A. "Flujos migratorios en el Mediterráneo. Cifras, políticas y múltiples crisis", *Anuario CIDOB de la Inmigración,* 2018, p. 35.

55 GUARDIA COSTIERA, 2016: https://www.guardiacostiera.gov.it/en/Pages/home.aspx.

más, diversas ONG[56] llevaron a cabo misiones de salvamento[57] ante "la preocupación de los gobiernos de los países europeos centrada en impedir las salidas, el rescate de los migrantes pasó a ser no una labor concertada y planificada, sino una sucesión inacabable de respuestas de emergencia"[58].

La ruta del Mediterráneo central va perdiendo fuerza desde 2017 como consecuencia de las operaciones desplegadas por la UE, por el endurecimiento de la política migratoria cursada por el ejecutivo italiano y por el polémico acuerdo con Libia (2017)[59]. En esta lógica, el Parlamento italiano aprueba sancionar económicamente a los barcos privados y organizaciones que operen en el rescate de personas que accedan de forma irregular a las aguas territoriales italianas. La UE despliega diversas operaciones civiles y militares (misiones Tritón, Mare Sicuro y Sophia) y el Enfoque Integrado en el Mediterráneo Central que conlleva el Plan de Inversión de la UE en el Exterior, que crea un Fondo Europeo de Desarrollo Sostenible para financiar programas de cooperación y de asistencia técnica en Libia. Además, en las islas griegas e italianas se instala un nuevo instrumento de control migratorio con los hotspot approach, sirviendo como una cooperación reforzada a otras agencias europeas como Frontex, la Oficina Europea de Apoyo al Asilo (EASO) y Europol.

Gran parte de la sociedad italiana "ha ido dando un giro gradual, desde sentimientos de solidaridad, pasando por la inquietud respecto a una invasión incontrolable, hasta expresar una xenofobia abierta. Por su parte, la respuesta política de Italia, al tiempo que trataba —sin éxito— de recabar apoyos de sus socios europeos, pasó a estar más preocupada por contener los flujos y externalizar las fronteras que por operaciones de rescate y acogida de migrantes"[60]. En

---

56 Estación de Ayuda al Migrante en Alta Mar (MOAS), Médicos Sin Frontera y Sea Watch (Vigilancia en el mar).

57 "Los guardacostas italianos rescataron a 41.241 personas; la marina militar italiana a 29.178; la policía de aduanas italiana a 6.290; varios buques mercantes a 16.158; las ONG a 20.063; la misión Frontext Tritón a 15.428 y EUNAVFOR MED y las armadas de otros países a 23.885". D'ANGELO, A., *op. cit.*, nota 54, p. 41.

58 D'ANGELO, A., *op. cit.*, nota 54, pp. 41-42.

59 Renovado en febrero de 2020.

60 D'ANGELO, A., op. cit., nota número 54, p. 35.

esta línea también se encuadra la "Directiva relativa a procedimientos y normas comunes de los Estados miembros para el retorno de los nacionales de terceros países que se encuentren ilegalmente en su territorio", conocida como "Directiva del Retorno". Las posturas duras y represivas en relación con los flujos migratorios irregulares contribuyeron a que tras las elecciones de marzo de 2018 Matteo Salvini ocupe la cartera del Ministerio del Interior, la vicepresidencia del ejecutivo, así como el liderazgo de la Liga Norte con un discurso antinmigración, nacionalista, populista y proteccionista.

Desde 2018 la ruta del Mediterráneo occidental supera a las otras dos, representando un incremento de casi el 150% en relación con el año anterior según datos del Ministerio de Interior de España. Por tanto, España se convierte en el en principal país de cruces migratorios en el año señalado, aunque solo supongan la cuarta parte de los que llegaron a Italia en 2017 y la séptima parte de los que llegaron a Grecia en 2016. La peculiaridad de esta crisis es que los cruces no solo proceden del Mediterráneo occidental por el Estrecho de Gibraltar o por el mar de Alborán, sino que a estos se suman los que pasan por las fronteras blindadas de Ceuta y Melilla y, en un número mucho más reducido los que tienen como destino Canarias. En cuanto al perfil migratorio el 75% son hombres, el 10% mujeres y el 15% menores no acompañados, el grupo que más aumenta. Marruecos cambió su papel de país de origen migratorio al de tránsito desde 2014 con su estrategia nacional de migración.

La férrea política fronteriza aplicada por Argelia convierte a Marruecos en el punto de partida de estas rutas hacia España. Las complejas relaciones del Reino de Marruecos con la UE y con España repercuten directamente en el tema migratorio al aplicar una política ambivalente en función de otros intereses de carácter político que se traducen en mayor o menor permisividad de las salidas de los migrantes[61], sacando partido de su condición fronteriza en el corredor migratorio mediterráneo. La UE se compromete a mantener con el

---

61 ANGUITA OLMEDO, C. & GONZÁLEZ DEL MIÑO, P., "The Migrant Crisis In The Mediterranean. A Multidimensional Challenge in the European Union", *RUDN Journal of Sociology*, núm. *19*(4), 2019, p. 622.

Reino alauita vías de diálogo y ayudas económicas[62], recibiendo entre finales de 2016 y 2018 "más de 77 millones de euros del Fondo Fiduciario de emergencia para África, a los que se debe sumar otros 101,7 millones de euros a finales de 2019, para la gestión de la migración. A todas estas cantidades habría que sumar las recibidas por el instrumento europeo de vecindad en el marco de la cooperación bilateral"[63].

La pandemia COVID 19 incrementa las desigualdades y la pobreza. También disminuye el número de llegadas irregulares de migrantes a la UE desde 2020, aunque permanezcan las causas estructurales que motivan las migraciones. No se puede descontar que la pandemia ha sido un factor de contención al igual que el reforzamiento de control de las fronteras y la cooperación con terceros Estados de origen y tránsito relativas a la limitación migratoria en el Mediterráneo. Tampoco se puede obviar, que las medidas adoptadas por la UE y los Estados miembros mediante los dispositivos de salvamento contribuyen a disminuir el número de fallecidos en el Mediterráneo, que ostenta un triste récord, partiendo de la premisa que ninguna de las rutas migratorias de este mar puede calificarse como segura[64].

En suma, y a modo de balance, según la Comisión Española de Ayuda al Refugiado (CEAR) en el período 2016-2020 las llegadas irregulares a la UE "se contabilizaron 954.071 llegadas: 369.800 a Italia (39%), 348.344 a Grecia (37%) y 182.513 a España (19%), mientras que Bulgaria, Chipre y Malta suman el 5% restante. Las llegadas marítimas supusieron el 88% del total (841.997) y se repartieron de este

---

62 EUROPEAN COMMISION, *La crisis migratoria*, Bruxelles, 2017. http://publications.europa.eu/webpub/com/factsheets/migration-crisis/es/.

63 CALVILLO CISNEROS, J. M. & CALATRAVA GARCIA, A. "Los dilemas de la política migratoria española 2016-2019: un análisis desde el enfoque de la seguridad nacional", *Revista de Pensamiento Estratégico y Seguridad CISDE*, núm. 6 (2), 2021, p. 61.

64 ORGANIZACIÓN INTERNACIONA PARA LAS MIGRACIONES (OIM), Missing Migrants, 2021. www.epdata.es. Según datos de este proyecto, en 2014 el número de fallecidos o desaparecidos es 3.283; en 2015 la cifra asciende a 3.783; un año después alcanza a 5.143 empezando el descenso en 2017 con 3.139, en 2018 con 2.177, en 2019 con 1.885 y en 2020 con 1.448, volviendo a incrementarse en 2021 con 2.026, siendo la ruta del Mediterráneo central en este período 2014-2021 la que alcanza mayores cifras.

modo: 369.800 a Italia (44%), 307.540 a Grecia (37%) y 155.375 a España (18%). Mientras tanto, las terrestres sumaron 112.074: 40.804 a Grecia (36%), 27.621 a Bulgaria (25%), 27.138 a España (24%) y 16.511 a Chipre (15%). En diciembre de 2020, la población total de la Unión Europea rozaba los 448 millones de habitantes, por lo que la suma total de las personas llegadas de manera irregular en los últimos cinco años apenas representa el 0,2%"[65].

4.2. La crisis migratoria España-Marruecos y sus derivadas políticas

El asalto a la valla de Ceuta[66] (18 y 19 de mayo de 2021) por más de 9.000 emigrantes —mayoritariamente marroquíes y menores de edad— ante la indiferencia de las autoridades policiales de Marruecos, en un período de dos días, recrudece las relaciones bilaterales España y Marruecos y las de este Reino con la UE, desembocando en una crisis migratoria con dimensiones político-diplomáticas que incluye la llamada a consultas y posteriormente la retirada de embajadores. Esta frontera terrestre de España, frontera exterior de la UE que, por su ubicación, goza de una situación geográfica estratégica junto a la de Melilla, también ha puesto de manifiesto la práctica de las denominadas devoluciones en caliente o entregas sumarias de inmigrantes sin identificación por parte de España a Marruecos, sin respetar las garantías procesales y los derechos humanos de los migrantes. Además, se han vulnerado los compromisos bilaterales existentes desde 2005 para cooperar en materia migratoria a través

---

65 COMISIÓN ESPAÑOLA DE AYUDA AL REFUGIADO (CEAR). *Informe 2021: las personas refugiadas en España y Europa,* 2021, p. 43.

66 Actualmente esta valla tiene una extensión de 8 kilómetros y hasta 1993 el perímetro fronterizo de Ceuta estaba protegido por una valla de alambre. Será en 1996 cuando se inicie la mejora de las fronteras con Marruecos que finalizan en 1999 con la construcción de un dispositivo fronterizo consistente en una doble valla de tres metros, elevando la altura de tres a seis metros en 2006. Posteriormente "se construye entre ambas vallas un tercer dispositivo consistente en una estructura metálica formada por barras clavadas en el suelo y unidas por una red de cables, conocida como sirga tridimensional". SÁNCHEZ TOMÁS, J. M., "Las devoluciones en caliente en el Tribunal Europeo de Derechos Humanos (STEDH, AS. N.D. y N. T. vs España, de 032.10.2017), *Revista Española de Derecho Europeo,* enero-marzo 2018, p. 47.

de diversos instrumentos políticos, pese al aumento del presupuesto dedicado a la cooperación policial con Marruecos en la vigilancia de fronteras[67].

El detonante de la crisis obedece a la acogida secreta en España del líder del Frente Polisario y presidente de la República Árabe Saharaui, Brahim Ghali, con la complicidad de Argelia. El ejecutivo español argumentó razones humanitarias sin prever el alcance que supondría para las relaciones bilaterales, aunque estas no se encontraban en su mejor momento desde hacía tiempo[68] debido entre otros factores a cierto empoderamiento del Reino alauita por el reconocimiento de la soberanía del Sahara Occidental que hizo el presidente norteamericano Donal Trump al final de su presidencia[69] y que su sucesor no ha revertido, pese a las diversas resoluciones de Naciones Unidas. En este contexto, y contando que el tema concita la unidad nacional marroquí y supedita a su política exterior, choca con la postura de España no exenta de cierta ambigüedad escudada en la legalidad internacional, que respalda la denominada política de "neutralidad activa" mediante la negociación con las partes en el marco de Naciones Unidas.

Marruecos ha utilizado las migraciones irregulares como un elemento de presión a España y a la UE para negociar en otros ámbitos, conocedor de la importancia que supone la frontera en la política de externalización fronteriza por la UE. Su papel clave como cooperador indispensable, actuando a modo de dique de contención, en el control migratorio procedente de África subsahariana que se

---

67 GONZÁLEZ GARCÍA, I., "Rechazo en las fronteras exteriores europeas con Marruecos. Inmigración y derechos humanos en las vallas de Ceuta y Melilla, 2005-2017", *Revista General de Derecho Europeo,* núm. 43, 2017, pp. 19-20.

68 Se pueden mencionar dos desencuentros recientes en las relaciones bilaterales: el aplazamiento de la XII Reunión de Alto Nivel (RAN), que por convenio ha de celebrarse anualmente y la aprobación de dos proyectos legislativos por el parlamento de Marruecos referentes a la delimitación de aguas internacionales que podrían afectar a parte de la zona cercana a Canarias

69 Estados Unidos no es el único país occidental que reconoce la soberanía marroquí en el Sahara Occidental pues Francia ya lo hizo hace décadas. Lo que ha cambiado es que ahora Marruecos cuenta con el apoyo de dos miembros permanentes en el Consejo de Seguridad de Naciones Unidas con derecho a veto.

asienta transitoriamente en su territorio se ha traducido en numerosos acuerdos firmados con España y con la UE, en retribuciones económicas y en una diplomacia positiva hacia sus intereses, lo que le viene reportando un trato privilegiado. En el caso concreto de la crisis en la frontera de Ceuta, que supera una política de tensión, el Reino alauita aplica la estrategia de demostración de fuerza a España y a la UE en el sentido de que sin su cooperación el tema migratorio se puede convertir en un problema humanitario, político y jurídico por las devoluciones en caliente por parte de las fuerzas de seguridad españolas[70], sin descontar su utilidad tanto para la política interior marroquí como para la exterior.

Rabat acusa a Madrid de "europeizar" una crisis bilateral al cerrar filas la UE con España mediante una respuesta contundente, advirtiendo que las fronteras españolas son fronteras europeas. También la resolución del Parlamento Europeo va en la misma línea, con 397 votos a favor, 85 en contra y 196 abstenciones, además de condenar a Marruecos por abuso de los derechos humanos y la utilización de menores. El uso de migrantes por terceros países como instrumentos para conseguir réditos políticos o económicos de la UE se replica con Turquía lanzando un pulso a la Europa comunitaria al abrir su frontera turco-griega a miles de emigrantes, continúa con la crisis de Ceuta y se reproduce en las fronteras que separan Bielorrusia de Polonia, Letonia y Lituania, donde quedaron atrapados migrantes como víctimas de un conflicto político que desemboca en crisis humanitaria.

4.3. La crisis en la frontera Polonia-Bielorrusia. El temor a una potencial presión migratoria

La UE se vuelve a ver cautiva de las dificultades que caracterizan a la política de inmigración y asilo por la utilización de estas personas con fines políticos en la frontera oriental comunitaria, entre Polonia, Lituania, Letonia y Bielorrusia, comportando un triple efecto: agudiza las divisiones internas en la UE, provoca el temor a una potencial

[70] SÁNCHEZ TOMÁS, J. M., *op. cit.*, núm. 66.

crisis migratoria y posibilita la obtención de concesiones de la UE para algunos países miembros como Hungría o Polonia. Esta crisis migratoria es atípica en el sentido que no es una migración que nace de forma natural sino patrocinada por el régimen de Bielorrusia, en un contexto de presión entre vecinos con la finalidad de desestabilizar. La crisis comienza en 2021, aunque el punto álgido se alcance en el otoño, al llegar a estas fronteras, aunque el mayor número a la frontera polaca en la región de Grodno, varios miles de inmigrantes —de 20 nacionalidades y mayoritariamente de Siria e Irak—, amparados por Bielorrusia que les facilita una política de visados para que utilicen la extensa frontera entre Bielorrusia y la UE[71].

La crisis migratoria entre Polonia y Bielorrusia, que tenía como antecedentes las acontecidas en Lituania y Letonia, comprende unos 35.000 intentos de entrada a Polonia desde la antigua exrepública soviética. Definida como "un ataque híbrido" por los ministros de Asuntos Exteriores comunitarios, se incrementa en un contexto de relaciones tensas[72] después que la UE aplique sanciones a Bielorrusia en materia económica y de viajes a "166 personas y 15 entidades responsables de la escalada de las graves violaciones de los derechos humanos en Bielorrusia y de la represión violenta de la sociedad civil, la oposición democrática y la prensa"[73]. Bielorrusia utiliza el desplazamiento de migrantes a las fronteras de países miembros de la UE, en este caso a la frontera con Polonia, como un arma política para lograr otros objetivos utilizando una de las mayores vulnerabilidades de la UE y que mayores divisiones provoca entre sus miembros.

Por su parte, los países afectados —Polonia, Lituania y Estonia— solicitan a la OTAN la puesta en marcha del artículo 4 del Tratado de Washington, mientras que se arrastra un clima de crisis política que mantienen Bruselas y Varsovia por las vulneraciones y ataques de Polonia a la independencia del poder judicial y el respeto a los derechos humanos y al Estado de derecho. El ejecutivo polaco, liderado por el

---

[71] La extensa frontera entre la exrepública soviética y la UE tiene 1.250 kilómetros, de los que corresponden a Polonia 398, a Lituania 679 y a Letonia 173.

[72] Las relaciones entre la UE y Bielorrusia se tensan desde agosto de 2020, cuando gana las elecciones presidenciales Aleksandr Lukashenko en medio de acusaciones de fraude electoral.

[73] EUROPEAN COUNCIL, *Diario Oficial de la UE,* 21 de junio de 2021.

partido ultraconservador-nacionalista Ley y Justicia (PIS), viene utilizando un relato hostil con los refugiados y migrantes como amenaza para la seguridad nacional, la soberanía y la identidad, mientas que acusa a Bielorrusia, respaldada por Rusia, de alentar y ayudarles a atravesar la frontera para desestabilizar a su vecino y a la UE.

Polonia con anterioridad a esta crisis había construido una frontera de púas[74], que se verá reforzada en esta crisis con el envío de 10.000 soldados, la declaración del estado de emergencia en las tres provincias fronterizas y la reforma por el Parlamento (15 de octubre de 2021) de la ley de extranjería[75] que permite la expulsión inmediata de los migrantes irregulares. Estas medidas se justifican por la necesidad de proteger las fronteras exteriores de la Europa comunitaria.

Bruselas reconoce que el número de personas que han quedado atrapadas en el lado bielorruso o varadas en el polaco no es alarmante y sin comparación con la crisis de 2015 en el Mediterráneo, pero cierra filas con el ejecutivo polaco respondiendo a estas situaciones de emergencia y recordando el respeto a los derechos humanos y a las obligaciones internacionales. El mensaje europeo en esta crisis es, sobre todo, ofrecer una imagen de unidad como escudo protector, al tiempo que la Comisión triplica los fondos a los tres países del este para que fortalezcan sus fronteras en los próximos años y 200 millones de euros en 2021 y 2022 (Comisión Europea 22 de noviembre de 2021), sin que esto suponga financiar muros con presupuesto

---

74 Tanto Polonia como Lituania solicitan a la UE financiación comunitaria para la construcción de un muro como medida regulatoria de entrada en la UE, siendo rechazada la propuesta por los países miembros.

75 Esta ley es cuestionada en la medida que vulnera los compromisos de Polonia con el derecho internacional. La ley contempla como única excepción general a su expulsión a aquellos padres o madres que estén acompañados por sus hijos. También se estudiarán los casos de petición de asilo o refugio solamente en el caso que el emigrante "provenga directamente de un territorio donde su vida o libertad estaban amenazadas, sufría persecución o amenazas de daños graves". La reforma de esta ley también contempla que el inmigrante ilegal expulsado no podrá volver tanto a Polonia como a cualquier país del espacio Schengen durante un período de entre seis meses y tres años. También se establecen penas de cárcel de entre seis meses a cinco aquellos para quien destruya o modifique elementos de protección y delimitación de la frontera polaca.

comunitario y sin que respalden estas construcciones los partidos de izquierdas en el Parlamento Europeo.

5. LA POLÍTICA DE EXTERNALIZACIÓN DEL CONTROL MIGRATORIO: EL ACUERDO UE-TURQUÍA UNA PIEZA CLAVE

La dimensión externa de la política migratoria que supone el desplazamiento del control migratorio fuera del territorio europeo y hacia terceros países adquiere una reciente revitalización de las iniciativas comunitarias tras las denominadas "primaveras árabes", convirtiendo en gestores a los países de origen y tránsito de los migrantes —Marruecos, Libia, Argelia, Túnez, Mauritania y Turquía— en fronteras exteriores de la UE. En este período, se pueden señalar tres elementos novedosos, por una parte, la mayor centralidad de esta práctica para hacer frente al fenómeno migratorio; por otra, que los acuerdos bilaterales o multilaterales incluyen líneas sectoriales más específicas con el control migratorio[76]; y en último lugar, se reconoce, tras la aprobación de la Agenda Europea sobre la Migración, la condicionalidad negativa ante la falta de cooperación migratoria de un tercer país con la UE.

Los esfuerzos que realizan estos países mediante compensaciones económicas reforzadas por la necesidad europea de detener los flujos migratorios irregulares mediante la externalización[77] también denotan el enfoque securitario por parte de la UE, asentado en la delegación del control fronterizo "más que en los imperativos de pro-

---

76 GABRIELLI, L., "La externalización europea del control migratorio. ¿La acción española como modelo?, Anuario CIDOB de la inmigración 2017, p. 128.

77 Se entiende por externalización del control fronterizo "el conjunto de procesos por los cuales los actores europeos y los Estados miembros complementan las políticas de control de la migración a través de sus fronteras territoriales con iniciativas que realizan dicho control extraterritorialmente y a través de otros países y órganos en lugar de los propios". MORENO-LAX, V. & LEMBERG-PEDERSEN, M., "Border-induced Displacement: The Ethical and Legal Implications of Distance-cration Through Externalization", *Questions of International Law*, num. 56, 2019, p. 5.

tección y derechos"[78]. La preocupación por la seguridad conduce a una mayor fortificación de las fronteras mediante diversos dispositivos, a la vez que esta preocupación también revela que la intención no es actuar sobre las causas profundas que los provocan. Esta externalización como respuesta a las crisis migratorias, es una política reactiva focalizada en el corto plazo, sin poderse descontar que se ha conseguido disminuir el número de migrantes irregulares. Un ejemplo lo encontramos en 2020, que a pesar de la pandemia COVID 19 y siguiendo datos de la OIM en el año mencionado "llegaron a la UE 99.475 personas en situación irregular, un 23% menos que en 2019, cuando fueron 128.536"[79].

Papageorigiou analiza la acción exterior de la UE en materia migratoria mediante un modelo de cuatro círculos, correspondiendo el primero al espacio de Schengen; el segundo a los Estados asociados y a los Estados ribereños mediterráneos de la UE; el tercer círculo incluye Turquía y los países norteafricanos donde las acciones se centran en el control del tránsito; y en el cuarto círculo estaría Oriente Medio y África subsahariana cuya estrategia incluye la contención de la emigración[80]. Mediante la externalización de las fronteras se genera mayor vulnerabilidad a los migrantes, se encuentran cada vez más expuestos a la violencia en las zonas de tránsito, así como el empleo de rutas cada vez más largas y peligrosas que dificultan el acceso a la protección internacional. Por último, mediante los acuerdos con terceros países para la contención de migrantes y refugiados la UE toma un camino controvertido, en el sentido de considerar o no a estos países como seguros.

El Acuerdo UE-Turquía (18 de marzo de 2016)[81], inserto en la polémica desde su adopción, se orienta a establecer un sistema de

---

78 SANAHUJA, J. A., *op. cit.* nota 12, p. 94.

79 ORGANIZACIÓN INTERNACIONAL DE LAS MIGRACIONES, *Flow Monitoring*, ONU, 2021. https://migration.iom.int/europe/arrivals.

80 PAPAGEORGIOU, V., "The European Migration Crisis: A Pendulum between the Internal and External Dimensions", *Instituto Affari Internazionali*, núm. 23, 2019. https://www.researchgate.net/publication/324780431_The_Externalization_of_European_Borders.

81 CONSEJO EUROPEO, *Declaración de la UE-Turquía, 18 de marzo de 2016*, comunicado de prensa núm. 144/16, Bruselas, 2016.

cooperación que detenga la movilidad hacia la UE, especialmente la llegada de refugiados en un contexto de externalización de fronteras y de demarcación de la política migratoria[82]. Los nueve puntos que contempla este Acuerdo tienen como eje central reducir el número de cruces de personas refugiadas y migrantes irregulares a las costas griegas pasando por Turquía siendo devueltas a este país. Si este objetivo se ha conseguido mediante la reducción de entradas por las rutas marítimas, también hay que considerar en primer lugar, la utilización de estos migrantes y refugiados como herramientas políticas y, en segundo lugar, las repercusiones del Acuerdo como un "impacto negativo en la credibilidad de la UE, en particular en lo referente a su compromiso con los derechos humanos y su eficacia en la gestión. Así, la declaración ha dejado a la UE en una situación de debilidad ante Turquía"[83]

Desde que estallara la crisis en el Mediterráneo el valor geoestratégico de Turquía se amplía ante la necesidad imperiosa de la UE de preservar la seguridad en el entorno del sistema de Schengen[84]. Con el Acuerdo, Turquía recibe una serie de compensaciones que incluyen desde la prestación económica (6.000 millones de euros) a la reactivación de las conversaciones respecto a su adhesión a la UE, pasando por la liberalización de visados para ciudadanos tur-

---

http://www.consilium.europa.eu/es/press/press-releases/2016/03/18/eu-turkey-statement/.

82 ÜSTÜBICI, A. & ICDUYGU, A. "Border closures and the Externalization of immigration controls in the Mediterranean: a Comparative analysis of Morocco and Turkey", *New Perspectives on Kurkey*, 2018, p. 20.

83 PÉREZ RAMIREZ, M. & PINYOL-JIMÉNEZ, G., "El acuerdo UE-Turquía sobre personas refugiadas: vulneración de derechos, externalización y dependencia", en DOMINGUEZ DE OLAZÁBAL, I., FERRERO TURRIÓN, R., MESA GARCÍA, B., PÉREZ RAMÍREZ, M. PINYOL-JIMÉNEZ, G. TERRÓN CUSI, A., *Flujos migratorios en el Mediterráneo: causas, políticas y reformas*, Documento de Trabajo OPEX, núm. 102/2020, 2020, p. 80.

84 Este Acuerdo contempla que los refugiados que lleguen de manera irregular a la UE serían devueltos a Turquía. Así por cada persona devuelta, la UE aprobaría el reasentamiento de un refugiado sirio que Grecia devuelva a Turquía legalmente registrado. Las cifras de devoluciones son muy limitadas y controvertidas en estos cinco años de vigencia del Acuerdo. Sin embargo, las cifras resultan positivas respecto a detener la migración con destino a Grecia. Turquía hasta 2022 ha acogido a cerca de 4 millones de refugiados sirios y 400.000 migrantes provenientes de otros países en conflicto.

cos. El Acuerdo ha sido criticado por la debilidad de Turquía respeto de las convenciones internacionales, por la dudosa consideración como país seguro y por la relajación de los compromisos adquiridos, máxime con la deriva autoritaria tras el intento de golpe de Estado provocado por un sector del ejército (15 de julio de 2016). El régimen hiperpresidencialista turco ha reforzado el control sobre las instituciones, debilitado los derechos fundamentales y ampliado los poderes del jefe del Estado[85].

Mas allá de los discursos retóricos y los incumplimientos de la UE y de Turquía a lo largo de la vigencia del Acuerdo se ha puesto de manifiesto las diferencias entre los firmantes. Las quejas de Turquía se centran en "la falta de cumplimiento por parte de la UE de algunos de los puntos acordados: el dinero desembolsado no fue suficiente; los requisitos de visados no se redujeron; no se ha hecho mucho para la reubicación de refugiados sirios; y la negociación para la adhesión no avanzó. Por otro lado, este Acuerdo le ha dado a Erdogan una herramienta de presión sobre sus pares europeos, al amenazar con la apertura de las fronteras"[86]. El Acuerdo UE-Turquía, con un impacto negativo en los derechos humanos, ha servido como tapón para evitar entradas a Europa más que para expulsar a los que las conseguían.

Tradicionalmente, las relaciones entre la UE y Turquía son complejas pasando por períodos de cooperación, distanciamiento, tensión o crisis. Uno de los ejemplos más recientes y que afecto al Acuerdo de 2016 entre los socios es la apertura, en febrero de 2020, de las fronteras turcas facilitando el desplazamiento de migrantes hacia UE y en mayor número a la frontera griega[87]. Con la intención de renovar este Acuerdo, seis años después de su firma, la Comisión Europea

---

85 GONZÁLEZ DEL MIÑO, P., "El sistema político de la República de Turquía", en SANCHEZ MEDERO, G. y SÁNCHEZ MEDERO, R., *Sistemas políticos en Europa,* Tirant lo Blanch, 2021, 3ª edición, pp. 433-461.

86 FOYTH, J., "Turquía post intento de golpe de Estado de 2016: aceleración y profundización de la grieta con Occidente", *Perspectivas Revista de Ciencias Sociales,* año 4, núm. 8, julio-diciembre 2019, p. 112.

87 Las autoridades griegas confirman que lo consiguen 9.000 personas, mientras que el Ministerio del Interior de Turquía elevaba el número de cruces a 130.000 personas.

plantea una serie de actuaciones benefactoras para Turquía que van desde no incluir a esta república en la lista europea de paraísos fiscales, a la implementación de un proyecto de 5.000 millones de euros destinado a los tres países que reciben más ciudadanos sirios (Jordania, Líbano y Turquía), siendo este último país el más beneficiado al ser el que más acoge[88]. Los intereses mutuos —seguridad, migraciones e intercambios comerciales— priman frente a las desavenencias.

[88] Reunión entre Erdogan, la presidenta de la Comisión Europea y el presidente del Consejo Europeo celebrada el 23 de junio de 2021.

A que geração de Direitos Humanos pertencem os direitos digitais?

EDER FERNANDES MONICA
Professor Adjunto da Faculdade de Direito
e do Programa de Pós-Graduação em Sociologia e Direito
Universidade Federal Fluminense

1. INTRODUÇÃO

A chegada da era digital e o acelerado processo de digitalização da sociedade tem trazido uma série de novos desafios para o Direito. O aparato jurídico, preparado para lidar com problemas de uma sociedade não digital, tem sido posto à prova no enfrentamento dos problemas que surgem com os diversos usos que estamos fazendo das tecnologias digitais. O sistema jurídico moderno foi formado a partir da engenharia social dos estados nacionais: um poder soberano que gere os assuntos referentes à sua população —aquela delimitada pelas diversas técnicas de reconhecimento de cidadania e pertencimento— e ao seu território —aquele espaço geográfico na Terra sobre o qual o estado nacional pode exercer o seu poder. Até então, os problemas que ocorriam nessas dimensões encontravam respaldo na forma como a geopolítica encontrou de organizar uma população em um determinado território, reconhecendo o poder dos estados nacionais para gerir os assuntos de sua competência. O Direito nacional seria o responsável pela gestão dos assuntos de cada país e o Direito Internacional teria a função de integração entre as diversas ordens nacionais, resolução dos conflitos decorrentes e consolidação de valores comuns entre todas as nações, principalmente dos direitos básicos que fundamentam as ordens jurídicas modernas, como é o caso dos direitos humanos e as suas gerações de direitos.

Ao habitarmos os ambientes digitais, provocamos novas noções sobre o tempo, o espaço, a identidade dos sujeitos e as relações de poder. As conexões digitais possuem outros limites, ocorrem em outros tempos, com novas formas de interação e novas dinâmicas de poder. Com isso, o Direito moderno encara um novo desafio: o de estender suas técnicas e fórmulas de resolução de conflitos para o ambiente digital. Além disso, o Direito Internacional tem ganhado relevância, pois com a dinâmica transnacional do mundo digital, principalmente da Internet, os conflitos assumem uma dimensão para além das possibilidades nacionais de sua resolução, demandando da ordem jurídica internacional a construção de perspectivas e possibilidades, dentro da tradição do Direito moderno, para o enfrentamento desses novos problemas.

O conceito de direitos humanos é hoje utilizado pelas mais variadas vertentes políticas, desde as mais liberais até aquelas críticas ao próprio liberalismo, demonstrando que é um instrumento normativo potente para o controle do poder e para a proteção dos sujeitos, atuando como núcleo básico dos direitos e sistema protetivo dos sujeitos. Esses direitos básicos têm sido utilizados também para dar sentido concreto às teorias democráticas, comprometidas com a legitimação do poder e com o correto uso da força, principalmente em relação aos Estados e às entidades privadas com grande poder econômico, os dois grandes grupos que moldam os sentidos da política e da economia. Atualmente, é grande o esforço da sociedade internacional em estender a aplicabilidade dos direitos humanos para o plano dos direitos digitais, comprometendo também toda a arena digital com os seus valores. O tema desse trabalho é justamente esse, mas especificamente buscamos investigar uma questão teórica específica: a que geração de direitos pertencem os direitos digitais? O debate sobre as gerações de direitos é muito recorrente na teoria dos direitos humanos e, por isso, já há muitos teóricos debatendo sobre o lugar dos direitos digitais dentro dessa classificação e sobre quais deles adquiririam o status de direito humano.

Para desenvolver esse objeto, primeiramente ofereceremos algumas das principais iniciativas do âmbito internacional, principalmente das organizações internacionais, para a aplicação dos direitos humanos em ambientes digitais, o que consequentemente já vem solidificando quais seriam, dentre os direitos digitais, aqueles direitos que adquiririam também o status de direitos humanos. Em um segundo momento, elencaremos quatro caminhos para se pensar a relação entre a geração de direitos e os direitos digitais, e quais os argumentos de cada uma delas para justificar em qual geração, dentro dessa sistemática classificação dos direitos, estariam os direitos digitais. Por fim, apresentaremos algumas notas conclusivas sobre o assunto, com os pontos positivos e negativos da questão.

2. INICIATIVAS DO ÂMBITO INTERNACIONAL PARA A APLICAÇÃO DOS DIREITOS HUMANOS EM AMBIENTES DIGITAIS

Nos últimos anos, foram tomadas muitas iniciativas no âmbito internacional para a criação de padrões normativos para o uso das tecnologias digitais, principalmente em relação à Internet. Um documento importante para pensarmos.a aplicabilidade dos direitos humanos edos valores da sociedade internacional às tecnologias digitais é o relatório produzido pela UNESCO há alguns anos, elaborado como base para se pensar políticas que possibilitem a criação de sociedades do conhecimento inclusivas, num amplo diagnóstico sobre o estado das tecnologias digitais, sugerindo várias políticas específicas para uma Internet comprometida com os valores de uma sociedade baseada nos direitos humanos[1].

Na Conferência Geral de 2013 da Organização das Nações Unidas foi deliberada a necessidade de serem abordadas as questões-chave

---

1 Esse documento é usado como referência, pois apresenta um amplo diagnóstico dos principais desafios enfrentados atualmente para a constituição de um ambiente digital inclusivo e comprometido com os direitos humanos, além de indicar os princípios normativos que deveriam guiar as políticas públicas para a esfera digital.

relativas à Internet[2] e foi encomendado um amplo estudo sobre a temática, que se centrou na ética, na privacidade, na liberdade de expressão e no acesso ao ciberespaço[3] enquanto pilares da sociedade da informação e do conhecimento. Após a apresentação do estudo[4], os Estados-membros confirmaram, na 37ª sessão da Conferência Geral da ONU, a aplicabilidade dos direitos humanos ao espaço digital e o desenvolvimento de ações futuras para uma Internet baseada nos direitos humanos, caracterizando assim a sua universalidade. Esta universalidade da Internet seria garantida por intermédio da aplicação de quatro princípios normativos: o dos direitos (D), que exigiriam a aplicação dos direitos humanos a todos os aspectos da Internet, com especial atenção à diversidade cultural, igualdade de gênero e combate às discriminações; o da abertura (A), principalmente aos conhecimentos técnicos digitais; o da acessibilidade a todos (A), evitando as exclusões e desigualdades digitais; e o da participação multissetorial (M), que demanda a participação de todos os envolvidos no ambiente digital com as tomadas de decisões sobre assuntos relevantes. Esses princípios compõem a sigla DAAM —ou, em inglês, ROAM: *rights, openess, accessibility* e *multi-stakeholder*. Esses quatro princípios são os padrões corretivos para o desenvolvimento dos direitos humanos no espaço digital.

---

2 Após deliberarem na Conferência Geral da ONU, em 2013, e entenderem que a UNESCO seria o fórum apropriado para os debates sobre as questões-chave relativas à Internet para Sociedades do Conhecimento, os 195 Estados-membros da UNESCO solicitaram a realização de um grande estudo sobre o tema utilizando-se de uma metodologia consultiva multissetorial envolvendo a sociedade civil, a academia, o setor privado, a comunidade técnica, as organizações intergovernamentais e os próprios Estados-membros da UNESCO. Ele resultou no Estudo Exaustivo da UNESCO sobre Assuntos Relacionados à Internet, publicado em junho de 2014.

3 Para os fins aqui pretendido, o conceito de ciberespaço ou espaço virtual engloba a Internet (redes sociais, *e-mails, blogs*, fóruns, *e-commerce* etc.), dispositivos de telefonia móvel, sistemas de monitoramento e vigilância, em geral. Em sentido semelhante, também serão empregadas as expressões ambiente digital ou esfera digital.

4 Organização das Nações Unidas/UNESCO. *AS PEDRAS ANGULARES PARA A PROMOÇÃO DE SOCIEDADES DO CONHECIMENTO INCLUSIVAS: Acesso à informação e ao conhecimento, liberdade de expressão e ética na Internet global.* Paris: UNESCO, 2017.

Esse relatório forneceu elementos para afirmarmos a tendência em se estender os valores universalistas de direitos humanos para a Internet e a constituição de uma ordem principiológica normativa para o ambiente digital. Ele trabalha com quatro pedras angulares ou núcleos temáticos, todos baseados na Declaração Universal de Direitos Humanos (DUDH)[5] e no Pacto Internacional de Direitos Civis e Políticos[6]. O primeiro deles, o acesso à informação e ao conhecimento digital[7], traz uma concepção que não se restringe apenas ao acesso à Internet em sentido estrito[8], mas se estende à capacidade de buscar e receber conhecimentos científicos, acadêmicos, indígenas e tradicionais, com respeito à diversidade cultural e linguística, em múltiplos idiomas, e à possibilidade de produção de conteúdo em diversos formatos, garantindo um acesso mais igualitário, sensível a questões de renda, gênero, idade, raça, etnia, deficiências etc., em uma radical inclusão social *on-line.* O segundo deles, a liberdade de expressão[9], parte do acesso à Internet enquanto pré-requisito para

---

5 ONU. *Universal Declaration of Human Rights*, 1948. https://www.un.org/sites/un2.un.org/files/udhr.pdf.

6 ONU. *Pacto Internacional dos Direitos Civis e Políticos.* Organização das Nações Unidas, 1966.

7 O Artigo 19 da Declaração Universal dos Direitos Humanos afirma que o direito à liberdade de expressão inclui a —e, poderíamos dizer, depende da— liberdade de "procurar, receber e difundir, sem consideração de fronteiras, informações e ideias por qualquer meio de expressão".

8 O acesso à Internet em seu sentido estrito refere-se aos meios instrumentais e tecnológicos para o ingresso ao ambiente digital. A ONU tem um órgão especializado chamado União Internacional de Telecomunicações (UIT) para coordenar o desenvolvimento e operabilidade das redes e serviços de telecomunicações (https://www.itu.int/). Nele se encontra a Comissão da Banda Larga para o Desenvolvimento Digital, que reúne em torno de 50 líderes na área das Tecnologias da Informação e do Conhecimento (TIC), oficiais de governo e especialistas, e ultimamente vem desenvolvendo estudos para viabilizar a Internet de banda larga como elemento vital para o desenvolvimento sustentável.

9 A sua previsão também se encontra no Artigo 19 da DUDH: "Todo o indivíduo tem direito à liberdade de opinião e de expressão, o que implica o direito de não ser inquietado pelas suas opiniões e o de procurar, receber e difundir, sem consideração de fronteiras, informações e ideias por qualquer meio de expressão". O Artigo 19 do Pacto Internacional sobre Direitos Civis e políticos estabelece: "Ninguém pode ser inquietado pelas suas opiniões. Toda e qualquer pessoa tem direito à liberdade de expressão; este direito compreende a liberdade de procurar, receber e expandir informações e ideias de toda a espécie, sem

o seu exercício, sendo dependente da confiança de que a Internet é um canal seguro para o uso dessa liberdade, com garantias de anonimato e proteção e vigilância de dados. Ela engloba desde o direito de liberdade de expressar ideias e pontos de vista em um nível individual, até a liberdade de imprensa e a segurança de jornalistas, *blogueiros* e defensores de direitos humanos. Além disso, também busca mecanismos para o enfrentamento de discursos de ódio e outras formas de abuso do direito à liberdade de expressão[10]. Como complementação, deve haver políticas de fomento ao intercâmbio aberto de opiniões e ao respeito pelo direito de se expressar livremente em ambientes *on-line*.

A terceira pedra angular é a privacidade[11], enquanto a liberdade que temos de definir o nosso espaço pessoal separado do espaço público, de sermos protegidos contra intromissões externas indesejadas e de podermos controlar o acesso ou a divulgação de informações pessoais. Ela deve ser conciliada com as necessidades de transparência e publicidade[12], e reconhecida e promovida como a base da liber-

---

consideração de fronteiras, sob forma oral ou escrita, impressa ou artística, ou por qualquer outro meio à sua escolha".

10 Em 2011, O Comitê de Direitos Humanos da ONU começou a se preocupar e buscar medidas em relação aos sistemas de disseminação de informação baseados na Internet e em dispositivos móveis.

11 O Artigo 12 da Declaração Universal de Direitos Humanos sintetiza o direito à privacidade: "Ninguém sofrerá intromissões arbitrárias na sua vida privada, na sua família, no seu domicílio ou na sua correspondência, nem ataques à sua honra e reputação. Contra tais intromissões ou ataques, toda a pessoa tem direito a proteção da lei". Em sentido complementar, o Artigo 17 do Pacto Internacional sobre Direitos Civis e Políticos declara que "Ninguém poderá ser objeto de ingerências arbitrárias ou ilegais em sua vida privada, em sua família, em seu domicílio ou em sua correspondência, nem de ofensas ilegais às suas honra e reputação. Toda pessoa terá direito à proteção da lei contra essas ingerências ou ofensas".

12 No caso, abusos do direito à privacidade podem levar à violação de direitos alheios e outros direitos individuais. Nesse caso, utiliza-se o Artigo 29 da DUDH como sustentáculo do interesse público na conciliação dos conflitos de direitos: "No exercício de seus direitos e liberdades, todo ser humano estará sujeito apenas às limitações determinadas pela lei, exclusivamente com o fim de assegurar o devido reconhecimento e respeito dos direitos e liberdades de outrem e de satisfazer as justas exigências da moral, da ordem pública e do bem-estar de uma sociedade democrática".

dade de expressão[13] e da confiança na Internet[14]. Para sua realização no meio digital, precisa ser associada aos conceitos de identidade e autodeterminação digital, confidencialidade, anonimato e aliada com mecanismos de criptografia. Por fim, a quarta pedra angular se preocupa com as questões éticas em sentido amplo, na tentativa de entender se a ecologia do ambiente digital, sua estrutura, suas regras e procedimentos, o *design* das aplicações e das plataformas digitais, o nosso modo de se portar e se comportar digitalmente estão baseados em princípios éticos ancorados nos direitos humanos e voltados à proteção da nossa dignidade e segurança no ciberespaço. Em síntese, essa última pedra angular se volta para o meio ambiente digital sustentável e equilibrado, tanto em seu próprio ambiente, quanto em relação ao ambiente não digital[15].

Após o reconhecimento da validade dos direitos humanos para o ciberespaço, o Conselho de Direitos Humanos da ONU aprovou, em 2016, a Resolução "A promoção, proteção e desfrute dos direitos

---

13 A Resolução 37 C/52 da UNESCO assevera que "a privacidade é essencial para se proteger as fontes jornalísticas, que permitem à sociedade desfrutar do jornalismo investigativo e fortalecer o bom governo e o Estado de Direito, e essa privacidade não deve ser objeto de interferências arbitrárias ou ilegais".

14 Em 2013, a Assembleia Geral da ONU aprovou a Resolução sobre O Direito à Privacidade na Era Digital (A/Res/68/167), estabelecendo que: "a vigilância e a interceptação ilícitas ou arbitrárias das comunicações, assim como a coleta ilícita ou arbitrária de dados pessoais, ao constituir atos de intrusão grave, violam os direitos à privacidade e à liberdade de expressão e podem ser contrários as premissas de uma sociedade democrática". Além disso, também afirmou a necessidade de "mecanismos nacionais de supervisão independentes e efetivos, que sejam capazes de assegurar a transparência, quando proceda, e a prestação de contas pelas atividades de vigilância das comunicações e a interceptação e coleta de dados pessoais realizadas pelo Estado". Na sequência posterior dos anos, vários outros documentos têm sido aprovados pela ONU, no enfrentamento dos problemas relacionados à privacidade.

15 No caso, precisamos ser sensíveis às questões mais amplas envolvendo acessibilidade, abertura e inclusão na Internet: não discriminação de todos os tipos; respeito pela diversidade; preocupação com o meio ambiente ecologicamente equilibrado, com o bom uso e manejo dos equipamentos digitais; a aplicação da ética no *design* dos programas e aplicações, devendo ser sensíveis às diversidades humanas; abertura e transparência dos códigos de programação; a promoção da cidadania e democracia digital; o debate sobre os comportamentos e modos de uso da Internet etc.

humanos na Internet"[16]. Com esse documento, reafirma-se o compromisso de promoção, proteção e gozo dos direitos humanos na Internet, sendo que os mesmos direitos que as pessoas têm no mundo *off-line* são válidos no mundo *on-line*. Reconheceu-se também a natureza global e aberta da Internet enquanto um dos fatores de aceleração do desenvolvimento, incluindo-se dentro dos Objetivos de Desenvolvimento Sustentável (ODS). Sendo assim, os Estados-membros devem garantir a aplicabilidade dos direitos humanos no ambiente digital, adotando medidas internas para sua efetivação.

O que observamos é uma crescente preocupação em se estender a aplicabilidade dos direitos humanos para o ambiente digital. Já não podemos afirmar que a Internet é um terreno sem normatividade, sem regras, ou sem lei, pois as bases principiológicas dos valores ocidentais modernos já possuem incidência sobre esse meio e muitos países têm adotado leis específicas para a Internet. Como destaca Rallo Lombarte[17], as legislações sobre Direito Digital estão dando resposta à necessidade de garantir a subordinação da tecnologia ao indivíduo e a preservação de sua dignidade na totalidade de âmbitos em que as pessoas atuam em sociedade. Os desafios da era digital são encarados pela Organização das Nações Unidas como uma oportunidade de definir os fins da tecnologia e o seu comprometimento com os valores de desenvolvimento que a sociedade internacional julga como adequados ao futuro da humanidade. O que estamos vivenciando é o processo de constituição de toda uma engenharia social do ambiente digital, com a extensão de sentidos de democracia e cidadania para as avançadas tecnologias da informação. Atualizam-se os elementos básicos da ciência política moderna, com a redefinição das concepções de população, território e soberania[18] para o ciberes-

---

16 Conselho de Direitos Humanos. *The promotion, protection and enjoyment of human rights on the Internet*. Organização das Nações Unidas, 2016. https://www.article19.org/data/files/Internet_Statement_Adopted.pdf.

17 Rallo Lombarte, A. *Una nueva generación de derechos digitales*. Revista de Estudios Políticos 187 (março de 2020): 101-35. https://doi.org/10.18042/cepc/rep.187.04.

18 John Perry Barlow afirmou, em sua Declaração da Independência do Ciberespaço, que a Internet é intrinsecamente supranacional, intrinsecamente antisoberana e a soberania dos Estados nacionais não é a ela aplicável. Por isso, somos convidados a descobrir os novos conceitos ou as novas concepções dos velhos

paço e se estende a incidência da ordem jurídica para a Internet, com o fim de se estabelecer uma governança da Internet[19] mais transparente e democrática. Há uma demanda de "cidadanização digital"[20] por parte dos afetados pelas tecnologias digitais, sendo que "quanto mais a sociedade moderna depende da Internet, mais relevante é a sua governança"[21]. Dado o avanço do processo de digitalização, a governança da Internet, com destaque para a proteção da privacidade e dos direitos humanos em geral, é um dos problemas de maior preocupação por parte de ativistas da sociedade civil, organizações governamentais e não governamentais.

Ao trabalharmos com essa engenharia e governança da Internet, o Direito acaba cumprindo um papel importante na constituição da sua gramática normativa. A constituição do arcabouço jurídico do que se tem chamado de Direito Digital ainda está em sua fase inicial, por falta de uma produção legislativa avançada de legislações específicas para a área digital, mas também pelas insuficiências que o Direito moderno vem apresentando ao lidar com as inovações da Internet. Apesar deste problema, a abordagem que trata a Internet da mesma forma como o Direito vem tratando as tecnologias de telecomunicações tem sido a mais predominante[22], mesmo com a

---

conceitos que seriam mais adequados a esse novo contexto. Para acesso à Declaração: https://www.eff.org/cyberspace-independence.

19 A Cúpula Mundial sobre a Sociedade da Informação (CSMI), realizada em 2003 e em 2005, colocou a questão da governança da Internet na agenda diplomática e a definiu como: "o desenvolvimento e a aplicação pelos governos, pelo setor privado e pela sociedade civil, em seus respectivos papeis, de princípios, normas, regras, procedimentos de tomadas de decisão e programas em comum que definem a evolução e o uso da Internet". Conferir em: https://academy.itu.int/main-activities/capacity-development-events/internet-governance

20 Como aponta Jovan Kurbalija, as preocupações com a governança da Internet são mais relevantes para aqueles que estão profundamente integrados com esse meio digital. Entretanto, com o avançado processo de digitalização de todos os âmbitos de nossa vida social, essas preocupações já fazem parte do nosso cotidiano geral, incluindo os mais variados atores nesse processo de construção democrática da Internet. Conferir: Kurbalija, Jovan. *Uma introdução à Governança da Internet.* São Paulo: Comitê Gestor da Internet no Brasil, 2016, p. 9.

21 Kurbalija, J. *op. cit.*, p. 9.

22 Para um panorama de como o arcabouço jurídico tradicional tem sido aplicado à Internet, conferir a parte intitulada "Cesta Jurídica" em: Kurbalija, Jovan. *op. cit.*, páginas 111 a 143.

necessidade de adaptações significativas tanto na estrutura teórica do Direito, quanto na sua estrutura mais técnica e de aplicabilidade. Assim, constatamos que os tribunais estão aplicando grande parte da legislação já existente à Internet, promovendo adaptações necessárias ao seu contexto, mesmo na ausência de legislação especializada. Além disso, toda essa produção de documentos normativos internacionais para a aplicabilidade dos direitos humanos em âmbito digital demonstra que há uma grande aposta por parte dos teóricos e das políticas legislativas em aplicar, com as devidas adaptações, o Direito moderno ao ciberespaço.

3. AS GERAÇÕES DE DIREITOS E OS DIREITOS DIGITAIS

No âmbito teórico, muitos autores estão desenvolvendo suas perspectivas sobre os direitos humanos no âmbito digital, muito em decorrência dessa iniciação produção normativa tanto em âmbito nacional, quanto em âmbito internacional. A grande tarefa dos teóricos do Direito é a de produzir uma análise adequada desses novos direitos e encontrar as categorias de análise e de classificação que sejam as mais funcionais possíveis para o bom desenvolvimento do Direito Digital e de suas relações com os direitos humanos. Neste sentido, o objetivo dessa sessão é o de analisar o modo como alguns teóricos dos direitos humanos estão classificando os Direitos Digitais dentro das gerações de direitos humanos, partindo da clássica classificação tripartite dos direitos de primeira, segunda e terceira gerações[23].

A partir da análise da literatura disponível sobre o assunto, dividimos nossa estrutura de análise em quatro categorias, em que pese termos vários matizes e nuances entre as perspectivas estudadas:

---

23 Para um debate sobre as gerações ou dimensões dos direitos humanos, conferir alguns trabalhos sobre a temática: Pérez Luño, A.-E., "Las generaciones de derechos humanos". *Revista del Centro de Estudios Constitucionales*, n. 10, 1991; Sarlet, I. W. *A Eficácia dos Direitos Fundamentais: Uma Teoria Geral dos Direitos Fundamentais na Perspectiva Constitucional.* 10ª ed. Porto Alegre: Livraria do Advogado, 2009; Bobbio, N. *A Era dos Direitos.* 8ª ed. Trad. Carlos Nelson Coutinho. Rio de Janeiro: Ed. Campus, 1992; Sarlet, I. W. "MARK TUSHNET E AS ASSIM CHAMADAS DIMENSÕES (GERAÇÕES) DE DIREITOS: Um dossiê sobre taxonomia das gerações de direitos". *Revista Estudos Institucionais* 2, nº 2 (2016): 498-516.

(a) direitos digitais enquanto direitos das três gerações; (b) direitos digitais enquanto direitos de terceira geração; (c) direitos digitais enquanto uma quarta geração de direitos; (d) direitos digitais enquanto pós-direitos humanos. Nesse contexto, e sempre com base na tradição da classificação tripartite das gerações ou dimensões de direitos humanos, problematizamos essas perspectivas perguntando-nos se estamos diante de uma nova gama de direitos relacionados com a sociedade da informação e com as tecnologias digitais, configurando uma nova geração de direitos humanos, ou se apenas estamos diante dos mesmos direitos das gerações tradicionais, mas que devem ser adequados para sua melhor aplicabilidade à Internet[24]. Para além desses argumentos, que estão dentro da tradição de direitos humanos ocidental moderna, também poderíamos nos perguntar se os avanços tecnológicos já prepararam o advento de um mundo transumano ou pós-humano, suplantando, além do humano, os próprios direitos humanos, formados para uma noção de humanidade adequada à modernidade. Neste último caso, os direitos digitais estariam enquadrados em uma espécie de "direitos pós-humanos", encerrando a era dos direitos e liberdades em sua acepção moderna e iniciando uma nova era de direitos[25].

A inclusão dos direitos digitais na perspectiva geracional dos direitos humanos parte do pressuposto de que os direitos humanos ainda oferecem sentidos valorativos potentes para a constituição de princípios normativos para o Direito Digital. Esse pressuposto oferece suporte para as três primeiras categorias de análise que foram escolhidas para este trabalho. No primeiro caso, a de entendermos (a) os direitos humanos enquanto direitos das três gerações, as gerações de direitos, individuais, sociais e programáticos, e interesses difusos seriam atualizadas, incluindo em cada uma delas os direitos digitais correspondentes. A partir dos direitos digitais que já estão sendo positivados, já conseguimos visualizar a atualização de cada

---

24 Esse debate está sintetizado na introdução do artigo: Riofrío Martínez-Villalba, J. C. *LA CUARTA OLA DE DERECHOS HUMANOS: Los Derechos Digitales*. Revista Latinoamericana de Derechos Humanos 25, nº 1 (2014): 15-45.

25 Correlacionando essa questão do fim da noção moderna do humano com alguns autores que trabalham a relação entre tecnologia e humanidade, temos o trabalho de Pérez Luño: Pérez Luño, A.-E. *op. cit.*, pp. 137-55.

uma das gerações: os direitos digitais que se referem aos direitos individuais e políticos —como os referentes à privacidade e a liberdade na Internet—, os que se referem aos direitos sociais e programáticos —como o direito de acesso à Internet, os direitos dos trabalhadores em ambientes digitais, os de alfabetização digital— e aqueles ligados aos interesses coletivos e difusos —como no caso dos direitos referentes à ecologia digital, a netiqueta, à preocupação com o descarte de materiais tecnológicos etc[26].

Aqui não indicaríamos as diferenças que necessariamente nos levariam a uma outra categorização, mas investiríamos nas semelhanças e nas analogias jurídicas, e na ideia de que todas as gerações de direitos vivem um processo de constante atualização, com uma dinâmica dialética interna a cada categoria, entendendo que os direitos humanos são um processo inacabado e inconcluso. Não é razoável sustentar uma definição de liberdade ou de autonomia individual que seja universal e atemporal, aplicável em todo tempo e em todo lugar. Aliás, como defende Bustamante[27], uma das maiores ameaças ao exercício das liberdades tradicionais no âmbito digital não advém de um ataque direto aos direitos em si, mas da falta de sua atualização para os contextos vindouros. Assim, a melhor forma de não termos um direito abandonado, fora de contexto, é a sua redefinição e atualização[28].

---

26 No tópico anterior, elencamos alguns documentos que são ilustrativos dessa atualização em todas as gerações.

27 O contexto é o da defesa da inclusão dos direitos digitais como quarta geração. Entretanto, a ideia é válida para a situação aqui explicada. Conferir: Bustamante Donas, J. "La cuarta generación de derechos humanos en las redes digitales". *Revista TELOS (Revista de Pensamiento, Sociedad y Tecnología)*, 85, dezembro de 2010: 1-13, p. 7.

28 Bustamante traz um exemplo interessante em relação ao direito à privacidade: para esse direito não cair em obsolescência no contexto digital, deveremos transformar áreas de dados pessoais em informação sensível para a defesa ou para a segurança nacionais, ou para as finanças do Estado. O direito à privacidade não pode ser entendido, nos tempos atuais, como o direito a um âmbito privado fora do escrutínio do âmbito público. As novas gerações ao largo do mundo todo "vivem" (experimentam) a cada dia esse âmbito privado de uma forma radicalmente diferente de sua concepção clássica, retransmitindo em tempo real suas experiências em *blogs*, *videoblogs*, redes sociais etc. Para elas, a privacidade não é estritamente um direito, mas um risco que deve ser enfrentado. Conferir: Bustamante Donas, Javier. *op. cit.*, p. 7. Assim, a cada novos tempos, os velhos direitos adquirem novas acepções e novos sentidos, mas não necessariamente são extintos ou caem em desuso.

No campo meramente técnico e dogmático do Direito, podemos afirmar que o fato de os países e as organizações internacionais estarem regulando os direitos digitais e incorporando em seus sistemas jurídicos legislações específicas que acabam tocando em temas de direitos humanos já tem feito com que as três gerações sejam atualizadas com esses novos direitos, em que pese não haver um desenvolvimento teórico profundo justificando o motivo desses direitos estarem ainda dentro de cada uma das três gerações. Se olharmos historicamente as gerações de direitos humanos, perceberemos que a categorização em três gerações se deu posteriormente à sua positivação, principalmente pelo trabalho dos teóricos dos direitos humanos e fundamentais, responsáveis pela depuração e catalogação dos direitos promulgados pelos legisladores. Portanto, o fato de reconhecermos os direitos digitais enquanto direitos humanos não leva necessariamente ao reconhecimento de uma nova geração de direitos, pois podemos entender que a atualização interna das gerações existentes já seria o suficiente para os fins pretendidos.

Em relação à segunda categoria, os (b) direitos digitais enquanto direitos de terceira geração, Pérez Luño[29] defende, quase que isoladamente, a ideia de que os direitos humanos digitais seriam espécies da terceira geração de direitos humanos, os direitos universais —tais como os que tocam a questão ambiental, a qualidade de vida e a paz—, justamente porque as questões do Direito Digital possuem um caráter transnacional, não podendo ser resolvidas apenas como uma questão de direito nacional. Os problemas do ciberespaço possuem nítidas semelhanças com as temáticas envolvendo os impactos da bioética e das biotecnologias, muito debatidas a partir da perspectiva universalista sobre os seus impactos no futuro da humanidade[30].

Entendendo os direitos humanos também como um projeto inacabado e inconcluso, Pérez Luño inclui os direitos digitais na terceira geração de direitos justamente porque ela tem conexão direta com

---

29 Pérez Luño, A. E. *op. cit.*

30 Em 2005, a Conferência Geral da UNESCO adotou a Declaração Universal sobre Bioética e Direitos Humanos, consagrando a Bioética dentro do rol dos direitos humanos internacionais. Conferir: UNESCO. "Declaração Universal sobre Bioética e Direitos Humanos", 2006. https://unesdoc.unesco.org/ark:/48223/pf0000146180_por.

os problemas futuros e das próximas gerações e com as questões referentes à qualidade de vida de uma sociedade. Assim, os debates atuais precisam entender as benesses das tecnologias digitais, mas também ter um olhar crítico e realizar um bom prognóstico sobre seus problemas e malefícios, principalmente a longo prazo. As violações à privacidade e à liberdade e a falta de autodeterminação dos sujeitos em ambientes digitais colocam em risco o pleno desenvolvimento das suas personalidades. Nesse sentido, os avanços tecnológicos não podem ser alcançados às custas da negação dos valores da própria humanidade, valores esses que se confundem com a própria noção de direitos humanos. Por isso, esse olhar crítico precisa enfrentar o problema da manipulação e da instrumentalização dos seres humanos, dentro dos processos de coisificação[31] e de colonização[32] de todos os aspectos da vida humana, necessita encontrar meios para evitar a deterioração da intimidade e da privacidade[33], garantindo meios para

---

31 Para uma discussão sobre o modo como as tecnologias digitais, principalmente a Internet, estão instrumentalizando os sujeitos para finalidades lucrativas e de domínio de poder, conferir: Monica, E. F. "El tecnototalitarismo de la sociedad digital y los riesgos para la democracia y para los sujetos". In: *Democracia, Totalitarismo y Gestión Institucional: Lecturas transversales.* Madrid: Dykinson, 2021, pp. 284-309.

32 Isaías Arana Aguila afirma: "Os novos colonizadores são virtuais, não obrigam mais as suas províncias ao pagamento de onerosos impostos, agora invadem seus mercados com produtos e serviços de todo o tipo, se metem nas casas, nas famílias, na nossa mente, na nossa forma de atuar e pensar, em essência; os mecanismos de dominação fazem que estejamos em vigília pelos direitos humanos". Conferir: Arana Águila, I. J. "Internet, un derecho humano de cuarta generación". *Revista Misión Jurídica 4*, nº 4 (dezembro de 2011): 37-58. https://doi.org/10.25058/1794600X.34, p. 48. Para outros debates sobre colonização no âmbito digital, conferir: Pinto, R. A. "Soberanía digital o colonialismo digital? Nuevas tensiones alrededor de la privacidad, la seguridad y las políticas nacionales". SUR-Revista Internacional de Derechos Humanos 15, nº 27 (2018): 15-28; Kwet, M. "Digital Colonialism: US Empire and the New Imperialism in the Global South". *Race & Class* 60, nº 4 (abril de 2019): 1-20. https://dx.doi.org/10.2139/ssrn.3232297.

33 Alguns estudiosos chegam a apontar que é impossível estendermos a mesma noção de privacidade do mundo analógico para o mundo digital. Por isso, defendem o fim da privacidade em seus moldes tradicionais. O debate sobre esse conceito de "pós-privacidade" ainda é muito incipiente, com poucas publicações científicas sobre o tema. O autor alemão Pircher Verdoffer Georg publicou um dos primeiros livros sobre o assunto: "Post-Privacy: Gesellschaftliche Chancen und Risiken einer aufkeimenden Transparenzkultur. AV Akademiker-

a realização de sentidos de autonomia do sujeito[34] no ciberespaço. Já em relação à busca de qualidade de vida e a um ambiente ecologicamente equilibrado, há muitas semelhanças entre as preocupações com o meio ambiente e com o ciberespaço e sua ecologia ou ecossistema digital. Esse ponto se relaciona com a quarta pedra angular do documento da UNESCO[35], apresentado na sessão anterior, a qual debate a promoção de uma ecologia da Internet e de um ambiente digital saudável e comprometido com o bem-estar de seus usuários.

Outra linha argumentativa, agora se referindo aos (c) direitos digitais enquanto uma quarta geração de direitos, é a que parte da ideia de que temos uma nova gama de direitos, os que se relacionam especificamente com o contexto da sociedade da informação e com as tecnologias digitais. A ascensão do mundo digital fez com que os novos direitos assumissem características tão diferentes que precisam de um tratamento diferenciado, justificando então uma quarta geração de direitos. Neste sentido, estaríamos diante de algo novo, uma nova categoria ou geração que se distingue das anteriores pelas suas especificidades. Como aponta Martínez-Villalba[36], sem novos direitos não há uma nova geração de direitos. E, mesmo que haja novos direitos, não necessariamente esses serão direitos humanos, pois eles precisam estar relacionados com o nuclear do ser humano e, para

---

verlag, 2014. Outros autores têm publicado, de modo aberto na Internet, ensaios e notícias em periódicos sobre o tema. Apenas em caráter exemplificativo, temos nomes como Gary Younge (https://www.theguardian.com/commentisfree/cifamerica/2012/apr/02/social-media-and-post-privacy-society), Thomas A. Bass (https://theamericanscholar.org/our-post-privacy-world/), Bruce Craig (https://medium.com/swlh/post-privacy-the-data-class-divide-f86a0c0ec7fc), e Nova Spivack (https://www.wired.com/insights/2013/07/the-post-privacy-world/).

34 Para uma análise das afetações à autonomia do sujeito em ambientes digitais, conferir: Monica, E. F. "O PROBLEMA DA HETEROFORMAÇÃO DA IDENTIDADE DIGITAL: Fundamentos para o princípio da autodeterminação informativa". *Revista Confluências* 23, nº 2 (agosto de 2021): 118-43.

35 Organização das Nações Unidas/UNESCO. *AS PEDRAS ANGULARES PARA A PROMOÇÃO DE SOCIEDADES DO CONHECIMENTO INCLUSIVAS: Acesso à informação e ao conhecimento, liberdade de expressão e ética na Internet global.* Paris: UNESCO, 2017.

36 Riofrío Martínez-Villalba, J. C. *op. cit.*, p. 17).

serem uma nova categoria, necessitam de algum elo comum com os demais para ser demonstrada uma continuidade entre eles.

Para o autor, os direitos digitais são algo diferente das três categorias anteriores, mesmo que apresentem características que possam classificá-los como individuais, como sociais e programáticos, ou como interesses difusos. Uma outra diferença é que eles se referem a um novo setor da sociedade, o ambiente digital, e a um novo público, os cibernautas ou usuários da Internet. Para justificar seu argumento, ele elenca as características essenciais do mundo digital[37], para demonstrar que é um universo incompatível com o analógico e, por isso, precisamos nos perguntar como aplicar os valores fundantes da modernidade jurídica e de nossas noções de dignidade humana ao mundo digital. Essa incompatibilidade deve ser medida em cada temática, pois, pelas suas particularidades, alguns princípios normativos são mais facilmente aplicados ao ciberespaço do que outros. Por isso, Martínez-Villalba estabelece uma lista de direitos digitais que, mesmo presentes em essência nas outras categorias tradicionais, adquiriram fisionomia própria[38]. Com isso, justifica seu argumento de que estamos diante de uma quarta geração de direitos, os direitos digitais. No mesmo sentido, Arana Aguila[39] também elenca na quarta

37 As principais características do mundo digital seriam: (a) um mundo de exposição e de interconexão, garantindo os elos comunicacionais; (b) um mundo reflexo, uma imagem do mundo real, a sua representação digital; (c) um mundo sem espaço físico; (d) um mundo cuja noção de tempo é relativa, em comparação com o modo tradicional de perceber a temporalidade; (e) e um mundo de liberdade e responsabilidade ampliadas, no qual ao mesmo tempo parecemos tê-las ilimitadamente, mas, por outro lado, somos vigiados e cerceados em nossa privacidade. Conferir: Riofrío Martínez-Villalba, J. C. *op. cit.*, pp. 19-24.

38 Para o autor, os direitos digitais são: (a) o direito a existir digitalmente; (b) o direito à identidade digital; (c) o direito à reputação ou à estima digital: (d) o direito à liberdade e à responsabilidade digital; (e) o direito à privacidade, o direito ao esquecimento e o direito ao anonimato digitais; (f) o direito ao domicílio digital; (g) o direito ao *big reply*, à contestação em seu sentido amplo; (h) o direito à técnica e à atualização; (i) o direito à paz cibernética e à segurança informativa; (j) o direito ao testamento digital. Conferir: Riofrío Martínez-Villalba, J. C. *op. cit.*, pp. 30-31.

39 Acata Águila, I. J. *op. cit.* https://doi.org/10.25058/1794600X.34. Para o autor, esses direitos seriam, além de alguns que já foram indicados na nota anterior, o próprio direito de acesso à Internet, a liberdade de expressão específica da

geração de direitos quais seriam os direitos digitais componentes daquilo que o autor chamou de "futuro digital dos direitos humanos", oferecendo também uma proposta de declaração dos direitos humanos no ciberespaço[40]. Já em 2018, investigadores da Universidade de Deusto, no País Basco, se reuniram para elaborar sua "Declaração Deusto: Direitos Humanos em Ambientes Digitais", afirmando em seu preâmbulo a necessidade da criação de uma quarta geração para os direitos fundamentais na era digital[41].

Outro autor que faz defesa da criação de uma quarta geração é Javier Bustamante Donas, que já apontava essa necessidade desde 2001[42], ao repensar a condição humana na sociedade tecnológica. Em um artigo mais recente, Bustamante[43] atualiza e defende seu argumento indicando o contexto e os valores de cada geração: os direitos civis e políticos de primeira geração procedem da tradição constitucionalista e do Estado de Direito liberais e são expressão da liberdade dos indivíduos; já os direitos de segunda geração fazem

---

Internet e a comunicação virtual enquanto direito humano. Todos os direitos estão elencados em sua proposta de Declaração dos direitos humanos no ciberespaço.

40 Em 1996, John Perry Barlow já havia feito algo semelhante, propondo sua "Declaração de Independência do Ciberespaço", afirmando que a Declaração era como um novo contrato social voltado para o âmbito digital. Disponível em: https://ohowell.wordpress.com/published/declaracion/

41 A Declaração se encontra no link: https://www.deusto.es/cs/Satellite/deusto/es/universidad-deusto/sobre-deusto-0/derechos-humanos-en-entornos-digitales. Ela elenca os direitos fundamentais para a era digital, quais sejam: o direito ao esquecimento na Internet; o direito à desconexão da Internet; o direito ao "legado digital"; o direito à proteção da integridade pessoal ante a tecnologia; o direito à liberdade de expressão na rede; o direito à identidade pessoal digital; o direito à privacidade nos entornos tecnológicos; o direito à transparência e à responsabilidade no uso dos algoritmos; o direito à dispor de uma última instância humana nas decisões dos especialistas; o direito à igualdade de oportunidades na economia digital; o direito às garantias dos consumidores no comércio digital; o direito à propriedade intelectual na rede; o direito à acessibilidade universal à Internet; o direito à alfabetização digital; o direito à imparcialidade da rede; o direito a uma rede segura.

42 Bustamante Donas, J. Hacia la cuarta generación de derechos humanos. *Revista electrónica CTS+I*, 1. Organización de Estados Iberoamericanos. 2001, noviembre.

43 Bustamante Donas, J. *op. cit.*, pp. 1 e 2.

parte de uma tradição de pensamento humanista e socialista, sendo expressão da igualdade entre os indivíduos, exigindo a intervenção do Estado por intermédio de direitos sociais para a sua promoção; e os direitos de solidariedade constituem a terceira geração, própria do contexto da segunda metade do Século XX, protegendo os direitos coletivos de grupos minoritários, o meio ambiente e os demais interesses coletivos e difusos. Agora, com a ascensão das tecnologias digitais, assistimos à aparição de novos valores, direitos e estruturas sociais que estão afetando todas as áreas de nossas vidas. O destaque do autor está no novo modelo de exercício da cidadania, que necessita de uma outra categorização para seu melhor tratamento. Por isso, a quarta geração defendida por Bustamante seria a expansão do conceito de cidadania digital, apresentando-se em três dimensões:

> "Em primeiro lugar, como ampliação da cidadania tradicional, enfatizando os direitos que se relacionam com o livre acesso e com o uso de informação e conhecimento, assim como com a exigência de uma interação mais simples e completa com as Administrações Públicas por meio das redes telemáticas. Em segundo lugar, cidadania entendida como luta contra a exclusão digital, por intermédio da inserção de coletivos marginais no mercado de trabalho em uma Sociedade da Informação (políticas de profissionalização e capacitação). Por último, como um elemento que exige políticas de educação cidadã, criando uma inteligência coletiva que assegure uma inserção autônoma a cada país em um mundo globalizado"[44].

Esse destaque para a questão da cidadania digital é fundamental para Bustamante justificar a novidade para a criação de uma quarta categoria, já que os demais direitos digitais são compatíveis com as gerações anteriores. O autor acredita que há uma via possível a uma "hipercidadania", um exercício mais profundo de participação política por intermédio de uma cidadania digital, sendo a consequência de uma dinâmica de implantação desses direitos de quarta geração. Esse seu argumento tem relação com aquilo que trouxemos na sessão anterior a partir do argumento de Jovan Kurbalija, de que estamos diante de uma grande demanda de "cidadanização digital", já que quase todas as áreas de nossas vidas estão afetadas pelas tecnologias digitais[45].

---

44 Bustamante Donas, J. *op. cit.*, p. 2.

45 Kurbalija, J. *op. cit.*, p. 9.

Por fim, para o último caso, os (d) direitos digitais enquanto direitos pós-humanos, precisamos trabalhar com o argumento de que os avanços tecnológicos atuais estão nos levando ao fim da era humana[46] e que alcançamos a era transumana ou pós-humana[47]. Como explica Pérez Luñes[48], as expressões transumanismo e pós-humanismo são frutos da nossa época e no senso comum são empregadas como sinônimos. Segundo o autor, ambas as expressões nos levam à reivindicação do direito a investigar e a utilizar, com plena liberdade, os avanços da tecnociência para conseguir o melhoramento ou a potenciação das capacidades físicas e mentais das pessoas. Ao mesmo tempo, estes movimentos se propõem a transcender os limites naturais, biológicos ou sociais que atualmente condicionam o pleno desenvolvimento da nossa existência. Entretanto, partindo de alguns enfoques teóricos, estabelece-se uma diferença básica entre estes dois termos. Indica-se, assim, que enquanto os transumanistas sustentam que a tecnociência deve contribuir para a melhoria, mas não para a suplantação da espécie humana, os pós-humanistas postulam a superação da humanidade atual por uma superumanidade, como resultado do processo de desenvolvimento científico[49].

Dentro dessa discussão sobre o pós-humano, Stefano Rodotà[50] afirma que o homem está saindo do seu "natural" e está entrando em algo que é ou artificial ou algo híbrido entre o humano e o artificial. O que temos hoje é um outro corpo, um corpo enquan-

---

46 Para um debate sobre os avanços tecnológicos e o fim da era humana, conferir: Barrat, J. *Nuestra invención final: La inteligencia artificial y el fin de la Era humana.* Paidós: México, 2017.

47 Outras fontes para esse debate são: Sartori, G. *Homo videns. La sociedad teledirigida.* Taurus: Madrid, 1998; Harari, Y. N. *Homo Deus: Breve historia del mañana.* Debate: Madrid, 2016; Masuda, Y. *La sociedad informatizada como sociedad post-industrial.* Fundesco & Tecnos: Madrid, 1987.

48 Pérez Luño, A. E. "*op. cit.*, p. 138, nota 3.

49 Existem duas tendências de valoração deste avanço tecnológico e suplantação do humano, aquelas que possuem um tom mais otimista e as de um tom mais pessimista, mesmo que todas elas tentem indicar os benefícios e malefícios das tecnologias. O objetivo deste trabalho não é o de fazer um juízo de valor sobre qual dessas tendências é a mais acertada, mas apenas destacar os argumentos mais relevantes de ambos os lados.

50 Rodotà, S. "Del Ser Humano al Posthumano". In *Sociedad Digital y Derecho,* 87-94. Madrid: Ministerio de Industria, Comercio y Turismo y RED.ES, 2018.

to um "objeto conectado", uma "nano-bio-info-neuromáquina". Usando os argumentos de Barrat[51], Rodotà destaca que o avanço das tecnologias de inteligência artificial nos levarão ao fim da era humana. Assim, a sua grande questão é a seguinte: "desaparecerão os direitos humanos e, com eles, os princípios da dignidade e da igualdade, ou eles se ampliarão a outras espécies vivas e ao mundo das coisas"? Essa primeira parte da pergunta de Rodotà supõe uma radicalidade: a de que a tecnologia irá ultrapassar as decisões políticas baseadas em valores e na tradição dos direitos humanos. Como aponta Pérez Luño[52], isso já vem acontecendo, principalmente porque estamos diante de profundas afetações ao núcleo de direitos humanos, com o esvaziamento das principais liberdades cívicas em ambientes digitais.

E a segunda parte da pergunta de Rodotà nos faz perceber que o natural desenvolvimento dos direitos digitais levará à expansão de sua aplicabilidade para além do humano. Entendendo que um dos principais papeis do Direito, diante das inovações e inseguranças, principalmente sobre o nosso futuro, é o de estabelecer um parâmetro regulador preventivo, com procedimentos e princípios para situações de incerteza, como a que estamos vivendo agora, será inevitável que tenhamos que atualizar o sentido de sujeito de direito, para abarcar situações novas e complexas que já se aproximam. Como define Eduardo Bittar[53], o Direito deve ter uma "atitude de antecipação reflexiva", compreendendo os riscos e os impactos das novas tecnologias. A proposta do autor é a de se criar um "estatuto dos sujeitos pós-humanos de Direito", sendo que esse documento não seria apenas para regulamentar mais adequadamente a matéria, mas também para estruturar uma nova teoria do Direito, principalmente em relação à noção de sujeito de direito.

---

51 Barrat, J. *op. cit.*

52 Pérez Luño, A. E. *op. cit.*

53 Bittar, E. C. B. "A Teoria do Direito, a Era Digital e o Pós-Humano: o novo estatuto do corpo sob um regime tecnológico e a emergência do Sujeito Pós-Humano de Direito". *Revista Direito e Praxis* 10, nº 2 (2019): 933-61. https://doi.org/DOI: 10.1590/2179-8966/2018/33522.

4. NOTAS CONCLUSIVAS: AFINAL, A QUE GERAÇÃO DE DIREITOS PERTENCEM OS DIREITOS DIGITAIS?

Uma das grandes funções dos direitos humanos é o de agir como um guia valorativo, como um instrumento de correção dos caminhos que percorremos enquanto sociedade, principalmente garantindo um núcleo básico de direitos de densidade tão profunda que se torna o sustentáculo de nossas ordens jurídicas. Ele também serve enquanto instrumento limitador da vontade das maiorias e das dinâmicas econômicas e de poder, sendo um dos mecanismos mais ativos na proteção de minorias e vulneráveis. Entretanto, não é fácil encerrar os direitos humanos em categorias geracionais. As gerações de direitos, por mais que expressem um contexto histórico e temporal, não se encerram em um processo cronológico e objetivo. É da própria dinâmica dos direitos a sua constante atualização e mudança de sentido, que pode se modificar conforme muitas variáveis. Não há como produzir um catálogo das gerações de direitos que seja perfeito e acabado, principalmente porque eles precisam ser entendidos dentro do contexto de sociedades democráticas, nas quais os direitos estão em constante debate, reconfiguração e aprimoramento. Além disso, a categorização dos direitos em gerações depende muito do viés analítico do teórico que a desenvolve.

As gerações são categorias para análises teóricas e acadêmicas e dependem muito mais da visão de mundo dos autores do que da facticidade de sua aplicabilidade. É por isso que no plano legislativo não há uma preocupação com a atualização dos direitos humanos em conformidade com suas gerações de direitos, mas com a resolução dos problemas por intermédio da renovação ou criação de direitos. Desse modo, entender os (a) direitos digitais enquanto direitos das três gerações é uma alternativa teórica viável, desde que não haja uma problematização muito profunda sobre as semelhanças e diferenças entre os conteúdos dos direitos humanos, aceitando os direitos digitais como um desenvolvimento histórico da sociedade e de sua normatividade. Entretanto, em seu aspecto mais teórico, perdemos em potência analítica e categórica, já que não há um aprofundamento nos elementos diferenciadores de cada geração, fazendo com que os aprimoramentos necessários para um bom desenvolvimento dos direitos humanos, principalmente em sua aplicabilidade, que depende de muitas variáveis de contexto.

As duas outras categorias, (b) e (c), sustentam o seu argumento na concepção mais tradicional sobre o que seriam as gerações de direitos, eventos específicos de determinados contextos temporais que solidificariam um espírito de época que daria justificativa histórica para os direitos: um momento de ênfase mais liberal nos direitos civis e políticos, seguido de uma fase de preponderância da ideia de Estado de bem-estar e dos direitos sociais e programáticos, e um momento mais atual, de uma globalização avançada, com a defesa de sentidos universalistas e de cuidado com o futuro das próximas gerações, por intermédio dos direitos coletivos e difusos. Entretanto, há um grande questionamento a respeito dessa noção com ênfase histórica no desenvolvimento das gerações, já que nem todos os países acompanharam essa linearidade de conquista de direitos, sendo esse um contexto muito mais específico dos países europeus. Nesse sentido, defende-se até a substituição da noção de gerações pela de dimensões de direitos, superando essa ênfase no aspecto histórico dos direitos, que apenas aponta para o "caráter cumulativo do processo evolutivo" dos direitos humanos[54].

Em relação ao argumento de Pérez Luño sobre os (b) direitos digitais enquanto direitos de terceira geração, ele defende que os direitos digitais devem ser de terceira geração porque é nela que se encontram os direitos que fazem a ponte entre a "realidade científico tecnológica do presente e suas projeções de futuro", sendo instrumentos para lidar com os novos rumos da tecnociência, extraindo a máxima potencialidade dos desenvolvimentos científicos e tecnológicos e, ao mesmo tempo, estabelecendo um sistema de garantias para que os desenvolvimentos não afetem nossas liberdades e não custem a negação dos valores de nossa própria humanidade. O problema que poderia se voltar contra esse argumento é o que já indicamos acima, o de colocar dentro de um mesmo bloco direitos que possuem sentidos diferentes e estariam mais adequados em outras gerações, como no caso dos direitos que protegem a liberdade e privacidade dos sujeitos. A sua vantagem é de ainda entender que os di-

---

54 Para esse debate, conferir: SARLET, I. W. *op. cit.*

reitos da terceira geração são um projeto inacabado e em constante atualização, fazendo parte ainda da dinâmica de uma sociedade em processo de globalização e de constituição de uma esfera de direitos supranacionais, o que seria bem adequado para os direitos digitais, já que não são passíveis de serem lidos como direitos nacionais tradicionais, dada a dinâmica da Internet.

Mesmo com o mesmo problema que apontamos acima, o entendimento de que os (c) direitos digitais seriam uma quarta geração de direitos é o que mais tem ganhado destaque entre os autores. A compreensão de que os direitos digitais são específicos e merecem uma categorização diferenciada ganha espaço, justamente porque esses direitos dificilmente se encaixam nas dinâmicas da teoria do direito moderno, exigindo todo um esforço adaptativo para sua melhor realização. Por isso, ao colocarem os direitos digitais em uma quarta geração, conseguem apontar o aspecto histórico-geracional —os direitos mais recentes que temos— e demonstrar que não se trata apenas de um aspecto temporal, mas também dimensional, pois suas características diferenciadas apontam para novos desafios tanto teóricos, quanto práticos para a efetivação desses direitos.

Por fim, os (d) direitos digitais enquanto pós-direitos humanos ganha muitos adeptos dentre aqueles mais tecnofóbicos ou entre os entusiastas da tecnologia, mas também entre os que se identificam com as compreensões pós-modernas do Direito. Ela possui a vantagem de estabelecer um prognóstico mais realista em relação às insuficiências do conceito de humano, adequado para o contexto da modernidade, mas insuficiente para resolver os problemas que já se avizinham, como o dos robôs, das inteligências artificiais e das relações entre o corpo humano e as máquinas. Entretanto, apesar da acuidade e do impacto das análises pós-humanistas, faltam propostas sólidas enquanto alternativas ao modelo moderno que temos. Ainda sofremos com a falta de implementação dos direitos humanos e dos valores do projeto da modernidade. O grande risco principalmente das propostas mais entusiastas sobre o avanço das tecnologias é a instrumentalização e coisificação do ser humano, a colonização digital e a falta de perspectivas sobre quais precauções deveremos ter em relação ao futuro do mundo digital.

Talvez ainda seja cedo para respondermos à questão sobre a qual geração de direitos pertencem os direitos digitais. É provável que, dado o estado em que a discussão se encontra, eles configurem efetivamente uma quarta geração de direitos, provavelmente pelas particularidades do seu contexto e por se situarem em uma região limítrofe entre o direito tradicional e os novos direitos de um futuro ainda em construção. O que é certo é o reconhecimento da importância de se consolidar a expansão da noção de direitos humanos para os direitos digitais, encontrando também ali o núcleo normativo desses direitos, afirmando a importância de nos preocuparmos com a liberdade, a igualdade e a dignidade humanas na era digital.

Lutas negras transnacionais e os limites da humanidade

THULA RAFAELA DE OLIVEIRA PIRES
Professora-adjunta de Direito Constitucional
Coordenadora do Núcleo Interdisciplinar de Reflexão e Memória Afrodescendente (NIREMA)
Pontifícia Universidade Católica do Rio de Janeiro (PUC-Rio)[1].

Entre os dias 19 e 22 de outubro de 2020, nos reunimos virtualmente —diante das limitações próprias do período da pandemia de Covid-19— no "IV Congreso Internacional sobre Globalización, Ética y Derecho" para refletir sobre (in)viabilidade de debates conjuntos sobre desafios comuns a Améfrica Ladina e União Europeia.

Para que possamos avançar em uma série de questões que nos trouxeram até aqui, com as (im)possibilidades do tempo presente, é preciso deixar consignado que o lugar que se convencionou denominar Américas não se reduz a percepção que se tem dele a partir das hierarquizações produzidas pelo encontro colonial e mantidas na colonialidade.

Nesse sentido, utilizo-me da categoria desenvolvida pela antropóloga brasileira Lélia Gonzalez no final dos anos 1980 para dizer que tudo o que será tratado adiante precisa ser entendido em relação a uma "América Africana cuja latinidade, por inexistente, teve trocado o t pelo d para, aí sim, ter o seu nome assumido com todas as letras: Améfrica Ladina"[2]. Améfrica cuja neurose cultural herdada das violências ciscoloniais[3] europeias tem no racismo seu sintoma por excelência.

---

1 Pesquisadora Visitante no African Gender Institute, University of Cape Town (CAPES/Print 2020).

2 GONZALEZ, L. *Primavera para as rosas negras: Lélia Gonzalez em primeira pessoa.* Diáspora Africana, 2018, p. 321.

3 Entende-se por *Ciscolonialidade* o modelo de organização político-social que determina relações de poder tendo como parâmetro de supremacia o corpo

O uso de Améfrica Ladina, no lugar de América Latina, se relaciona à forma através da qual Lélia Gonzalez pensa o processo de formação social brasileira e reposiciona o impacto do projeto moderno colonial escravista no continente. Segundo ela, ao contrário da ideia afirmada de que a formação brasileira (em termos culturais, econômicos, sociais, políticos e epistêmicos) tem o predomínio de elementos brancos europeus, o Brasil e demais países da América Latina constituem uma "América Africana", com decisiva influência negra na sua formação histórico-cultural. Além de colocar em questão os padrões de normalização eurocêntricos, com a Améfrica Ladina ao mesmo tempo se coloca em questionamento o lugar assumido pelos Estados Unidos da América (EUA) como ponto de referência para pensar a negritude[4].

Para além de um reposicionamento das referências culturais ameríndias e africanas no continente, a despeito dos violentos processos de aculturação e assimilação europeus, o que Lélia Gonzalez propôs nos anos 1980 e a comunidade acadêmica endossou no encontro anual da Latin American Studies Association (LASA) de 2020 foi a possibilidade de nos desvencilharmos de um modo de perceber e descrever o mundo que é racista, cisheteronormativo, patriarcal, e, portanto, excludente de boa parte da gente que está no mundo.

Reitero os motivos que fizeram a LASA 2020 tomar Améfrica Ladina como ponto de re*orí*entação[5] para uma crítica social comprometida com os desafios de nossa região.

"cisgênero", "branco" e "heterossexual". A sua imposição como regime de verdade das inteligibilidades sociais" produz sistemas de dominação do corpo, do gênero e das sexualidades que transborda as dimensões intersubjetivas e passa a estruturar inclusive as mais variadas instituições públicas e privadas. Para mais Informações sobre o conceito, ver: SILVA, Mariah Rafaela. *Código da ameça: trans; Classe de risco: preta.* São Paulo: N-1 Edições, 2020. Disponível em *https://www.n-1edicoes.org/textos/118.*

Todas as páginas web de referência foram consultadas pela última vez em 07 de março de 2021

4 GONZALEZ, L. *A categoria político-cultural de amefricanidade.* Tempo Brasileiro. Rio de Janeiro, nº. 92/93 (jan/jun). 1988, p. 69.

5 A palavra reorientação está grafada como re*orí*entação para que seu significado seja percebido como impregnado do sentido que o termo *orí* tem nas tradições religiosas de matrizes africanas vivenciadas no Brasil. Em uma percepção

Segundo a chamada do evento:

> "As marcadas tendências conservadoras, excludentes, misóginas e racistas que caracterizam essa recente "guinada para a direita" que enfrentamos em nossa região exigem um grande esforço conjunto intelectual e político para serem explicadas e desafiadas. [...] A racionalidade neoliberal que espalha os valores do mercado a cada esfera da vida, fragmentou e rompeu o tecido social da região e o reconhecimento de uma humanidade comum, aumentando a desigualdade de classes, gênero, etnia e cor da pele. [...] Neste contexto, precisamos proporcionar a possibilidade de se pensar e interpretar diferentes modos de vida coletiva e gerar diversas práticas colaborativas de produção do conhecimento, [voltando] nossa visão e nossas expectativas aos ensinamentos trazidos por muitas lutas concretas e cotidianas dos [e das] que se encontram [na] Améfrica Ladina, a fim de dar sustento à vida coletiva e individual, humana e interespécies, preservando-a, reparando-a e a prolongando[6]."

É a partir desse reposicionamento enunciativo do lugar que habito que pretendo estabelecer um diálogo com algumas das discussões travadas nesse livro. Não me falta imaginação política ou vocabulário conceitual para projetar reflexões sobre cooperação e desenvolvimento entre União Europeia e América Latina, mas opto conscientemente por renunciar a uma abordagem que nos encapsule na geopolítica continuada da ciscolonialidade.

Portanto, é a partir da Améfrica Ladina e em pretuguês[7] que pretendo pensar como as lutas negras transnacionais contemporâneas

---

amefricana, orí pode significar "cabeça" (seja ela física ou interior), aquela que guia/referencia/*orí*enta, reúne intelecto/memória/pensamento, articulando presente/ passado/futuro, podendo assumir o sentido político de consciência negra. Nas palavras de Beatriz Nascimento: "ORÍ significa a iniciação a um novo estágio da vida, a uma nova vida, um novo encontro. Ele se estabelece enquanto rito e só por aqueles que sabem fazer com que uma cabeça se articule consigo mesma e se complete com seu passado, com seu presente, com seu futuro, com a sua origem e com o seu momento ali", conforme NASCIMENTO, B. *Beatriz Nascimento, Quilombola e Intelectual*: possibilidade nos dias da destruição. 1ª ed. Diáspora Africana: Editora Filhos da África, 2018. p. 333.

6 Disponível em *https://lasaweb.org/pt/lasa2020/*.

7 Lélia Gonzalez chama de *pretuguês* a marca de africanização do português falado no Brasil, igualmente constatável sobretudo no espanhol da região caribenha. Habilitar o pretuguês como categoria linguística é desvelar o quanto o português cultuado nos ambientes acadêmicos e demais espaços de poder é

dialogam com algumas das agendas enunciadas durante o Congresso. Faço referência mais direta com as discussões relacionadas: a segurança e defesa; novas tecnologias; proteção de direitos fundamentais, relações de trabalho e igualdade de gênero; os desafios para o constitucionalismo frente ao avanço da extrema direita; proteção da natureza em sua integralidade com todas as possibilidades de ser no mundo; prisão, extermínio, insegurança alimentar e fome; limitação de nossos deslocamentos e possibilidades de territorialização.

Não apenas nas manifestações antirracistas mais recentes ao redor do mundo, mas nos mais diversos contextos históricos-lutas negras transnacionais ofereceram propostas políticas de liberdade e de respeito à vida em sua integralidade com a natureza que foram repetidamente desconsideradas, invisibilizadas e sufocadas pelo solipsismo branco-ocidental, incapaz de nos reconhecer como plenamente humanos, como sujeitos de direito, como sujeitos históricos e como sujeitos políticos.

De Zumbi e Dandara dos Palmares no Brasil a Marie Jeanne Lamartinière e Toussant de L'Ouverture no Haiti entre os séculos XVII e XIX —ao Black Lives Matter nos EUA, o Movimento de Familiares de Vítimas do Estado Brasileiro, ao #YotambiensoyCarlos[8] em Ciudad Real, os protestos contra a violência das forças de segurança na África do Sul, as manifestações contra a brigada especial contra furtos e roubos na Nigéria, as reações acadêmicas transnacionais em razão das ameaças de morte sofridas por Mamadou Ba e sua família (e com eles ao próprio trabalho do SOS Racismo em Portugal)[9] —para citar apenas algumas iniciativas no ano de 2020— todas essas movimentações

---

encoberto pelo véu ideológico do branqueamento, recalcado por classificações eurocêntricas, que minimizam a importância da contribuição negra. Falar em *pretuguês* é assumir uma postura de confronto ao racismo epistêmico e de crítica frente às múltiplas formas de manifestação da colonialidade do saber. A utilização do termo *pretuguês* nesse artigo reconhece e agrega a riqueza e sonoridade das línguas indígenas, reconhecendo a produção teórica e política de sujeitos até então infantilizados e destituídos da possibilidade de confrontar a hegemonia das perspectivas eurocêntricas.

GONZÁLEZ, L. *op. cit., nota 4*, p. 70.

8 Para mais informações, ver *https://www.youtube.com/watch?v=Ks1GjMu2xDI.*

9 Para mais informações, ver *https://www.buala.org/pt/mukanda/carta-de-apoio-a-mamadou-ba-e-ao-anti-racismo-politico-em-portugal.*

políticas negras sinalizam a necessidade de suplantarmos, de uma vez por todas, as hierarquias de humanidade que nos separam de maneira incomensurável e que mantém entre nós modelos de distribuição não equitativa do poder e da violência.

Zumbi e Dandara são os principais representantes da incansável e permanente luta por liberdade no Brasil. Não por acaso, o dia da morte de Zumbi dos Palmares se converteu no Dia da Consciência Negra. No dia de sua morte, mais do que a finitude de um projeto de liberdade, celebramos a sua possibilidade. É um dia que nos lembra que a primeira experiência negra livre e republicana da Améfrica Ladina teve assento na Serra da Barriga (zona da mata do atual estado de Alagoas) e pôde ser vivida ao longo de todo o século XVII.

Os primeiros registros de Palmares remontam a 1597 e sua dissolução violenta foi reconhecida oficialmente em 1694[10]. Ali por quase um século, desafiando o domínio ciscolonial/moderno/escravista/heteropatriarcal, há registros de que mais de 20 (vinte) mil pessoas, em sua grande maioria negras/os e indígenas, assumiram um compromisso com a defesa da vida e da liberdade.

A um só tempo, Palmares nos oferece a experiência concreta de um projeto político livre na diáspora africana —no século XVII como no XXI; nos confronta com a responsabilidade política do que fomos, somos e seremos para sermos possibilidade; e, ainda, nos diz que mais do que escravização, há uma história de luta pela afirmação plena de nossa humanidade que nos constitui. A morte de Zumbi em 1695 ocorre um ano depois da tomada de Palmares e da consideração oficial de destruição do Quilombo pelo Estado português. Zumbi nos diz que apesar do Estado português ou brasileiro decretar o nosso fim, resistimos.

Seja pela covardia de Domingos Jorge Velho e de seus milicianos quando atacaram Palmares; pela truculência das forças policiais e militares que hoje em dia violentam a população negra; pelas mais variadas formas de extermínio institucionalmente orquestradas pelo racismo institucional —das instituições totais aos hospitais, a luta ne-

---

[10] GOMES, Flávio dos Santos. Palmares: escravidão e liberdade no Atlântico Sul. São Paulo: Contexto, 2005, p. 162.

gra na diáspora ladinoamefricana é legatária de uma linhagem de gente que reexiste. Como diz Mariah silva ao se referir a população trans e preta e que tomo como representação de nossa potência, somos *imorríveis*: "espalhamo-nos como pragas no cerne mesmo do mundo para inventar outro mundo [...] anjos negros do apocalipse [...] anunciando o fim de um mundo inventado com o jorrar de nosso sangue e a dor de nossas feridas"[11].

Com Marie Jeanne Lamartinière e Toussant de L'Ouverture quero me referenciar a todas as pessoas que organizaram, disputaram e mantiveram viva a Revolução Haitiana contra a exploração e colonização francesa. Além de terem forjado o primeiro (talvez o único) modelo constitucional antiescravista radical, efetivamente comprometido com a ruptura com o sistema colonial e cuja noção de cidadania —se tivesse sido tomada como hegemônica— nos pouparia de boa parte dos problemas relacionados à nossa circulação no mundo[12]. De acordo com um dos principais historiadores da revolução:

> "Essa foi a única revolta de escravos bem sucedida da História, e as dificuldades que tiveram de superar colocam em evidência a magnitude dos interesses envolvidos. A transformação dos escravos, que, mesmo às centenas, tremiam diante de um único homem branco, em um povo

---

11 SILVA, M. R. *op. cit.*, *nota* 3, p. 12.

12 Conforme Evandro Duarte e Marcos Queiroz: "o Haiti adotava uma postura de antiescravismo radical, propondo um movimento transnacional e transimperial. Ele assim pensava e se colocava dentro da conjuntura internacional. No entanto, do mesmo modo que o universalismo da igualdade racial aparece contraposto a uma identidade particular historicamente modelada, o transnacionalismo antiescravista deveria, eventualmente, confrontar as restrições que os poderes coloniais do momento impunham. Deste modo, as constituições procuraram duas formas de lidar com a questão. A primeira postura foi não regular, de maneira concreta e evidente, as formas de aquisição, definição e naturalização da cidadania haitiana (diferentemente das maneiras clássicas de aquisição sanguínea ou territorial, o Haiti oferecia cidadania para todos os indígenas, africanos e respectivos descendentes que viessem a residir em seu território —ou seja, todos aqueles que potencialmente pudessem ter sido vítimas da escravidão e do genocídio). A segunda são os artigos que expressam diretamente a política absenteísta do Haiti de não interferir nos assuntos de outros territórios (como o artigo segundo da Constituição de 1806)". Nesse sentido, ver DUARTE, E. C. P.; QUEIROZ, M. V. L. A Revolução Haitiana e o Atlântico Negro: o Constitucionalismo em face do Lado Oculto da Modernidade. *Revista Direito, Estado e Sociedade*, n. 49, 2016. p. 33.

capaz de se organizar e derrotar as mais poderosas nações europeias daqueles tempos é um dos grandes épicos da luta revolucionária e uma verdadeira façanha[13]."

A ousadia de um projeto de liberdade promovido por escravizados contra as forças coloniais da época tem até hoje tamanha capacidade de subversão que precisa ser desconhecida, abafada e os descendentes diretos dessa luta inviabilizados. De um lado, a pilhagem do Haiti conta com o acumpliciamento das principais potências econômicas mundiais e demonstra os limites da retórica desenvolvimentista, das missões de paz, das supostas políticas humanitárias construídas para a manutenção da hegemonia branca, masculina, europeia, cisheteronormativa não importa a que preço, não importa por quanto tempo.

Como ensinam Frantz Fanon e Achille Mbembe, sair da grande noite exige uma atitude consciente de provincialização da Europa, dessa que mobiliza o humanismo "para massacrar seres humanos em todos os cantos de suas próprias ruas, em todos os cantos do mundo"[14], por ação ou omissão. Nesse esforço de provincialização da Europa, o lado encoberto pelo acervo de seus museus, pelos índices de crescimento econômico construídos pela usurpação da riqueza contida e produzida no hemisfério sul, pelo epistemicídio e pelos mais variados processos de desumanização, emerge de imaginários como os produzidos pela Revolução Haitiana, que continua a nutrir lutas negras contra as reatualizações do racismo patriarcal cisheteronormativo na colonialidade.

Dentre elas, passo a me referenciar a Edméia da Silva Euzébio, mãe de Luiz Henrique da Silva Euzébio (16 anos), Vera Lúcia Flores Leite, mãe de Cristiane Souza Leite (17 anos), e Marilene Lima de Souza, mãe de Rosana Souza Santos (17 anos) que lideraram o movimento *Mães de Acari* na luta contra o desaparecimento de onze jovens

---

13 JAMES, C. L. R. *Os jacobinos negros:* Toussaint L'Ouverture e a revolução de São Domingos. Trad. Afonso Teixeira Filho. 1ª ed. Rev. São Paulo: Boitempo, 2010, p. 15.

14 MBEMBE, A. *Sair da grande* noite: ensaio sobre a África descolonizada. Trad. de Fábio Ribeiro. Petrópolis: Vozes, 2019. p. 19. Nesse trabalho, Mbembe faz referência direta a: FANON, F. *Os Condenados da Terra.* Trad. de Enilce Rocha e Lucy Magalhães. Juiz de Fora: Ed. UFJF, 2005.

em 1990 no Rio de Janeiro. Vigário Geral, Candelária, Acari e Nova Brasília representam chacinas que levaram a 53 mortos em um intervalo de quatro anos na década de 1990. Das pessoas mortas, 24 eram menores de idade e nenhum deles tinha antecedentes criminais.

Essas mulheres iniciaram um ciclo de movimentos de familiares de vítimas do Estado brasileiro que se organizam coletivamente para confrontar os assassinatos e as práticas de terror empreendidas por policiais civis e militares, grupos paramilitares e milícias que atuam em territórios de periferia e favelas, bem como por agentes penitenciários e do sistema socioeducativo. Em 2013 fundaram a Rede de Comunidades e Movimentos Contra a Violência, que tem familiares de várias comunidades do Rio de Janeiro. Em 2016, realizaram um Encontro Nacional e a partir dali nasceu a *Rede Nacional de Familiares e Vítimas de Violência e de Terrorismo de Estado*, composta por nove estados[15].

Em 2013 surgia nos EUA o Black Lives Matter (BLM), depois que o vigilante George Zimmerman foi inocentado pela morte do adolescente negro Trayvon Martin, em fevereiro de 2012, na Flórida. Concebido inicialmente por Alicia Garza (Los Angeles), Patrisse Cullors (Los Angeles) e Opal Tometi (Phoenix) como uma forma de intervir ideológica e politicamente em um mundo onde vidas negras são sistemática e desproporcionalmente condenadas à morte e aos mais variados processos de morte em vida, o BLM assumiu contornos nacionais em 2014 durante os protestos pelas mortes de Eric Garner em Nova York e de Michael Brown em Ferguson, ambas promovidas por policiais. O assassinato de George Floyd, homem negro enforcado por um policial de Minneapolis em 25 de maio de 2020, produziu internamente mais de 7.750 manifestações em 50 estados estadunidenses. Por tudo isso, é considerado por Neal Caren, Professor de Sociologia da Universidade da Carolina do Norte, o movimento de

---

15 Para mais informações, ver: PORTAL CATARINAS, Exposição destaca a história de famílias de vítimas do Estado, de 04 de novembro de 2020. Disponível *em https://catarinas.info/exposicao-destaca-a-historia-de-familias-de-vitimas-do-estado/* e AGÊNCIA BRASIL, Mães de Acari inspiram luta por direitos humanos 30 anos após chacina, de 26 de julho de 2020. Disponível em *https://www.correiobraziliense.com.br/app/noticia/brasil/2020/07/26/interna-brasil,875567/maes-de-acari-inspiram-luta-por-direitos-humanos-30-anos-apos-chacina.shtml.*

protesto mais amplo da história dos Estados Unidos em intensidade e em alcance geográfico[16].

Mesmo antes da morte de Floyd, o Black Lives Matter já tinha transbordado e atuava de forma articulada a outras lutas negras pelo mundo. Por exemplo, em novembro de 2019, reuniram-se no Brasil representantes de mais de 100 organizações do movimento negro de 20 estados brasileiros e lideranças de grupos da Colômbia, África do Sul, Equador, Reino Unido, Togo e Estados Unidos da América (com uma comitiva de 14 integrantes do Black Lives Matter). Na ocasião, foi lançada a Carta-programa da Coalizão Negra por Direitos, que diz[17]:

> "Nós, organizações, entidades, grupos e coletivos do movimento negro brasileiro, reafirmamos nosso legado de resistência, luta, produção de saberes e de vida. Historicamente, seguimos enfrentando o racismo, que estrutura esta sociedade e produz desigualdades que atingem principalmente nossas existências. Durante os quase quatrocentos anos de escravização e desde o início da República, somos alvo de violações de direitos, do racismo antinegro, da discriminação racial, da violência e do genocídio. Mesmo assim, temos construído, com nossas trajetórias individuais e coletivas, a riqueza deste país.
>
> O Estado brasileiro, alinhado a uma onda mundial, expõe sem maquiagem, sua face de horror. [...] Lidamos com uma concepção de nação materializada na prática cotidiana de assassinatos de um jovem negro a cada 23 minutos; chacinas diárias; estado penal e encarceramento crescentes e com muita violência contra população carcerária e internos dos sistemas sócio educativos; assassinato da população negra LGBTTQI+ e crescentes números de feminicídio de mulheres negras; estupros e assassinatos de crianças negras; perseguição de imigrantes, refugiados e refugiadas negras; criminalização e violência contra a população em situação de rua; acirramento dos conflitos nos territórios dos povos tradicionais quilombolas e ações sistemáticas de terror contra as religiões de matriz africana.
>
> [...] Compreendemos que as opressões sofridas por nossa gente se relacionam a um sistema global capitalista-neoliberal, supremacista branco e patriarcal. Portanto, a articulação pela libertação deve se dar

---

16 Nesse sentido, ver: GUIMÓN, P. Black Lives Matter, o rumo incerto do grande movimento antirracista. *El País*, 07 de setembro de 2020. Disponível em *https://brasil.elpais.com/internacional/2020-09-07/black-lives-matter-o-rumo-incerto-do-grande-movimento-antirracista.html*.

17 Disponível em *https://coalizaonegrapordireitos.org.br/2020/01/27/coalizao-negra-por-direitos-divulga-carta-programa-e-mensagem-em-video-ao-povo-brasileiro/*.

> para além das fronteiras nacionais, em diálogo e ações conjuntas com movimentos e territórios transnacionais em uma perspectiva internacionalista de reconhecimento de tais opressões como parte de um projeto político mundial.
> [...] Em defesa da vida, do bem-viver e de direitos arduamente conquistados, irrenunciáveis e inegociáveis, seguiremos honrando nossas e nossos ancestrais, unificando em luta toda a população afrodiaspórica, por um futuro livre de racismo e de todas as opressões."

Após a morte de Floyd, ações negras transnacionais contra violência de Estado promovida pelas forças de (in)segurança pública se intensificam. Em junho de 2020, um relatório da Anistia Internacional chamava a atenção para denúncias de torturas e abusos policiais na Nigéria. Em outubro, protestos contra a violência das forças de segurança levaram milhares de pessoas às ruas. A pauta que se iniciou mais diretamente articulada ao combate da violência policial passou a incluir a crise econômica. As manifestações foram durante atacadas pela polícia e pelo exército, chegando a deixar 56 mortos de acordo com a Anistia Internacional[18].

Além de Lagos, houve protestos da sociedade civil contra violência policial também em Johanesburgo, na África do Sul e em Nairóbi, no Quénia[19]. Cartazes com frases como "Stop Killer Cops" ou "I Can't Breathe", demonstram que as práticas de violência e formas de realização da tortura também não respeitam fronteiras nacionais. Por mais que haja especificidades, o legado colonial escravocrata nos fez herdar um mundo antinegro que continua a manter a riqueza concentrada nas/os descendentes de colonizadores.

O que se enuncia nas ruas é objeto de reflexão por tradições distintas de pensadores da diáspora africana já ha algum tempo. Com

---

18 Mais Informações disponíveis em *https://www.folhape.com.br/noticias/protestos-contra-violencia-policial-deixam-56-mortos-e-fecham-escolas/159138/*, em *https://www.nexojornal.com.br/podcast/2020/10/21/Os-protestos-contra-a-brutalidade-policial-na-Nig%C3%A9ria* e em *https://www1.folha.uol.com.br/mundo/2020/10/protestos-contra-violencia-policial-deixam-56-mortos-e-fecham-escolas-na-nigeria.shtml.*

19 Mais Informações disponíveis em *https://www.dw.com/pt-002/viol%C3%AAncia-policial-em-%C3%A1frica-as-maiores-v%C3%ADtimas-s%C3%A3o-os-pobres-e-minorias-%C3%A9tnicas/a-54074681.*

Frantz Fanon[20], Aimé Césaire[21], Lélia Gonzalez[22], Abdias Nascimento[23], Oyèrónkẹ́ Oyěwùmí[24], Amina Mama[25], Sylvia Wynter[26], Achille Mbembe[27] e Ochy Curiel[28] desenvolvemos reflexões contundentes sobre o modelo de moer gente negra que continua definindo o modo de atuação —da governança global às milícias locais.

Operando como uma escala de humanidade, o racismo, com suas correlatas dimensões de gênero, classe e sexualidade, diz do espaço de degradação e do horizonte da morte como o destino reservado aos corpos negros. Com o marco no processo de colonização, há um *animus* que situa a negritude na esfera do que Frantz Fanon definiu

---

20 FANON, F. *op. cit.*, nota 14; FANON, F. Racismo e Cultura. In *Revista Convergência Crítica.* n. 13, 2018; FANON, F. *Pele negra, máscaras brancas.* Trad. De Renato da Silveira, Salvador: EDUFBA, 2008; FANON, F. Os intelectuais e os democratas franceses perante a Revolução Argelina. In *Revolução Africana:* uma antologia do pensamento marxista. Orgs. Jones Manoel, Gabriel Fazzio. São Paulo: Autonomia Literária, 2019. p. 80-96.

21 CÉSAIRE, A. *Discurso sobre a Negritude.* Org. Carlos Moore. Belo Horizonte: Nadyala, 2010. CÉSAIRE, A. *Discurso sobre o colonialismo.* Trad. Noémia de Souza. Lisboa: Sá da Costa Ed., 1978.

22 GONZALEZ, L. *Por um feminismo afro-latino-americano:* ensaios, intervenções e diálogos. Org. Flavia Rios e Márcia Lima. 1ª ed. Rio de Janeiro: Zahar, 2020.

23 NASCIMENTO, A. do. *O genocídio do negro brasileiro:* processo de um racismo mascarado. 3ª ed. São Paulo: Perspectivas, 2016; NASCIMENTO, A. do. *O quilombismo:* documentos de uma militância pan-africana. 3ª ed. São Paulo: Perspectiva; Rio de Janeiro: Ipeafro, 2019.

24 OYĚWÙMÍ, O. *What Gender is Motherhood?* Nova Iorque: Palgrave Macmillan, 2016; OYĚWÙMÍ, O. *La invención de las mujeres. Una perspectiva africana.* Bogotá: Editorial en la frontera, 2017.

25 MAMA, A. *Beyond the masks: Race, gender and subjectivity.* London: Routledge, 2002.

26 WYNTER, S.; SCOTT, D. The re-enchantment of humanism: An interview with Sylvia Wynter. *Small Axe,* v. 8, p. 119-207, 2000.

27 MBEMBE, A. *Crítica da Razão Negra.* Trad. Marta Lança. 1ª ed. Lisboa: Antígona, 2014; MBEMBE, A. *Políticas da Inimizade.* Trad. Marta Lança. 1ª ed. Lisboa: Antígona, 2017; MBEMBE, A. *Sair da grande* noite: ensaio sobre a África descolonizada. Trad. De Fábio Ribeiro. Petrópolis: Vozes, 2019.

28 CURIEL, O. *La Nación Heterosexual*: análisis del discurso jurídico y el régimen heterossexual desde la antropologia de la dominación. Bogotá: Ed. Brecha Lésbica y en la frontera, 2013. CURIEL, O. Construindo metodologias feministas a partir do feminismo decolonial. In *Pensamento feminista hoje*: perspectivas decoloniais. Org. Heloisa Buarque de Holanda. 1ª ed. Rio de Janeiro: Bazar do Tempo, 2020.

como a *zona do não-ser*, tanto nas práticas políticas quanto no imaginário que as sustenta.

Frantz Fanon nos ensina que:

> "O mundo colonial é um mundo compartimentado [...] é um mundo cortado em dois. A linha de corte, a fronteira, é indicada pelas casernas e pelos postos policiais. Nas colônias, o interlocutor legítimo e institucional é o policial ou o soldado. A limitação ética do padrão moral hegemônico ocupa-se de criar em torno do explorado uma atmosfera de submissão e de inibição que alivia consideravelmente a tarefa das forças de ordem[29]. [...] Mas, o intermediário não alivia a opressão, não disfarça a dominação, ele leva a violência para as casas e para os cérebros dos colonizados. A zona habitada pelos colonizados não é complementar à zona habitada pelos colonos. Essas duas zonas se opõem, elas obedecem ao *princípio de exclusão recíproca*: não há conciliação possível, um dos termos da relação **é** demais[30]. [...] Esse mundo compartimentado, cortado em dois é habitado por espécies diferentes —aquilo que fragmenta o mundo é primeiro o fato de pertencer ou não a tal espécie, a tal raça[31]."

A dimensão habitada por seres desumanizados é o *lócus* onde se opera a deflagração sistemática de violações que são não apenas toleradas, mas desejadas e naturalizadas. Dentro dessa perspectiva, a negritude ocupa um lugar impermeável aos celebrados avanços civilizatórios que tem no direito à vida e à liberdade, sua marca fundamental.

Esse caráter desumanizador e, consequentemente, dizimador do racismo é potencializado pela sua imbricação com outras variáveis. Nessa perspectiva, pensar a tragédia que assola os povos negros desde o processo de escravização, é pensar que as implicações de uma mentalidade que atinge homens e mulheres negras em suas especificidades é informadora também do acesso à liberdade, à vida e à legalidade como atributos exclusivos dos/as considerados/as plenamente humanos.

Em dezembro de 2017, Achille Mbembe escreveu um artigo intitulado "A era do humanismo está terminando". O cenário naquele momento já era desalentador. Se o governo da morte se estabelecia

---

29 FANON, F. *op. cit.*, nota 14, p. 54.

30 FANON, F. *op. cit.*, nota 14, p. 55 (grifo nosso).

31 FANON, F. *op. cit.*, nota 14, p. 56.

na luta entre constitucionalismo democrático e capitalismo financeiro[32], com tudo que aconteceu de lá para cá —da eleição de Trump à Covid-19— a normalização do estado social da guerra fez o genocídio antinegro dobrar a aposta no mundo.

Houve uma desproporcional distribuição da violação de direitos humanos com o avanço da extrema direita do mundo; acompanhado de um retrocesso gigantesco em relação à proteção da natureza em sua integralidade com as mais variadas formas de ser e estar no mundo; houve um incremento vertiginoso das prisões como máquina de descarte humano em nome de uma promessa tão fictícia quanto racista de segurança; vivenciamos a globalização da insegurança alimentar, da precarização das condições de trabalho e da iniquidade de gênero; e um reloteamento do mundo de modo a limitar cada vez mais nossos deslocamentos e possibilidades de territorialização e, com isso, inviabilizar a nossa própria capacidade de permanecermos vivas.

Como sinaliza Ailton Krenak, uma importante liderança indígena brasileira:

> "hoje estamos todos diante da iminência de a Terra não suportar a nossa demanda". [...] e temos agora esse vírus, um organismo do planeta, respondendo a este pensamento doentio dos humanos com um ataque à forma de vida insustentável que adotamos por livre escolha. Esse vírus está discriminando a humanidade. O vírus não mata pássaros, ursos, apenas humanos. [...] Esse pacote chamado de humanidade [vive] de uma abstração civilizatória que suprime a diversidade, nega a pluralidade das formas de vida, de existência e de hábitos[33]."

E o chamado que a Terra nos faz é o mesmo que historicamente tentamos amplificar. Não é possível manter um modelo de organização global que se sustenta, em nome de uma cínica universalidade, na separação entre humanos e não humanos. Que faz a zona do ser ter acesso a direitos e às promessas da modernidade ocidental como atributo exclusivo, produzindo os mais distintos processos de desu-

---

32 MBEMBE, A. A era do humanismo está acabando. *Revista IHU Online*, Porto Alegre: Instituto Humanitas Unisinos, v. 24, 2017.

33 KRENAK, A. *O amanhã não está à venda*. São Paulo: Companhia das letras, 2020.p. 6 e 7.

manização, extermínio e morte em vida a todas/os aqueles que se afastam do padrão dos sócios do clube exclusivo da humanidade[34].

Quando vamos às ruas contra a brutalidade policial, estamos confrontando não apenas os policiais homicidas, mas as canetas dos justiceiros togados que compõem o sistema de justiça criminal e que chancelam a produção de morte em escala —através de suas decisões judiciais.

Confrontamos também os organismos internacionais regionais e universais que se põem de cócoras diante da assimetria geopolítica de seus Estados membros.

Confrontamos quem se acha no direito de defender sua liberdade à custa de uma política de drogas que cobra em vidas a proteção da propriedade privada e da financeirização do mundo.

Confrontamos a cara-de-pau dos planos salvacionistas apresentados pelas grandes potências aos estados que foram inviabilizados para que sua pujança econômica pudesse se desenvolver. Implicamos, com isso, tais potências com a obrigação histórica de reparar econômica, política e culturalmente os povos massacrados pela economia política da plantação que sustentou o iluminismo capitalista moderno ocidental.

Confrontamos cada privilégio com as formas de extermínio que os sustentam. Estampamos a perversa herança que a Europa nos relegou através de um modelo de contínua expropriação, espoliação, exploração, epistemicídio, desterritorialização e estupros normalizados. Assim como confrontamos nossas elites políticas locais encardidas com seus complexos de inferioridade.

Confrontamos a *zona do ser* com o fim do clube exclusivo da humanidade branco-ocidental.

Mas, como chegamos até aqui a despeito da violência normalizada a que fomos submetidas, oferecemos no lugar do clube exclusivo da humanidade o convite para descolonização do mundo, sem meio termo, com a transformação absoluta que a Terra demanda.

---

34 KRENAK, A. *op. cit.* Nota 33.

Aprendemos com Frantz Fanon que para realizar a luta por libertação, o inferiorizado põe em jogo todos os seus recursos, todas as suas aquisições, as antigas, as novas, as suas e as do ocupante. Um povo que empreende uma luta por libertação raramente legitima o racismo[35]. O negro não se torna senhor: "quando não há mais escravos, não há mais senhores"[36].

A descolonização constitui a reivindicação ***mínima do colonizado*** e exige substituição total, completa, absoluta, sem transição, de uma espécie de homens por outra "espécie" de homens e mulheres, cis ou trans[37]. A descolonização modifica fundamentalmente o ser, transformando espectadores esmagados pela inessencialidade em atores privilegiados, introduzindo no ser um ritmo próprio, uma nova linguagem, uma nova humanidade[38].

O problema de cada um e cada uma não deixa mais de ser o problema de todes, porque concretamente, ou todes seremos descobertes pelos legionários, e logo massacrados, ou todos seremos salvos. O "salve-se quem puder", essa forma atéia de salvação, neste contexto está proibida[39].

É curioso como o engajamento ao antirracismo gera "uma ***súbita*** incompreensão"[40]. Conforme se avança na luta, o racismo se reatualiza e com ele os grupos dominantes reeditam seus argumentos. De todo modo, a cada conquista antirracista, a elaboração do racismo precisa calibrar novas formas de justificação. Nos períodos de descolonização, não faltam privilegiadas/os a apelar à razão dos grupos dominados, a renovar as promessas de valores seguros, experimentados, sólidos, garantidos[41].

E, nesse aspecto, o Direito ocupa papel privilegiado. Não apenas no reforço aos mecanismos de inibição de comportamentos que de-

---

35 FANON, F. Racismo e Cultura. In *Revista Convergência Crítica*. n. 13, 2018. p. 90.

36 FANON, F. *Pele negra, máscaras brancas*. Trad. De Renato da Silveira, Salvador: EDUFBA, 2008. p. 182.

37 FANON, F. *op. cit.*, nota 14, p. 51.

38 FANON, F. *op. cit.*, nota 14, p. 52.

39 FANON, F. *op. cit.*, nota 14, p. 64.

40 FANON, F. *op. cit.*, nota 35, p. 90.

41 FANON, F. *op. cit.*, nota 14, p. 60.

corram da tomada de consciência da opressão, mas sobremaneira na consolidação dos processos de dessubjetivação e inferiorização de todes que foram confinades à zona do não ser.

Sabe aquela agressividade sedimentada nos músculos de quem foi violentamente obrigado a ficar no seu lugar, a não ultrapassar os limites?[42] O Direito atua na impossibilidade de que ela se converta em processos de libertação. O colonialismo jurídico nos prende nas malhas finas do ciscolonialidade.

Ao se constituir como um dos mecanismos de legitimação do projeto colonial, o direito moderno se organizou e se estruturou a partir das hierarquias de humanidade que conformaram a realidade colonial. Tomando o Estado-nação como modelo de organização política, como sujeito de direito o padrão de sujeito soberano a ele decorrente (homem, branco, cis, heterossexual, proprietário, cristão e sem deficiência), como modelo constitucional aqueles que se acumpliciaram com a manutenção da colonialidade —como foram os processos políticos de independência dos EUA e da Revolução Francesa, em lugar do modelo de ruptura radical com o sistema colonial, como fora a experiência concreta da Revolução Haitianas— não se pode esperar do Direito muito mais do que ele tem a nos oferecer deste lugar.

O vocabulário político-normativo que conformou o Direito Moderno se constituiu a partir de uma percepção sobre o que merece proteção que é distorcido pelas hierarquias de humanidade que sustentaram o colonialismo e que são reafirmadas na ciscolonialidade. Nesse sentido, o acesso à legalidade e ***às*** liberdades ***públicas*** e privadas são considerados atributos exclusivos da zona do ser, dos reconhecidos plenamente humanos, daqueles que se sustentam humanos a partir da desumanização de boa parte da gente que está no mundo.

Para a zona do não ser, os dispositivos jurídico formais de igualdade e liberdade se acumpliciam com as mais variadas formas de violência. O não acesso a direitos pela zona do não ser é a mais bem acabada forma de atuação do direito, nos termos em que ele foi pensado para atuar. As categorias jurídicas não foram pensadas a partir da realidade vivida pelas que habitam a *zona do não ser*, e não se comuni-

---

42 FANON, F. *op. cit.*, nota 14, p. 71.

ca com o sentido e amplitude de nossas reivindicações por igualdade, saúde, moradia, propriedade, liberdade, vida, segurança.

Os direitos não nos tomam pessoas negras como ponto de referência para sua construção substantiva, assim como as violações que nos acometem desproporcionalmente não são em regra entendidas como violência.

O opressor, protegido na zona do ser, faz existir o movimento de dominação, de exploração, de pilhagem, cria o mundo das estátuas do general que fez a conquista e do engenheiro que construiu a ponte. Esse mundo compartimentado, maniqueísta, seguro de si, esmaga com suas pedras as colunas dorsais esfoladas pelo chicote[43].

Não se desorganiza uma sociedade se não se decide derrubar todos os obstáculos que se encontrarem pelo caminho. O contexto colonial se caracteriza pela dicotomia que ele inflige ao mundo. A descolonização unifica esse mundo[44]. Na luta por libertação, o povo outrora repartido se desloca, se reorganiza e nasce no sangue e nas ***lágrimas dos*** enfrentamentos muito reais e imediatos[45].

A universalidade, para Frantz Fanon, reside na decisão de assumir o relativismo recíproco de culturas diferentes, uma vez excluído irreversivelmente o estatuto colonial[46]. O homem e a mulher que luta por liberdade, aquilo que há mais de humano em nós, é um homem/mulher que diz sim à vida, ao amor, à generosidade. Mas que também diz não ao desprezo à vida, à indignidade, à exploração do homem[47].

A condição de *Condenada da Terra* me dá muito pouco para colocar na mesa de negociação, mas é na condição de herdeira de Palmares, da primeira experiência negra livre das Américas que insisto na possibilidade de alteração radical e de construção de um novo mundo. Espero contar com muitos e muitas de vocês nesta empreitada. É o que a Terra espera de nós, é o que pode nos permitir continuar.

---

43 FANON, F. *op. cit.*, nota 14, p. 68.

44 FANON, F. *op. cit.*, nota 14, p. 62.

45 FANON, F. *op. cit.*, nota 14, p. 73.

46 FANON, F. *op. cit.*, nota 35, p. 90.

47 FANON, F. *op. cit.*, nota 36, p. 184.